KARL A. DOSTAL / EDITH DOSTAL
ÜBUNGSBUCH ZUR DEUTSCHEN GRAMMATIK
UND ZUM RICHTIGEN SPRACHGEBRAUCH

Karl A. Dostal / Edith Dostal

Übungsbuch zur deutschen Grammatik

und zum richtigen Sprachgebrauch

5. bis 10. Schulstufe
Verfasst nach den neuen Rechtschreibregeln

6. Auflage

Verlag Leitner, Wien

Zeichenerklärung:

Alle Übungen sind nummeriert. Die Regeln und Merkstoffe sind farbig hervorgehoben.
Gibt es zu einer Übung eine Lösung im Anhang des Buches, wird mit einem Pfeil auf die Lösung hingewiesen: → **L** . . .

L 3 bedeutet dann z. B.: Lösung der Übung Nr. 3.

Welche Übungen für die einzelnen Schulstufen empfohlen werden, wird durch Symbole gekennzeichnet. Diese stehen neben der Kapitelüberschrift und im Inhaltsverzeichnis.

□ = **Übungen für das 5. Schuljahr und später**

○ = **Übungen für das 6. Schuljahr und später**

⊗ = **Übungen für das 7. Schuljahr und später**

△ = **Übungen für das 8. Schuljahr und später**

Die Deutsche Bibliothek – CIP-Einheitsaufnahme

Dostal, Karl A. / Dostal Edith
Übungsbuch zur deutschen Grammatik
und zum richtigen Sprachgebrauch
5. bis 10. Schulstufe
Karl A. Dostal / Edith Dostal – Wien: Verlag Leitner

6. Auflage 2005
ISBN 3-85157-070-7

© 2002 by Verlag Leitner, Wien
Umschlagentwurf: Gerri Zotter, Wien
Gesamtherstellung: Verlag Leitner im Wiener Dom-Verlag, Wien
ISBN 3-85157-070-7

Inhaltsverzeichnis

Im Voraus gesagt

Wer ist nicht schon einmal im Zweifel gewesen, ob man „ihm" oder „ihn" sagen muss, ob es „nach langem schwerem Leiden" oder „nach langen schwerem Leiden" heißen muss, ob man „der Lexikon" oder „das Lexikon" sagt? Solche und ähnliche Fragen beantwortet **die Grammatik.** Sie beschreibt die Gesetzmäßigkeiten, denen die Standardsprache folgt, die Sprachnormen. Die Grammatik verhilft demnach zum richtigen Sprachgebrauch, sie lässt den Sprachbenützer erkennen, ob eine Wort- oder Satzform richtig oder falsch ist.

Die Grammatik ist aber auch zum Verständnis mancher Rechtschreibregeln unentbehrlich. Sie erleichtert ferner das Erlernen einer Fremdsprache.

Die sprachlichen Gesetzmäßigkeiten müssen allerdings durch **Sprachübungen** so gefestigt werden, dass man die richtigen Sprachformen auch ohne Regeln richtig anwenden kann, denn nicht das grammatische Wissen ist das Entscheidende, sondern der richtige Sprachgebrauch.

In diesem Buch findet man daher verständlich formulierte Sprachnormen, übersichtlich dargestellt. Sie vermitteln das Grundwissen in systematischer Abfolge und bieten Entscheidungshilfen in Zweifelsfällen an. Die grammatischen Regeln werden durch zahlreiche **Beispiele** ergänzt. Mit Hilfe von **286 Übungsaufgaben** kann der Lernende die Sprachnormen festigen. Wenn bei der Lösung einer Übungsaufgabe Zweifel bestehen, kann im Anhang die **Lösung** nachgelesen werden. Ein ausführliches **Sachregister** sorgt schließlich dafür, dass das Buch auch zum Nachschlagen in Zweifelsfällen dienen kann.

Das „Übungsbuch zur deutschen Grammatik" ist vor allem **als Lernhilfe für Schüler der 5. bis 10. Schulstufe** gedacht. Ältere Schüler können es auch im Selbstunterricht einsetzen. **Lehrer und Lehrerinnen** finden in dem Buch **eine Fülle von Beispielen und Übungsaufgaben** für die Schule und für den häuslichen Nachholunterricht.

Abschließend kann gesagt werden, dass das vorliegende

Werk bei konsequenter Übung den Erfolg in diesem Lernbereich des Deutschunterrichtes garantiert, denn es wurde aus der Praxis für die Praxis geschrieben und tausendfach erprobt.

Prof. Reg.-Rat Karl A. Dostal
Edith Dostal

Der Satz als sprachliche Einheit ☐

Erich trifft Monika bei der Autobushaltestelle.
Es entwickelt sich ein **Gespräch.**

Erich: Guten Morgen, Monika.
Monika: Servus.
Erich: Fährst du zur Schule?
Monika: Ja, ich bin schon spät dran.
Erich: Hast du einen weiten Schulweg?
Monika: Ja, ich muss sogar einmal umsteigen.
Ich brauche 30 Minuten zur Schule. Und du?
Erich: Ich kann zu Fuß gehen, muss aber einige stark
befahrene Straßen überqueren.
Monika: Sind die Kreuzungen durch Ampeln geregelt?
Erich: Nein, da muss ich sehr Acht geben.
Monika: Kannst du nicht einen anderen Weg nehmen?
Erich: Leider nicht. Also: Auf Wiedersehen!
Monika: Servus! Bitte hol mich morgen um vier Uhr vom
Autobus ab! Ich möchte dir meine neue CD vorspielen.
Erich: Wird gemacht. Servus!

Erich und Monika sprechen miteinander, um sich zu **verständigen.** In dem Gespräch teilen sie einander etwas mit, sie **fragen, antworten,** Monika **fordert** Erich **auf** sie abzuholen, sie **rufen** einander Grüße zu.
Dabei verständigen sie sich in einer bestimmten **Form:**
Sie reihen die Wörter so aneinander, dass sie einen **Sinn** ergeben.
Die Wörter passen auch ihrer **Form** nach zusammen. Solche

Aneinanderreihungen von Wörtern, die ihrer Form nach zusammenpassen und einen Sinn ergeben, nennt man **Sätze.** Man kann daher auch sagen, Sätze sind **sprachliche Sinneinheiten.**

9

1 *Ordne die folgenden Wörter so einander zu, dass sinnvolle Sätze entstehen:*

Verkehr – Acht – gib – den – auf!

Auto – Achtung – ein!

Straße – auf – Tod – lauert – der – der.

Urlaub – morgen – auf – ich – fahre.

Wochen – zurück – drei – ich – in – bin.

→ L 1

2 *Ordne die Wörter so, dass sinnvolle Sätze entstehen:*

Es – Märztag – ein – ist. Die – sticht – Sonne. Hummeln – den – Espenblüten – in – brummen. Fliegen – um – surren – Weidenkätzchen – die. Der – schwenkt – Haselstrauch – Troddeln – gelbe. Weiße – und – blaue – Märzglöckchen – Leberblümchen – aus – Falllaub – dem – leuchten. Alle – Tag – singen – Vögel – goldenen – Loblied – ein – dem. Das – Tirilieren – ein – ist – ein – Flöten – und – Zwitschern – Pfeifen – Jubeln – und – ein – aus – Kehlen – Hunderten – von. Das – kennt – Ohr – langsam – erst – Stimmen – die – heraus – einzelnen. Gurrend – in – Schonung – schwirrt – der – ein – auf – Feldhuhnpaar. Meister Lampe – Unterholz – eilig – das – durchhoppelt. (Hermann Löns)

→ L 2

Die Arten des Satzes □

Wenn du den Text des Gespräches zwischen Erich und Monika (S. 9) nochmals durchliest, wirst du feststellen, dass mit jedem Satz vom Sprecher eine bestimmte **Absicht** verfolgt wird:

	Absicht:
Ich brauche 30 Minuten zur Schule.	etwas **aussagen;**
Was für eine hübsche Haube du hast!	etwas **ausrufen;**
Bitte hol mich morgen	
vom Autobus ab!	jemanden **auffordern;**
Hast du einen weiten Schulweg?	**fragen.**

Nach den Grundabsichten des Sprechers bzw. Schreibers unterscheidet man **drei Satzarten:**

1. Aussagesätze

Sie drücken eine **Aussage** aus. Am Schluss des Aussagesatzes steht ein **Punkt.**

(Ausrufsätze)

Werden Aussagesätze nachdrücklich gesprochen, werden sie zu Ausrufsätzen. Nach einem Ausrufsatz steht zumeist ein **Rufzeichen** (!).

2. Aufforderungssätze

Sie drücken einen **Wunsch,** eine **Bitte** oder einen **Befehl** aus. Nach einem Aufforderungssatz steht im Allgemeinen ein **Rufzeichen** (!). Wenn die Aufforderung ohne Nachdruck gesprochen wird, kann nach Aufforderungssätzen auch ein Punkt gesetzt werden.

11

3. Fragesätze	Sie enthalten eine **Ent-scheidungsfrage,** eine **Ergänzungsfrage** oder eine **Scheinfrage.** Am Schluss eines Fragesatzes steht immer ein **Fragezeichen** (?).

3 *Bilde Aussagesätze, Ausrufsätze, Fragesätze und Aufforderungssätze und schreib sie untereinander auf!*

4 *Um welche Satzart handelt es sich bei den folgenden Sätzen? Ordne sie nach ihrer Art in drei Spalten!*

1. Wir fahren morgen nach Innsbruck. 2. Wollt ihr mitfahren? 3. Um sechs geht es los. 4. Habt ihr noch Platz im Auto? 5. Natürlich, ein Platz ist noch frei. 6. Fein, dann komme ich mit! 7. Ich weiß aber nicht, ob es mir meine Eltern erlauben werden. 8. Gib mir Nachricht, wenn deine Eltern einverstanden sind! 9. Könnte ich doch auch nach Innsbruck mitfahren! → **L 4**

5 *Wenn du den folgenden Satz umformst, wird aus einem Aussagesatz ein Fragesatz oder ein Aufforderungssatz:*

Hans leiht ihm sein Fahrrad.

Leiht Hans ihm sein Fahrrad?

Leih ihm doch dein Fahrrad!

Verfahre mit dem folgenden Satz ebenso:

Irma hilft ihrer Mutter beim Kochen.

Was fällt dir an der Reihenfolge der Wörter auf? Welches Wort steht im Aussagesatz an zweiter Stelle? → **L 5**

Frage, Aufforderungs- und Aussagesätze kann man auch an ihrem Bau erkennen. Beim Frage- und beim Aufforderungssatz steht das Zeitwort (Verb) zumeist an der Spitze des Satzes, beim **Aussagesatz** jedoch immer an **zweiter Stelle.**

Bestimme die Satzart und setze die fehlenden Punkte ein! **6**

Rauchen verboten

Vor etlicher Zeit fuhr ein Bäuerlein mit dem Zug von Lambach nach Wels Gern hätte er eine Zigarette geraucht, doch seine Frau fauchte ihn an: Xaver, das ist ein Nichtraucherabteil Hier ist das Rauchen verboten Und außerdem schadet es deiner Gesundheit Brummend fügte sich der Mann ihren Worten und steckte die Zigarette wieder ein

Nach einiger Zeit kam der Schaffner(,) um die Fahrkarten zu kontrollieren Sie Herr Schaffner, fragte der Bauer, darf man in dem Abteil rauchen Nein, meinte der Schaffner streng Sie sitzen hier in einem Nichtraucherabteil und da ist das Rauchen verboten Er zeigte energisch auf das Schild Nichtraucher Sie haben schon Recht, antwortete das Bäuerlein ganz verzagt, aber eine Frage habe ich noch Ja, was wollen Sie noch fragte der Schaffner unwillig Wo kommen denn die vielen Zigarettenstummel her meinte das Bäuerlein und zeigte auf den überfüllten Aschenbecher im Abteil

Ja, von denen, mein Herr, die nicht zuerst gefragt haben

→ **L 6**

Schreib den folgenden Text so auf, dass auf jede Zeile nur **7** *ein Satz zu stehen kommt! An das Ende eines jeden Satzes setze einen Punkt. Die Satzanfänge schreibe mit großen Anfangsbuchstaben!*

Die Straße ist kein Spielplatz dort darf man nicht Fußball spielen und Rollschuh laufen das weiß heute jeder beim

Überqueren der Straße muss man Acht geben es gibt aber auch andere gefährliche Spielplätze sie laden zum Spielen und Herumstöbern besonders ein ich meine die Müllhalden der Städte und Wohnsiedlungen → **L 7**

8 *In den folgenden Sätzen wurden in der Druckerei die Satzzeichen übersehen. Ergänze die fehlenden Punkte und schreib die Satzanfänge mit einem großen Anfangsbuchstaben!*

Der Verkehr auf den Straßen wird durch Verkehrsvorschriften geregelt dadurch werden viele Unfälle vermieden es gibt aber auch ungeschriebene Gesetze sie heißen Höflichkeit und Hilfsbereitschaft unzählige Male hat jeder von uns täglich Gelegenheit(,) diese Gesetze zu beachten da steht eine alte Frau an der Straßenkreuzung und ist ganz verwirrt von dem starken Verkehr hier heißt es hilfreich einspringen und die Behinderte sicher auf die andere Straßenseite geleiten → **L 8**

9 *In dem nachstehenden Text fehlen die Schlusspunkte. Die Satzanfänge sind mit kleinen Anfangsbuchstaben geschrieben. Ergänze die Punkte und verbessere die Satzanfänge!*

Unsere Straßen folgen zum Teil alten Römerstraßen und mittelalterlichen Handelswegen viele Straßen sind zu schmal und zu kurvenreich der Zustand ihrer Decke, der Straßenzustand, wird laufend überprüft auf vierspurigen Autobahnen fährt man zügig über große Strecken hinweg zu den wichtigsten Industriestädten unseres Landes sie vermeiden Ortsdurchfahrten ihre Steigungen und Kurven sind gut ausgebaut das Netz dieser Fernstraßen wird ständig erweitert → **L 9**

10 *Forme die folgenden Aussagesätze zu Fragesätzen um!*

Die Sonne scheint warm vom Himmel herunter. Das Wetter ist heute sehr schön. Der Rasen ist schon grün. Die Schlüsselblumen blühen auf den Beeten. Der Star sitzt vor seinem Kasten. Er pfeift sein lustiges Lied. Dabei schlägt er mit den Flügeln. Die Amsel läuft über den Rasen. Sie hat einen Regenwurm gefunden. Mein Vater gräbt das Gemüsebeet um. Meine Mutter harkt die Wege. → **L 10**

Forme die folgenden Fragesätze zu Aussagesätzen um! **11**

Ist der Fuchs ein äußerst vorsichtiges und gewandtes Raubtier? Ist seine Schnauze spitz, sind seine Pupillen senkrecht gestellt? Ist sein Pelz dicht und weich, oben rosarot, seitlich weiß überlaufen? Sind Brust und Bauch weißlich? Ist die Rückseite des Ohres schwarz? Ist der Schwanz lang und buschig und hat er eine weiße Spitze?

→ **L 11**

Bilde mit den folgenden Angaben Aufforderungssätze! **12**

Reisende haben viele Wünsche
Eine Dame möchte sich den Koffer vom Bahnhof abholen lassen. Ein Herr bittet, das Zimmer doch länger zu lüften. Jemand ersucht um einen Bogen Briefpapier. Eine Dame ersucht einen Herrn, sie beim Besteigen des hohen Berges zu begleiten. Erika will sich am folgenden Tag um 6 Uhr wecken lassen. Hans möchte ein Telegramm heute noch zur Post bringen lassen.

Schreib so:

Bitte holen Sie meinen Koffer vom Bahnhof ab! Bitte lüften Sie . . . → **L 12**

Die Glieder des Satzes ☐

Überlege, welche Wörter in dem folgenden Satz inhaltlich zusammengehören! Gliedere dann den Satz durch senkrechte Striche!

Inge legt von Zeit zu Zeit 50 Euro auf ihr Sparkonto.

Wenn du die Bauteile des Satzes richtig geordnet hast, sieht die Gliederung so aus:

Inge I legt I von Zeit zu Zeit I 50 Euro I auf ihr Sparkonto.

Man könnte den Satz mit einer Kette vergleichen. Eine Kette besteht aus mehreren Kettengliedern, die zusammenhängen, ein Satz besteht aus **Satzgliedern.**

Die Bauteile eines Satzes nennt man **Satzglieder.** Sie können aus einem Wort oder aus mehreren Wörtern bestehen, die ihrer Form und ihrem Sinn nach zusammenpassen.
Welche Wörter ein Satzglied bilden, kann man leicht mit der **Verschiebeprobe** feststellen:

Inge	legt	von Zeit zu Zeit	fünfzig Euro	auf ihr Sparkonto.
Von Zeit zu Zeit	legt	Inge	fünfzig Euro	auf ihr Sparkonto.
Fünfzig Euro	legt	Inge	von Zeit zu Zeit	auf ihr Sparkonto.
Auf ihr Sparkonto	legt	Inge	von Zeit zu Zeit	fünfzig Euro.

Du siehst, mit Ausnahme des zweiten Gliedes lassen sich alle Bauteile des Aussagesatzes verschieben(,) ohne dass der Satz sinnlos wird.

Man kann daher sagen:
Was sich im Satz gemeinsam verschieben lässt, bildet
ein **Satzglied**. Oder (anders ausgedrückt): Im Aussagesatz steht **vor dem Zeitwort** (Verb) immer nur **ein
einziges Satzglied.**

Wenn du bei der Verschiebeprobe vor das Zeitwort ein Wort
stellst, das kein Satzglied ist, wird der Satz sinnlos. Wörter,
die sich nicht allein um die Personalform des Zeitwortes verschieben lassen, sind demnach **keine Satzglieder,** sondern
nur Teile von Satzgliedern, also Gliedteile.

Solche **Gliedteile** können sein:

ein Geschlechtswort (Artikel): **der** Mann, **eine** Frau

Beifügungen (Attribute), die
den Gliedkern näher bestimmen: der **junge** Hund,
der Hut **meines Bruders**

Vorwörter (Präpositionen): **auf** dem Dach

Verneinungen: **nicht** böse sein

Bindewörter (Konjunktionen): Vater **und** Mutter

Empfindungswörter (Interjektionen) **o** weh

Umstandswörter (Adverbien): der Mann **da**

Wenn du in dem Satz

„Das ist der Hut meines Vaters."

feststellen willst, ob die Wortfolge „meines Vaters" ein Satzglied ist oder nur ein Gliedteil, so stelle diese Wortfolge vor
das Prädikat:

meines Vaters | ist | der Hut

Du siehst, dieser Satz ergibt in dieser Form keinen Sinn. Daher ist „meines Vaters" auch kein Satzglied, sondern nur ein **Gliedteil,** das erst mit dem **Gliedkern** „Hut" ein Satzglied bildet (der Hut meines Vaters).

13 *Stelle mit Hilfe der Verschiebeprobe die Satzglieder der folgenden Sätze fest! Trenne sie durch Striche!*

Fritz trägt seine Ersparnisse regelmäßig zur Sparkasse.
Richard spart seit zwei Jahren.
Erich spart auf ein neues Fahrrad.
In der Sparkasse erhalten die Sparer jährlich für ihr Geld Zinsen.
Über die Zinsen kann jeder verfügen.
Man kann auch auf andere Weise sparen.
Seit langem spart mein älterer Bruder auf ein Motorrad. → **L 13**

Eine andere Möglichkeit, festzustellen, welche Wörter zu einem Satzglied gehören, bietet die **Ersatzprobe:** Wörter, die in einem Satz **gemeinsam** ausgetauscht oder **ersetzt** werden können, bilden immer ein **Satzglied.**

Inge	erlegt	den ersparten Betrag	in der Bank.	
Sie	erlegt	das Geld	am Kassenschalter.	
Meine Schwester	vertraut	ihre Ersparnisse	der Bank	(an).
Sie	zahlt	sie	dort	ein.

14 *Stelle die einzelnen Satzglieder der folgenden Sätze mit Hilfe der Ersatzprobe fest:*

In der Bank erhalten die Sparer jährlich Zinsen für ihr Geld.

Manche Leute leben verschwenderisch.
Dadurch verbrauchen sie mehr Güter als andere. → **L 14**

Stelle mit Hilfe der Verschiebeprobe (oder der Ersatzprobe) **15**
die Anzahl der Satzglieder folgender Sätze fest. Trenne die
Satzglieder durch Striche!

Erich möchte gern einen Kassettenrekorder kaufen.
Meiner Freundin Erika gefällt das neue Kleid ihrer Mutter sehr gut.
Onkel Fritz braucht dringend Winterreifen.
Der Wind reißt dem alten Mann den Hut vom Kopf.
Im Jänner feiern wir den Todestag des bedeutenden
österreichischen Dichters Franz Grillparzer. → **L 15**

Eine dritte Möglichkeit, die Satzglieder festzustellen,
besteht darin, sie zu **erfragen.**
Nach ihrer Aufgabe im Satz können folgende
sinnnotwendige Satzglieder unterschieden werden,
die man mit den danebenstehenden Fragen feststellen
kann!

	Bezeichnung	Fragen	Beispiele
Haupt-Satzglieder	**Das Subjekt** (der Satzgegenstand)	Wer? Was?	**Erich** ist Lehrling. **Das Buch** lag aufgeschlagen auf dem Tisch.
	Das Prädikat (die Satzaussage)	Was geschieht? Was wird vom Subjekt ausgesagt?	Der Vater **schläft.** Das Kind **hat** Hunger.
Fallergänzungen	**Der Gleichsetzungsnominativ** (Gleichsetzungsglied im 1. Fall)	Wer? Was?	Er ist **Tischler.** Wien bleibt **Wien.**
	Der Gleichsetzungsakkusativ (Gleichsetzungsglied im 4. Fall)	Wen? Was?	Er nennt mich **einen Lügner.** Er schimpft sie **eine Gans.**

	Bezeichnung	Fragen	Beispiele
Fallergänzungen	**Das Akkusativobjekt** (Ergänzung im 4. Fall)	Wen? Was?	Man erwartet **ihn** um 7 Uhr. Er pflügt **den Acker.**
	Das Dativobjekt (Ergänzung im 3. Fall)	Wem?	Sie hilft **ihrem Gatten** im Geschäft.
	Das Genitivobjekt (Ergänzung im 2. Fall)	Wessen?	Sie harrt **seiner.**
	Das Präpositional-objekt (Vorwortergänzung)	Mit wem? An wen? Durch wen? Worauf? u. a.	Er denkt **an ihn.** Sie bittet **um ihr Leben.**
Umstandsergänzungen	**Die lokale Bestimmung** (Ortsergänzung)	Wo? Woher? Wohin? Von wo? Wie weit?	Karl wohnt **hier.** Er kommt **aus Oberösterreich.** Sie fährt **nach Salzburg.** Erich sprang **drei Meter.**
	Die temporale Bestimmung (Zeitergänzung)	Wann? Bis wann? Seit wann? Wie lange?	Die Beratung dauerte **zwei Stunden.**
	Die modale Bestimmung (Artergänzung)	Wie? Wie viel? Wie sehr? In welchem Grad? Woraus? Womit?	Evelin spielt **sehr leise** auf dem Klavier. Der Teller ist **aus Holz.** Er schlug den Nagel **mit einem Stein** in das Brett.
	Die kausale Bestimmung im weiteren Sinn (Begründungs-ergänzung)	Warum? Unter welcher Bedingung? Zu welchem Zweck? In welcher Absicht? Trotz welchen Umstandes?	Der Mord geschah **aus Eifersucht. Trotz des schlechten Wetters** ging er aus. **Wegen des Regens** nahm er einen Schirm mit.

16 *Stelle die Anzahl der Satzglieder in den folgenden Sätzen fest! Trenne sie durch senkrechte Striche voneinander ab! Im Zweifelsfall mache die Verschiebeprobe oder frage nach dem Satzglied!*

Im Jahre 1506 legten die Spanier die ersten Zuckerrohrpflanzungen in Westindien an. Bald konnten die Reichen der ganzen Welt mit westindischem Rohrzucker versorgt werden. Rohrzucker verlangt eine mittlere Jahrestemperatur von mindestens 20 Grad Celsius. Er gedeiht nur in tropischen und subtropischen Gebieten. Der Anbau von Rohrzucker ist sehr wirtschaftlich. Die Pflanzen sind bis zu dreißig Jahre nutzbar. Längeres Lagern mindert allerdings den Zuckergehalt. Das Zuckerrohr muss nach der Ernte sehr schnell verarbeitet werden. Zuckerrohranbau erfordert zahlreiche Arbeitskräfte. Heute werden für die Zuckerrohrernte allerdings moderne Maschinen eingesetzt. → **L 16**

Trenne die einzelnen Satzglieder durch senkrechte Striche **17** *voneinander ab!*

Spätherbst auf dem Bergbauerngut

Spät reift oben das Korn auf kargem Hubengrund. Der herbstkühle Wind zerrt an den kurzbündigen Garben. Jetzt sind die Schwalben fort. Es kommen bald die Herbstnächte mit den über bergigem Horizont auftauchenden Wintergestirnen. Flammend ziehen die Sternschnuppen durch die klare Mitternacht. In nebeligen Nächten röhrt der Hirsch aus der Lichtung. Das Vieh hat die Alm verlassen(,) und die Hube steht wiederum einsam am Ende der dörflichen Welt.

Dann bleiben die Wandernden aus. Die Äcker liegen braun mit nackten Schollen, olivgrau rasten die Wiesen. Die Tage des Vorwinters tauchen die Hube noch einmal in goldenen Glanz, aus den Nebeln der Täler heben sich die Bergzüge mit leicht beschneiten Kuppen. Die Hänge liegen ohne Schnee, aber starrer Reif umkleidet schon winterlich Baum und Strauch. Niedrig steht die Sonne im Mittag. Mit stumpfem Grün hebt sich der Fichtenwald vom kahlen Berghang ab. Bronzefarben leuchten darin die nackten Lärchen.

(Nach Hans Leifhelm)

→ **L 17**

Der Satzgegenstand □
(Das Subjekt)

In jedem vollständigen Satz ist von einem Gegenstand, einer Sache, einer Person die Rede, von der etwas ausgesagt wird. Man nennt dieses Satzglied **Satzgegenstand** oder **Subjekt**. Ist der Satzgegenstand eine

Person oder ein anderes Lebewesen, kann man mit „**Wer?**" fragen, um das Subjekt festzustellen; ist der Satzgegenstand eine Sache, etwas Unpersönliches, etwas Gedachtes, kann man ihn mit „**Was?**" erfragen.

Beispiele:

Die Männer kehren zurück.	**Wer** kehrt zurück?	Die Männer...
Alle hören zu.	**Wer** hört zu?	Alle...
Reden ist Silber,	**Was** ist Silber,	Reden...
Schweigen ist Gold.	**Was** ist Gold?	Schweigen...
Mitzuhelfen ist mir eine Freude.	**Was** ist mir eine Freude?	Mitzu-helfen...
Frisch gewagt(,) ist halb gewonnen.	**Was** ist halb gewonnen?	Frisch gewagt...
Wer arbeitet, hat auch zu essen.	**Wer** hat auch zu essen?	Wer arbeitet...
Der Onkel, die Tanten und alle anderen Verwandten kamen zu dem Begräbnis.	**Wer** kam zu dem Begräbnis?	Der Onkel, die Tanten und alle anderen Verwandten.

Aus den Beispielen kannst du auch ersehen, dass das Subjekt aus vielen Wortarten bestehen kann:
Es kann ein **Namenwort**, ein **Zahlwort**, ein **Fürwort**, ein namenwörtlich gebrauchtes **Zeitwort, eine Mittelwortgruppe** oder **ein Teilsatz** (Subjektsatz) sein.

Auch kann es in einem Satz **ein einziges Subjekt** geben **oder mehrere Subjekte**.

Da **das Subjekt** mit „Wer?" erfragt werden kann, steht es im **1. Fall** (Werfall, Nominativ).

Wenn das Subjekt durch das Fürwort „**es**" ausgedrückt wird, spricht man auch von einem **unpersönlichen Subjekt** oder einem **Scheinsubjekt.**

In Aufforderungssätzen kann das Subjekt auch fehlen. Man kann es sich aber dazudenken (du, ihr).

Beispiele:

Schreib ihm doch einen Brief!	(**Du** schreib ihm doch einen Brief!)
Gib das Papier her!	(**Du** gib das Papier her!)
Kommt, setzt euch!	(**Ihr** kommt und setzt euch!)

18 *Wird in Aussagesätzen das Subjekt weggelassen, ist das ein Fehler. Verbessere die folgenden Sätze aus Briefen:*

Habe Ihren Brief erhalten, bin wohlauf. Bestätige den Empfang Ihres Schreibens. Teile Ihnen mit, dass ich nicht kommen kann. Habe viel gelernt. Will morgen abreisen.   → **L 18**

19 *Bestimme das Subjekt mit Hilfe der Fragen und unterstreiche es!*

Erich ist noch nicht wahlberechtigt. – Sein Auto parkt vor der Schule. – Irren ist menschlich. – Ihrer Freundin übergibt Monika ein Geschenk. – Mit heulendem Motor hat der Rennwagen die Kurve genommen. – Franzi kann wegen des gebrochenen Beines am Schikurs nicht teilnehmen. – Er wird aber bald wieder gesund sein.   → **L 19**

Das Subjekt lässt sich auch auf andere Weise ermitteln:

1. Man kann es durch ein anderes Namenwort, ein Fürwort oder ein Zahlwort **ersetzen (Ersatzprobe)**.

2. Man kann das Zeitwort des Satzes in die **Nennform** bringen, dann bleibt das Subjekt übrig **(Nennformprobe):**

Beispiele:

Zu 1.:
Die Arbeiter stehen vor der Maschine.
Die Männer
   Sie

Über mir gleitet **der Kran** vorbei.
       er
       die Maschine

Zu 2.:
Mit heulendem Motor rast der Rennwagen über die Bahn.
Mit heulendem Motor über die Bahn **rasen – der Rennwagen**
                       (Subjekt)

Fritz hilft seinem Vater bei der Arbeit.
Seinem Vater bei der Arbeit **helfen – Fritz** (Subjekt)

Unterstreiche das Subjekt in den folgenden Sätzen! Bediene dich dabei sowohl der Fragen als auch der Ersatz- oder der Nennformprobe! **20**

Not und Hunger erzeugen Hass und Krieg. Die Not zu bekämpfen und den Hunger zu stillen(,) bedeutet in unserer Zeit den Frieden sichern. Helfen ist mehr als Almosen geben.

Helfen heißt den Nächsten lieben, weil er ein Mensch ist mit gleichen Bedürfnissen und gleichen Rechten wie wir. Helfen heißt(,) ihm in der Not beistehen. Es heißt(,) seine Angst und Not selbst zu überwinden. Helfen sollte eine selbstverständliche Aufgabe für jeden sein, denn Not und Hunger erzeugen Hass und Krieg. → **L 20**

21 *Schreib ab und ergänze aus der unten angegebenen Liste das passende Subjekt!*

. . . vieler Leute ist in den Großstädten heute durch Lärm gefährdet. . . . auf den Straßen beträgt durchschnittlich 60–80 Phon. . . . trägt zu diesem Lärm viel bei. Durch den Lärm wird sogar . . . vieler Menschen geschädigt. Besonders lärmanfällig sind . . . Hier könnte . . . genutzt werden. Aber auch in den Wohnhäusern sind . . . vor dem Lärm nicht sicher.

(Die Gesundheit, der Autoverkehr, der Krach, die Menschen, die lärmdämmende Wirkung von Vorhängen, die Bürohäuser mit großen Fensterfronten, die Gesundheit) → **L 21**

Die Satzaussage □
(Das Prädikat)

22 *Verschiebe die Satzglieder der folgenden Sätze!*

Die Schüler **wählen** einen Klassensprecher.
Der Wahlleiter **bittet** um Vorschläge.
Hans **ist** ein Kandidat.
Er **wird** von der Mehrheit zum Klassensprecher **gewählt**.

Jenes Satzglied, das sich im Aussagesatz nicht verschieben lässt und immer an zweiter Stelle steht, ist das **Prädikat**. Es bildet im Aussagesatz die **Satzachse**. Das Prädikat sagt über das Subjekt, den Satzgegenstand, etwas aus, daher wird es auch als **Satzaussage** bezeichnet. Durch das Prädikat erfährt man, **was ist, was geschieht, was jemand tut.**
Man kann daher nach dem Prädikat mit **„Was ist?"**, **„Was geschieht?"**, **„Was wird vom Subjekt ausgesagt?"**, **„Was tut jemand?"** fragen.
Das Prädikat kann **einteilig** oder **mehrteilig** sein.
Einteilige Prädikate werden mit der Personalform eines Zeitwortes (Verbs) oder eines Hilfszeitwortes (Hilfsverbs) gebildet.

Beispiele: Erich <u>schläft</u>.

Ilse <u>ist</u> in der Schule.

Hans <u>wird</u> Kellner.

Ich <u>überlege</u>.

Ist ein Prädikat **mehrteilig, umklammert** es andere Satzteile und bildet eine **Zeitwortklammer (verbale Klammer).**

Mehrteilige Prädikate können bestehen

a) aus einem **Hilfszeitwort der Zeit** und einem **2. Mittelwort** oder einer **Nennform eines Zeitwortes:**

Ich **habe** gestern meine Schwester **getroffen.**
Sie **wird** um sechs Uhr **ankommen.**

b) aus einem **Hilfszeitwort der Aussage (Modalverb)** und der **Nennform eines Zeitwortes:**

27

Ernst **will** Ilse **heiraten.**
Ich **möchte** am Abend **kommen.**

c) aus **anderen (modifizierenden) Zeitwörtern** in Verbindung mit der **Nennform eines Zeitwortes mit „zu":**

Er **pflegt** jeden Morgen um sechs Uhr **aufzustehen.**
Das **vermag** mich nicht **zu trösten.**

d) aus einem **Zeitwort in Verbindung mit einem rückbezüglichen Fürwort:**

Er **schämt sich** seiner Worte.
Er **hält sich** schon für den Sieger.

e) aus **einem Hilfszeitwort in Verbindung mit einer Redewendung:**

Ich **werde** die Möglichkeit **in Betracht ziehen.**
Sie **wird** ihn **beim Wort nehmen.**

f) aus einem **zusammengesetzten Zeitwort:**

Erich **hilft** oft im Geschäft seiner Mutter **aus.**
Ilse **holt** ihre Freundin von der Straßenbahn **ab.**

In **Frage- und Aufforderungssätzen** steht das Prädikat oder zumindest der erste Teil des Prädikates an der Spitze des Satzes:

Beispiele:

Wird der Vater die Zeitung heute noch **lesen?**
Lies das Buch!

23 *Unterstreiche das Prädikat in den folgenden Sätzen!*

Wie wir unseren Klassensprecher wählen
Zuerst fertigen wir die Stimmzettel an. Dann errichten wir in einer Ecke des Klassenzimmers eine Wahlkabine. Der Reihe

nach geht jeder in die Kabine. Dort schreibt jeder Wähler auf den Stimmzettel den Namen seines Kandidaten. Dann geht er zum Tisch des Wahlleiters. Hier wirft er den Stimmzettel in die Wahlurne. Der Wahlleiter streicht gleichzeitig den Namen des Wählers im Wählerverzeichnis aus. Der Kandidat mit der größten Stimmenzahl wird unser Klassensprecher.   → **L 23**

Zeichne die Zeitwortklammer in den nachstehenden Sätzen **24** *ein!*

Fritz muss das Auto seines Vaters waschen.

Er kann daher nicht zum Fußballspiel kommen.

Für seine Arbeit wird er vom Vater eine Belohnung bekommen.

Erika hilft im Geschäft ihrer Mutter aus.

Auf diese Weise kann auch sie ihr Taschengeld verdienen.

Renate will sich von ihrer Freundin ein Buch ausleihen.

Sie holt es sich bei ihr ab.

In einer Woche wird sie es ihr zurückbringen.   → **L 24**

Unterstreiche die Prädikate in dem folgenden Text: **25**

Der Betriebsrat
In einer Demokratie haben alle Menschen Rechte. Diese Rechte sind in den Gesetzen festgelegt. Auch die Vorgesetzten müssen sich an diese Gesetze halten. Sie dürfen von den Untergebenen nicht Unmögliches verlangen. Deshalb gibt es in allen Betrieben mit über 20 Beschäftigten einen Betriebsrat. Der Betriebsrat muss die Arbeitnehmer gegenüber dem Arbeitgeber vertreten. Er verhilft den Arbeitern und Angestellten zu ihrem Recht.   → **L 25**

26 *Unterstreiche die Prädikate in dem folgenden Text:*

In der Fabrik

Ich stehe an der Maschine. Mein linker Arm dreht an dem Rad, der Strahl frisst sich ins Rohr, meine rechte Hand packt zu und legt das geschnittene Rohr auf den Stapel. Meine beiden Hände arbeiten losgelöst von mir, sie werden kaum müde dabei, müde wird mein Kopf. Rot und blau glühende Eisenspäne rollen sich vom Rohr ab und springen auf meine Hände. Ich sehe dabei zu. Der Schmerz geht nicht bis zum Kopf, und der Reflex bleibt aus. Bei der nächsten Bewegung fällt der Span wieder ab. Auf den Händen wachsen Blasen.

(Günter Wallraff)

→ **L 26**

27 *Unterstreiche die Prädikate:*

Du steigst früh aus deinem Bett. Deine ständigen Begleiter sind Kunststoffe von früh bis spät. Du putzt deine Zähne und hältst den Kunststoffgriff deiner Zahnbürste in der Hand, die Borsten bestehen aus Nylon. Du drückst die Zahnpasta aus der Kunststofftube. Auch die Paste selbst ist ein künstlicher Stoff wie die Seife und die Krem. Du kämmst dein Haar mit einem Kunststoffkamm. → **L 27**

> Subjekt und Prädikat müssen in der **Person** und in der **Zahl übereinstimmen (grammatische Kongruenz).** Mit Hilfe der **Ersatzprobe** kannst du entscheiden, ob das Prädikat in der Einzahl oder in der Mehrzahl stehen muss.

Beispiele:

Der Hammer und die Zange (sie) **liegen** im Nagelkasten. Du und ich (wir) **lernen** das Gedicht. Sowohl der Storch als auch die Schwalbe (sie) **sind** nach dem Süden geflogen.

Wenn die Subjekte jedoch **einen** einzigen Begriff bezeichnen, steht das Zeitwort (Prädikat) in der **Einzahl**.
Auch wenn mit dem Subjekt eine Menge angegeben wird, darf das Zeitwort in der **Einzahl** stehen.

Beispiele:

Arbeit, Mäßigkeit und Ruh **schließt** dem Arzt die Türe zu. Salz und Brot **macht** Wangen rot. Zweimal zwei **ist** vier. Eine Anzahl Antworten **war** richtig.

Verbessere die folgenden Sätze:　　**28**

Erich und ich bin zwei Stunden gerodelt. Er und sie fährt mit dem Auto nach Graz. Walter und Susanne kommt heute zu mir. Du und Hans war bei der Schneeballschlacht dabei. Ihr und wir verbringt den Urlaub in Osttirol.　　→ **L 28**

Unterstreiche das Prädikat in den folgenden Sätzen:　　**29**

Österreich ist ein Industriestaat. Erdöl, Eisenerz und Holz sind wichtige heimische Rohstoffe. Andere Rohstoffe und einige Lebensmittel müssen eingeführt werden. Österreich verkauft Industrieerzeugnisse in alle Welt. Der Erlös daraus und die Einkünfte aus dem Fremdenverkehr ermöglichen die nötigen Einfuhren. Gäste aus allen Ländern besuchen österreichische Kunststätten, Theater und Konzerte. Tausende Ausländer studieren an Österreichs Hochschulen. So leistet unser kleines Land seinen Beitrag zur Völkerverständigung.　　→ **L 29**

Bestimme das Prädikat durch Fragen und unterstreiche es:　　**30**

Der Kraftfahrzeugmechaniker
Der moderne Verkehr nimmt ständig zu. Jedes Jahr werden neue Kraftfahrzeuge zugelassen. Die Sicherheit des Auto-

fahrers hängt wesentlich von der gewissenhaften Wartung seines Wagens ab. Aber nur wenige wissen über das Innenleben ihres Autos Bescheid. Man verlässt sich ganz auf die Tüchtigkeit und das Verantwortungsbewusstsein des Kraftfahrzeugmechanikers. Nicht umsonst muss dieser eine dreieinhalbjährige Ausbildungszeit in Kauf nehmen. Unter der Leitung von erfahrenen Monteuren lernt der Lehrling den Aufbau und die Funktion der Bestandteile eines Autos kennen. Bald darf er selbstständig einfache Wartungsarbeiten ausführen. Neben dieser praktischen Ausbildung muss der Lehrling die Fachklasse seiner Berufsschule besuchen.

→ **L 30**

31 *Bilde sinnvolle Sätze, indem du die angegebenen Zeitwörter als Prädikat (Satzaussage) verwendest! Schreib die Sätze dann nieder und vergleiche sie mit der Lösung im Anhang des Buches!*

1. umtauschen wollen (Gegenwart): Hans heute seinen neuen Anzug, den er zu Weihnachten bekommen hat.
2. ausfüllen (Zukunft): das Formular, das mir der Beamte gegeben hat, ich heute ausfüllen.
3. ablegen/eintreten (Zukunft): am Ende meiner Lehrzeit ich die Gesellenprüfung und dann in eine große Möbelfabrik.
4. übernehmen (Zukunft): im nächsten Jahr ich das Geschäft meines Vaters.
5. verlassen (Vergangenheit): mit fünfzehn Jahren ich den Polytechnischen Lehrgang.
6. aussehen (Gegenwart): in diesem Kleid du sehr gut aus.
7. vorstellen (Gegenwart): wenn der Abteilungsleiter kommt, Sie mich ihm bitte.
8. zurückkommen (Zukunft): wisst ihr schon, wann ihr wieder?
9. sich unterhalten (Vergangenheit): ich mit meinen Freunden sehr anregend über Politik.
10. kommen (Vergangenheit): ich mit sechs Jahren in die Schule. → **L 31**

Ergänzungslose Sätze und Sätze mit Ergänzungen ☐

Aus welchen Satzgliedern bestehen die folgenden Sätze? **32**
Bestimme sie!

Der Vater schläft.
Meine Schwester musiziert.
Es klopft.
Die Familie frühstückt.

> Solche Sätze, die nur aus **einem Satzgegenstand**
> (Subjekt) und **einer Satzaussage** (einem Prädikat) be-
> stehen und trotzdem einen Sinn ergeben, bezeichnet
> man als **ergänzungslose Sätze.**

Bilde ergänzungslose Sätze und verwende dabei die fol- **33**
genden Zeitwörter (Verben) als Satzaussage (Prädikat):

musizieren, tischlern, bluten, verhungern, erfrieren, sich ver-
schlucken, sich versprechen, sich verlesen, sich verhören,
verfaulen, verschimmeln, verrosten, zweifeln, hungern, wü-
ten, erwachen, erröten, verblühen, grünen, schreien, blühen,
klopfen, arbeiten, filmen, frühstücken.

Verwende die folgenden Zeitwörter als Prädikat in kurzen **34**
Sätzen und stelle dann die Zahl der Satzglieder fest:

halbieren, gewinnen, lieben, beruhigen.

> Sätze, die unbedingt einer weiteren Ergänzung
> bedürfen, weil sie sonst sinnlos wären, bezeichnet man
> als **ergänzte Sätze** oder **Sätze mit Ergänzungen.**
> Die Zahl der Sinnergänzungen im Satz hängt vom
> Zeitwort (Verb) ab. Manche Zeitwörter können nur

eine Ergänzung vertragen, manche zwei oder sogar drei. Man nennt diese Erscheinung die **Wertigkeit (Valenz) des Zeitwortes.**
Daher spricht man auch von **ergänzungslosen Sätzen, Sätzen mit einer Ergänzung** und **Sätzen mit zwei oder drei Ergänzungen.**

Nullwertige Zeitwörter sind etwa die in der Übung 33 angeführten Zeitwörter:

musizieren, bluten, erfrischen, schlafen u. a.

(Die Mutter / schläft.)

Einwertige Zeitwörter sind unter anderen:

loben, begegnen, sein, sich kümmern, dauern.

(Der Lehrer / lobt / mich.)

Zweiwertige Zeitwörter sind unter anderen:

schenken, beschuldigen, behandeln, verraten.

(Der Vater / schenkt / ihm / Geld.)

Dreiwertige Zeitwörter können durch drei Satzglieder ergänzt werden, z. B.:

schlagen, legen, klopfen.

(Der Schmied / schlägt / dem Pferd / den Nagel / in den Huf.
Ich / lege / ihm / die Hand / auf die Schulter.)

Verwende Personalformen der oben angeführten Zeitwörter **35**
als Satzaussagen (Prädikate) und trenne die Satzergänzungen durch senkrechte Striche vom übrigen Satz ab!

Trenne in den folgenden Sätzen die Satzergänzungen durch **36**
senkrechte Striche vom übrigen Satz ab und notiere am Schluss des Satzes die Zahl der Sinnergänzungen!

Ich gehe ihm entgegen. Der Mann klopfte mir mit seiner Hand auf die Schulter. Sie hinderte mich am Weitergehen. Mein Freund berichtete meiner Mutter über meine Prüfung. Es fehlt mir an Geld. Ich einigte mich mit ihm über die Höhe des Schadenersatzes. Er stimmt mit mir in dieser Frage überein. Der Stein fiel ihm auf den Kopf. Ich streichle ihr über das Haar. Er wirft ihm den Ball ins Gesicht. Er schnallt dem Kind die Schultasche auf den Rücken. → **L 36**

Satzglieder, die den Satzkern (das Subjekt und das Prädikat) **ergänzen** und weitere Angaben über das Subjekt und das Prädikat machen, sind:

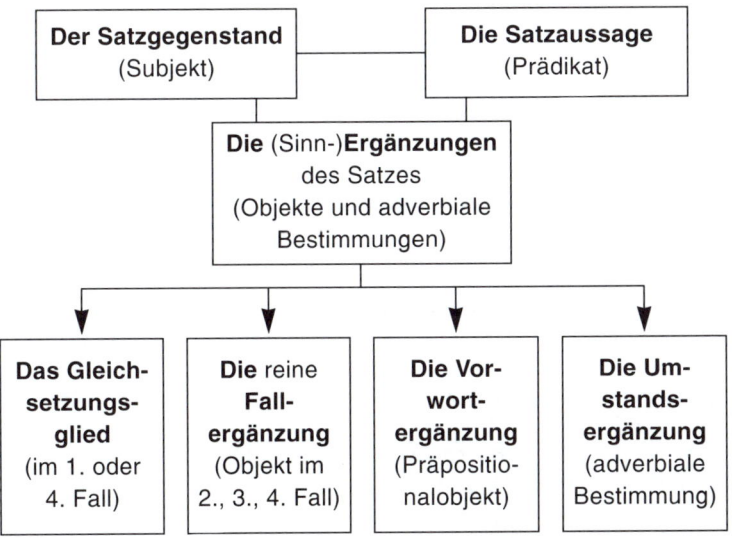

Der Satzgegenstand (Subjekt)		Die Satzaussage (Prädikat)	
	Die (Sinn-)**Ergänzungen** des Satzes (Objekte und adverbiale Bestimmungen)		
Das Gleich-setzungs-glied (im 1. oder 4. Fall)	**Die** reine **Fall-ergänzung** (Objekt im 2., 3., 4. Fall)	**Die Vor-wort-ergänzung** (Präpositio-nalobjekt)	**Die Um-stands-ergänzung** (adverbiale Bestimmung)

37 *Stelle mit Hilfe der Verschiebeprobe die Satzergänzungen fest und unterstreiche sie!*

Erich hat sich beim Schifahren das rechte Bein gebrochen.

Das Bein muss röntgenisiert werden.

Die Röntgenschwester macht den Apparat zur Aufnahme fertig.

Sie stellt den Röntgenapparat über der verletzten Stelle ein.

Unter dem gebrochenen Bein liegt in einer Metallkassette ein Film.

Auf ihm wird das Röntgenbild festgehalten.　　　→ **L 37**

Zum Beispiel:

Der Bäcker　|　verkauft　|　die Semmeln　|　billiger

(Satzgegenstand)　(Satzaussage)　　(Fallergänzung)　(Umstands-
　　　　　　　　　　　　　　　　　　　　　　　　ergänzung)

38 *Unterstreiche die Satzergänzungen in den folgenden Sätzen!*

Mein Vater ist Bauer. Er besitzt eine kleine Landwirtschaft im Stubaital in Tirol. Meine Mutter und meine älteren Geschwister helfen im Betrieb mit. Da gibt es viel zu tun. Wir haben

12 Rinder, 5 Schweine und über 20 Hühner. Alle Tiere müssen mehrmals täglich gefüttert werden. Die Wiesen müssen einige Male im Jahr gemäht und gedüngt werden. Im Sommer haben wir außerdem Feriengäste. Sie bewohnen zwei Zimmer unseres Hauses. → **L 38**

Das Gleichsetzungsglied ○

In den folgenden Sätzen wird die Satzaussage (das Prädikat) durch ein weiteres Satzglied **ergänzt:**

Mein Vater ist **Tischler.**
Meine Schwester heißt **Erika.**
Mein Bruder wird **Bauer.**
Wien bleibt **Wien.**
Er fühlt sich schon **als Baumeister.**
Der Mann scheint **Kriminalbeamter** zu sein.
Walter ist **der Beste seiner Klasse.**
Sie dünkt sich **als Schauspielerin.**
Der Arbeiter erweist sich **als Stümper.**

Eine **Satzergänzung** dieser Art wird als **Gleichsetzungsglied** bezeichnet, denn mit diesem Satzglied wird das im Satzgegenstand (Subjekt) Genannte dem im Gleichsetzungsglied Genannten **gleichgesetzt.**

Weil dieses Satzglied im 1. Fall (Nominativ) steht, wird es auch als **Gleichsetzungsnominativ** bezeichnet.

Der Gleichsetzungsnominativ antwortet auf die Fragen „Wer?" oder „Was?" und **folgt nur auf die Zeitwörter sein, werden, heißen, scheinen, bleiben, (sich) fühlen (als), (sich) dünken (als), (sich) erweisen (als).**

39 *Bestimme das Gleichsetzungsglied in den folgenden Sätzen und unterstreiche es:*

Mein Nachbar heißt Franz Schmidhofer. Sein Lehrherr ist der Frisör Gruber. Die Frau scheint ihre Tante zu sein. Der ältere Bruder wird Beamter. Persil bleibt Persil. Gerhard erweist sich als unser bester Tormann. Fritz war der Schnellste. Dieses Dreieck ist ein stumpfwinkeliges. Bist du es? Wir sind vier. Sein Ziel ist(,) Baumeister zu werden. Frisch gewagt(,) ist halb gewonnen. Ich war einst, was du jetzt bist. → **L 39**

40 *Ergänze die Leerstellen mit einem Gleichsetzungsglied im 1. Fall!*

Unser Nachbar	ist		
Sein Sohn	wird		
Seine Tochter	heißt		
Er	scheint		zu sein
Sein Meister	bleibt		
Er	fühlt sich als	.	

Nicht immer und nicht überall geht es friedlich zu:

Der eine nennt seinen Gegner **einen Lügner.** (Was?)

Dieser heißt den Mann **einen Verleumder.** (Was?)

Fritz schmäht seinen Freund **einen Unwissenden.** (Was?)

41 *Versuche, die fett gedruckten Satzglieder zu bestimmen! In welchem Fall stehen sie?*

Das fett gedruckte Satzglied ergänzt ebenfalls das Prädikat des Satzes und setzt den im Satz genannten Gegenstand oder die genannte Person einer anderen Sache oder Person gleich. Es ist ebenfalls ein **Gleichsetzungsglied.** Weil es im 4. Fall (Akkusativ) steht, bezeichnet man es auch als **Gleichsetzungsakkusativ.**

Dieses Satzglied lässt sich mit der **Frage „Was?"** erfragen.

Das Gleichsetzungsglied im 4. Fall folgt nur auf die Zeitwörter (Verben) **heißen, nennen, schelten, schimpfen, schmähen, bezeichnen.**

Bestimme den Gleichsetzungsakkusativ in den folgenden **42**
Sätzen und unterstreiche dieses Satzglied:

Seine Anschauung nenne ich eine romantische. Das nenne ich arbeiten. Das heiße ich „Wasser in die Donau schütten". Das bezeichne ich als sehr gut gearbeitet. Sie schmäht ihn einen Verräter. Ich bezeichne ihn auch heute als das, als was ich ihn schon immer bezeichnet habe, nämlich als einen Gauner. → **L 42**

Bilde Sätze mit einem Gleichsetzungsakkusativ! **43**

Ergänze in den folgenden Sätzen das Gleichsetzungsglied **44**
im 4. Fall:

Erich nennt seinen Freund einen . . .
Der Mann heißt seinen Gegner einen . . .
Franz schmäht seinen Vorgesetzten einen . . .
Du hattest ihn einen . . . geschimpft.
Er bezeichnet mich als . . .

45 *Forme die folgenden Sätze so um, dass an der Spitze eines jeden Satzes vor dem Prädikat das Subjekt zu stehen kommt!*

Die Urlaubsfotos hat Hans schon gestern seiner Freundin gegeben. Morgen wird Erich seinen Eltern die Geschenke bringen. Habt ihr gestern den Kindern einen roten Ball geschenkt? Das geliehene Geld wird Karl seinem Freund erst nächste Woche zurückbringen. Bereits am Sonntag hat Onkel Josef auf den Brief geantwortet. Von einigen Passanten ist der Verdächtige gestern Abend beobachtet worden. In Graz konnten die Flugzeuge gestern wegen des starken Nebels nicht landen. Blumen hat Herr Berger neulich seiner Nachbarin geschenkt. → **L 45**

46 *Bilde mit der Personalform der angegebenen Zeitwörter und den übrigen Satzgliedern sinnvolle Sätze!*

1. überweisen (Zukunft): die Firma/der Rechnungsbetrag.
2. zustellen (Gegenwart): die Post/die Zeitung/die Abonnenten.
3. schicken (Gegenwart): Ulrich/seine Schwester/ein Päckchen.
4. führen (Zukunft): die Sekretärin/der Gast/in das Chefzimmer.
5. mitbringen (Mitvergangenheit): ich/Blumen/du.
6. erinnern sollen (Gegenwart): ich/Sie/an die Abfahrt des Zuges.
7. ablenken (Vergangenheit): der Film/wir/von unseren Sorgen.
8. machen (Gegenwart): ich/Sie/auf einen Fehler/aufmerksam.
9. sein (Gegenwart): unser Nachbar/an dem Kauf des Grundstückes/interessiert.
10. legen (Gegenwart): unsere Kunden/auf zuvorkommende Bedienung/Wert. → **L 46**

Die reine Fallergänzung ○
(Das Objekt)

Bestimme die Ergänzungen in den folgenden Sätzen! **47**

Erich hat sich ein Bein gebrochen.	**Was?**	ein Bein
Die Röntgenschwester tröstet den Patienten.	**Wen?**	den Patienten **ihn** **dich** (mich)

Hilde schreibt einen langen Brief.
Warum hast du Hans weggeschickt? → **L 47**

- Das Satzglied, das mit den Wörtern „**Wen?**" oder „**Was?**" erfragt werden kann, nennt man **Wenfallergänzung** oder **Objekt** im 4. Fall (Akkusativobjekt).

- Die Wenfallergänzung kann durch die Wörter „**ihn**", „**dich**", „**mich**" ersetzt werden (Ersatzprobe).

- Die Wenfallergänzung nennt das Wesen oder das Ding, das von der Handlung eines Subjekts betroffen ist.

Der Form nach kann eine Wenfallergänzung sein:

a) ein **Namenwort** (Nomen) oder ein **Fürwort** (Pronomen):
   Ich werde **meinen Bruder** fragen.
   Ich werde **ihn** fragen.
b) ein **Zahlwort** (Numerale) bzw. **Eigenschaftswort** (Zahladjektiv):
   Ich sehe **zwei.**
c) eine einfache oder erweiterte **Nennformgruppe** (Infinitiv):
   Er beschloss **zu gehen.**
   Er beschloss(,) **schlafen zu gehen.**
d) ein **Nebensatz** (Objektsatz):
   Ich weiß, **dass er hier war.**

48 *Unterstreiche die Wenfallergänzung!*

Gerda beobachtete die Flugzeuge.
Peter betrachtete das Foto. Der Lehrer
begrüßt die Schüler. Dieses Auto hat
der Mechaniker repariert. Für Ilse
kaufte die Mutter ein neues Kleid.
Fritz sah seinen Freund auf dem
Fußballplatz.

→ **L 48**

49 *Unterstreiche die Wenfallergänzung:*

Der Direktor lobte die Schüler. – Angelika kaufte den teuren
Pelzmantel. – Ich werde meinen Bruder fragen. – Ich sehe
zwei. – Er beschloss zu gehen und nicht länger zu warten.

→ **L 49**

50 *Vervollständige die folgenden Sätze durch Wenfallergän-*
zungen:

Die Mutter schickt . . . zum Kaufmann.
Toni kauft . . .
Er wäscht . . . des Nachbarn.
Ich bade . . . jeden Morgen. . . . hungert.
Er ärgert sich über . . .
Er hat . . . das . . . gelehrt.

51 *Schreib in Sätzen auf, wen du grüßt (den Nachbar, den . . .),*
wen du oft besuchst, wen Gretl begleitet, wen Walter beob-
achtet!

Schreib in Sätzen auf, wen oder was du erkennst, einlädst, **52**
fürchtest, warnst, bekämpfst, beschimpfst!

Schreib in Sätzen auf, was der Autofahrer beim Starten tut(,) **53**
und unterstreiche die Wenfallergänzungen. Verwende fol-
gende Wortgruppen:

Linke Tür öffnen und hinter Lenkrad Platz nehmen, Zündschlüssel in Zündschloss stecken. Gang auf Leerlauf stellen,
Zündschlüssel nach rechts drehen und damit Motor anlassen,
leicht Gas geben, Kupplung durchtreten, ersten Gang einle-
gen, Handbremse lösen, Kupplung langsam kommen lassen,
etwas Gas geben, lenken und fahren.

Beispiel:
Der Autofahrer öffnet die linke Tür und nimmt hinter dem
Lenkrad Platz. Er . . .   → **L 53**

Verwende die Personalform der folgenden Zeitwörter als **54**
Prädikat und ergänze es durch Wenfallergänzungen!

strecken, verlangen, befeuchten, reinigen, ankleiden, enthalten, gliedern, schälen, vertrinken, verschütten, verschenken,
vernageln, jemanden liegen lassen, beneiden, loben, beschuldigen, verdächtigen, vertreiben

Stelle mit Hilfe der Verschiebeprobe in den folgenden Sät- **55**
zen die Satzglieder fest und frage danach so, dass du die
schräg gedruckten Satzglieder zur Antwort bekommst!

Der Vater gibt *dem Schofför* das Fahrgeld.
Der Vater holt *ihm* den Koffer aus dem Kofferraum.
Inzwischen kaufe ich *meiner Schwester* eine Zeitschrift.
Über Lautsprecher werden *den Reisenden* die Abfahrtszeiten
der Züge bekanntgegeben.
Ich trage *meiner Mutter* den Koffer.
Der Vater überlässt *mir* den Platz am Fenster.

*Schreib die Sätze folgendermaßen auf und ersetze die schräg gedruckten Wörter durch die Fragen „**Wem?**" und die Wörter „**ihm**", „**ihnen**", „**mir**"!*

Beispiel:

Der Vater gibt	dem Schofför Wem? ihm ihnen mir	das Fahrgeld

- Das Satzglied, das man mit „**Wem?**" erfragen kann, nennt man die **Wemfallergänzung.**
  Da sie im 3. Fall (Dativ) steht, nennt man sie auch **Dativobjekt.**

- Die Wemfallergänzung lässt sich durch die Wörter **mir, ihm, ihnen** ersetzen.

- Die Wemfallergänzung **nennt Personen oder Gegenstände,** die an dem im Prädikat genannten Geschehen beteiligt sind.

Bestimme die Wemfallergänzung (durch Fragen oder mit **56**
Hilfe der Ersatzprobe) und unterstreiche sie!

Erika winkt ihrem Bruder zu. – Das Bild gefällt mir. – Die Vorsprache wird ihm kaum nützen. – Du solltest keinem Fremden trauen. – Das Buch gehört meinem Bruder. – Die Suppe schmeckt ihm besonders gut. – Sie antwortet ihm sofort. – Wir gratulieren dem Sportler zu diesem Erfolg. – Man muss ihm lange zureden. – Du wirst seinen Ausführungen bestimmt beipflichten. – Der Bub gleicht seinem Vater. → **L 56**

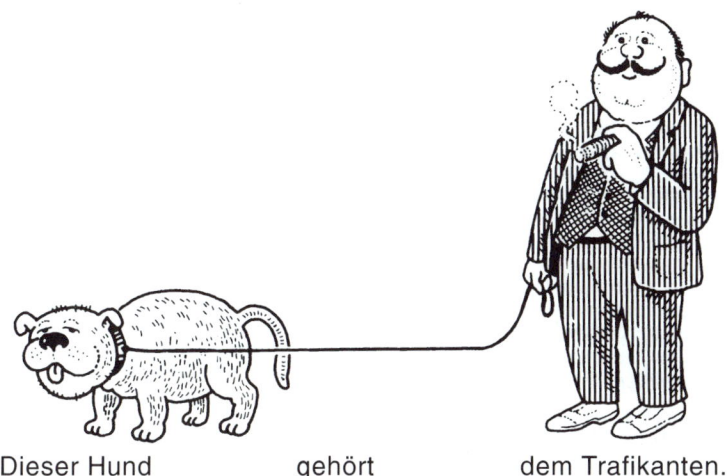

Dieser Hund   gehört   dem Trafikanten.

Der Form nach kann ein Dativobjekt sein

a) **ein Namenwort** (Nomen) mit Artikel, ein **Fürwort** (Pronomen) oder ein **Zahlwort** (Numerale bzw. Zahladjektiv):

Hans drohte **dem Kerl** mit der Faust.
Hans drohte **ihm** mit der Faust.
Hans drohte **den beiden** mit der Faust.

b) ein **Nebensatz** (Objektsatz):

Wem nicht zu raten ist, dem ist auch nicht zu helfen. Wem?

Es gibt Zeitwörter, die als einzige Ergänzung eine Wemfallergänzung fordern:

> ausweichen, begegnen, bleiben, danken, drohen, folgen, widersprechen, zuvorkommen, entgegengehen, gehorchen, verzeihen, kündigen, weiterhelfen, bevorstehen u. a.

57 *Wende diese Zeitwörter in Sätzen an und ergänze sie durch eine Wemfallergänzung (Dativobjekt)!*

58 *Unterstreiche die Wemfallergänzung in den folgenden Sätzen:*

Die Schier gehören meinem Bruder.
Erika hat ihrer Mutter beim
Abwaschen geholfen. Franz ist seinem
Freund begegnet. Der Briefträger
übergab dem Hausbesorger einen
Einschreibbrief. Zum Abschied reichte er
ihm die Hand. Der Vater öffnete den
Besuchern die Tür.

→ **L 58**

59 *In den folgenden Sätzen verlangt das Zeitwort zwei Ergänzungen: eine im Wemfall, eine im Wenfall. Bestimme sie, und schreibe E 3 bzw. E 4 darüber:*

Der Vater bringt seinem Sohn ein Buch mit. – Liefern Sie ihm die Ware noch diese Woche? – Man stahl ihm sein Fahrrad.

– Du wirst deinem Freund die Bitte nicht abschlagen. – Leihe

deinem Kameraden den Kassettenrekorder! – Sie schenkte

ihrer Tante ein Bild. – Wann schickst du ihm den Vertrag? –

Der Lehrer erklärt dem Schüler die Aufgabe. – Man bot dem

Gast einen Stuhl an.   → **L 59**

Beispiel:

	E 3	E 4	

Der Vater bringt <u>seinem Sohn</u> <u>ein Buch</u> mit.
(Wem? . . . seinem Sohn . . .   Was? . . . ein Buch.)

Stelle mit Hilfe der Verschiebeprobe die Anzahl der Satz- **60**
glieder fest und trenne sie durch senkrechte Striche!

Der Rundfunksprecher bedient sich **einer gepflegten Sprache.**
Manche Hörer enthalten sich **jeder Stellungnahme.**
Der Diskussionsredner nahm sich **der Sache** an.
Er erwehrte sich **der Angriffe seiner Gegner.**
Er bedurfte **des Rates seiner Freunde** nicht.
Sie werden sich bald **eines Besseren** besinnen müssen.
Er entledigte sich **seines Auftrages** mit viel Geschick.
Der Redner bediente sich **eines Vergleiches.**
Ersetze nun die fett gedruckten Satzteile durch die Frage
*„**Wessen?**" und durch die Wörter „**dessen**", „**seiner**" oder*
*„**ihrer**"!*

Beispiele:

Der Diskussionsredner | nahm sich | **der Sache** | an.
                                   Wessen?
                                   dessen

Er | erwehrte sich | **der Angriffe seiner Gegner.**
Wessen?
ihrer → **L 60**

Das Satzglied, das mit „**Wessen?**" erfragt werden kann, nennt man **Wesfallergänzung**.
Sie steht im 2. Fall (Genitiv), daher wird sie auch **Genitivobjekt** genannt.

Bei der Ersatzprobe kann das Genitivobjekt durch die Wörter **dessen, seiner, ihrer** ersetzt werden. Das Genitivobjekt drückt im Satz die Anteilnahme aus.

Der Form nach kann das Genitivobjekt sein:

a) **ein Namenwort** (Nomen) **mit Artikel, ein Fürwort** (Pronomen) **oder ein Zahlwort** (Numerale bzw. Zahladjektiv):
  Sie gedachten **der Verstorbenen.**
  Sie gedachten **ihrer.**
  Sie gedachten **der beiden.**

b) **eine einfache oder satzwertige Nennformgruppe** (Infinitivgruppe):
  Er rühmte sich(,) **der Stärkste zu sein.**
  Er befleißigte sich(,) **zuvorkommend zu wirken.**

c) **ein Nebensatz** (Objektsatz):
Ich entledige mich dessen, **was ich nicht unbedingt brauche.**

Das Genitivobjekt wird nur in der gehobenen Sprache verwendet.

Ergänze die Leerstellen durch eine Wesfallergänzung! **61**

Hans gedenkt

Erich enthält sich

Sie entledigt sich

Der Polizist nimmt sich [   ] an.

Der Alte bedarf

Die Soldaten bemächtigen sich

Sie konnte sich [   ] nicht erwehren.

Unterstreiche in den folgenden Sätzen die Wesfallergän- **62**
zung!

Diese Äußerung bedarf einer Erklärung. – Er entledigte sich seines Auftrages. – Susanne nahm sich der alten Frau an. – Peter gedachte seines verstorbenen Großvaters. – Er befleißigte sich einer ausgesuchten Höflichkeit. – Kurt enthielt sich eines Urteils. – Das spottet jeder Beschreibung. – Diese Behauptung entbehrt jeder Grundlage. – Er besann sich eines Besseren. → **L 62**

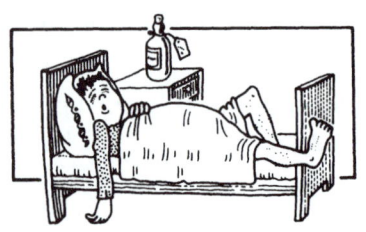 

Der Kranke	bedarf	eines Arztes.

63 *Forme die folgenden Fragesätze zu Aussagesätzen um! Ersetze dabei „Wessen" durch die richtige Form der Wörter, die zwischen den Klammern stehen und die inhaltlich in den Satz passen!*

Wessen rühmt sich Rudi?
Wessen bemächtigte sich der Dieb?
Wessen gedachte der Sohn?
(sein Erfolg, sein Fleiß, das Geld, die Mutter, die Kassette, seine guten Leistungen, diese Tat) → **L 63**

Die Wesfallergänzung folgt nur auf wenige Zeitwörter:

> sich annehmen, sich bedienen, sich bemächtigen, sich entledigen, sich erwehren, sich rühmen, gedenken, bedürfen, bemächtigen, sich vergewissern, sich enthalten, sich schämen u. a.

64 *Wende diese Zeitwörter als Prädikate in Sätzen an und ergänze sie durch eine Wesfallergänzung!*

65 *Bilde Sätze mit Ergänzungen im 2. Fall und verwende die folgenden Angaben:*

Wessen sich alte Leute erinnern:
ihre Jugendzeit, ihre Schulzeit, ihre Hochzeit, ihr erster Ballbesuch, die Wanderungen im Gebirge, viele schöne Reisen. → **L 65**

Bilde mit den folgenden Zeitwörtern Sätze mit zwei Ergän- **66**
zungen:

verbieten, abschlagen, nehmen, verweigern, leihen, überlassen, schreiben, denken, empfehlen.

Beispiel: Hans verbietet ihm den Eintritt.

Wer schreibt (vergibt, dient, antwortet ...) wem?
Wer kennt (ärgert, ehrt ...) wen?

Bilde mit den oben angeführten Zeitwörtern und den Angaben **67**
von A und B je einen Satz und unterstreiche die Ergänzungen!

A der Schüler – der Lehrling – der Sohn – der Kunde – der
   Neffe – die Tochter – der Verkäufer – der Bruder – die En-
   kelin – der Feriengast
B sein Lehrer – ihre Mutter – sein Meister – sein Onkel – ihre
   Großmutter – seine Schwester – der Lehrherr – die alte
   Lehrerin – der Chef – die Sehenswürdigkeiten

→ **L 67**

Die Vorwortergänzung ○
(Das Präpositionalobjekt)

Ergänze die Leerstellen, indem du die Fragen beantwortest! **68**

Die Straßenbahn ist **von**
einem Lkw gerammt worden.   **Wovon?**   [   ]

Er bleibt **bei** seinem Entschluss.   **Wobei?**   [   ]

Erich streitet **mit**
seinem Freund.   **Mit wem?**   [   ]

Der Redner hat schon früher
auf ihn hingewiesen.   **Auf wen?**   [   ]

- Eine Satzergänzung, die mit einem **Vorwort** (**Mit wem? Auf wen?**) oder einem Umstandsfürwort (Wovon? Woher?) erfragt werden kann und mit einem **Vorwort** (mit, auf u. dgl.) gebildet wird, nennt man **Vorwortergänzung oder Präpositionalobjekt.**
- Der Fall dieser Ergänzung wird vom Vorwort bestimmt.
- Die Vorwortergänzung bringt **das Verhältnis** zwischen dem Subjekt und dem Objekt im Satz zum Ausdruck.

69 *Frage nach der Vorwortergänzung in den folgenden Sätzen!*

1. Franz rauft	**mit seinem Freund.**	
2. Er ist	**von ihm**	beleidigt worden.
3. Sein Freund hat	**über Erich**	Schlechtes gesagt.
4. Nach einer Weile entschuldigt er sich	**bei ihm.**	
5. Die anderen Schüler kümmern sich nicht	**um den Vorfall.**	
6. Hilde beginnt	**mit der Arbeit.**	
7. Hans achtet	**auf Inge.**	
8. Er kümmert sich	**um sie.**	

→ **L 69**

Der Form nach kann die Vorwortergänzung (das Präpositionalobjekt) **sein:**

a) **ein Namenwort** (Nomen), **ein Fürwort** (Pronomen) oder **ein Zahlwort** (Numerale) **in Verbindung mit einem Vorwort** (einer Präposition):

Irene denkt oft **an ihre Schwestern.**
An wen?
an sie
an beide

b) **eine einfache oder satzwertige Nennform:**

Ilse entschloss sich **zu wählen.**
Wozu?

Walter ist überzeugt davon(,) **das Wettspiel zu gewinnen.**
Wovon?

c) **ein Nebensatz** (Objektsatz):

Ernst glaubt nicht daran, **dass er die Prüfung bestehen wird.**
Woran?

d) **ein Umstandsfürwort** (Pronominaladverb):

Sie hat schon früher **danach** gefragt.
Wonach?

Unterstreiche die Vorwortergänzungen in den folgenden **70** *Sätzen und schreibe die entsprechenden Fragen neben die Sätze!*

Der Fremde fragt <u>nach</u>
<u>der Adresse</u>.   *Wonach?*

Ilse achtete <u>auf ihre Schwester</u>. *Auf wen?*

Hans ärgerte sich über die
unpassende Frage.   _____

Er bedankte sich bei seiner
Mutter.   _____

Die Polizei fahndet nach dem
Täter.   _____

Er sieht von einer Anzeige ab.   _____

Wir vertrauen auf ihn.   _____

Es geht um das Schicksal seines
Bruders.   _____

Er braucht das Werkzeug zu
seiner Arbeit.   _____

→ L 70

71 **In der Umgangssprache wird oft falsch gefragt:**
Um was geht es? Richtig: Worum geht es?

Verbessere ebenso die folgenden Sätze:

Aus was ist das gemacht? – Bei was kennst du dich nicht
aus? – Um was geht es? – Mit was willst du das machen? –
Durch was ist er krank geworden? – Um was kämpft er? – Um
was kümmert er sich? – Gegen was wehrt er sich? – Für was
tritt er ein?   → **L 71**

Merke:
Nach Personen fragt man mit einem **Vorwort und einem Fürwort: An wen? Zu wem? Nach wem?** u. dgl.
Nach Unpersönlichem fragt man mit einem **Umstandsfürwort** (Pronominaladverb): **Wonach? Womit? Wodurch? Worum? Wogegen?** u. dgl.

---

72 *Wähle aus der folgenden Liste 10 Zeitwörter und bilde mit
ihnen Sätze mit einer Vorworterergänzung!*

*abhängen von jemandem
    oder etwas
absehen von etwas*

*abstechen von jemandem,
    etwas; gegen jemanden
    oder etwas*

abzielen auf etwas
achten auf jemanden
   oder etwas
anfangen mit, von etwas
angeln nach etwas
ängstigen, sich – vor
   jemandem oder etwas,
   um jemanden oder etwas
anknüpfen an eine Sache
ankommen, es kommt auf
   jemanden oder etwas an
ansetzen zu etwas
anspielen auf jemanden
   oder etwas
anstoßen auf jemanden
   oder etwas;
   an jemandem, etwas
antreten zu etwas, gegen
   jemanden
appellieren an jemanden
   oder etwas
arbeiten an einer Sache
   oder sich; für, gegen
   jemanden, etwas
ärgern, sich – über
   jemanden, etwas
aufhören mit etwas
aufregen, sich – über
   jemanden oder etwas
aufschwingen, sich – zu
   etwas
ausbrechen in Tränen,
   Lachen
ausdrücken, etwas drückt
   sich in etwas aus
ausgehen auf eine Sache,
   von jemandem, etwas

ausholen zu etwas
aussehen nach etwas
aussprechen, sich – über,
   für etwas; gegen
   jemanden, etwas; mit
   jemandem
bangen vor jemandem,
   etwas; um jemanden,
   etwas
befassen, sich – mit
   jemandem oder etwas
befinden über jemanden
   oder etwas
beginnen mit, von etwas
begnügen, sich – mit etwas
beharren bei oder auf einer
   Sache
beitragen zu etwas
bekümmern, sich – um
   jemanden, etwas
belaufen, es beläuft sich
   auf eine Summe
belustigen, sich – an,
   über etwas
bemühen, sich – um
   jemanden oder etwas
berichten über jemanden
   oder etwas, von
   jemandem oder etwas
berufen, sich – auf
   jemanden oder etwas
beschränken, sich – auf
   etwas
besinnen, sich – auf
   jemanden oder etwas
bestehen auf etwas (einem
   Recht, selten: ein Recht)

beziehen, sich – auf
   jemanden oder etwas
bleiben bei etwas
   (einem Entschluss)
buchen für eine Fahrt
da sein zu etwas; für
   jemanden, etwas
debattieren über jemanden
   oder etwas

denken an jemanden oder
   etwas
dienen zu etwas
differenzieren in einer
   Sache, um etwas
distanzieren, sich – von
   jemandem, etwas
drängen nach, auf,
   zu etwas   u. a. m.

73 *Beantworte in Sätzen, woran die Fremden denken, worauf sie sich freuen, wofür sie sich interessieren, worum sie sich kümmern, wonach sie fragen.*

74 *Bilde Sätze mit Vorwortergänzungen und frage nach diesem Satzglied!*

warnen – vor einer Gefahr, sich kümmern – um das Wohl der anderen, sich sorgen – um seine Mutter, warten – auf eine Antwort, hören – von seinem Freund, arbeiten – mit der Schaufel, sich erinnern – an den Vorfall. → **L 74**

75 *Unterstreiche in dem folgenden Text die Vorwortergänzungen!*

Lang hat sich Kurt auf seinen Geburtstag gefreut. Rechtzeitig hat er an seine Freunde geschrieben und sie eingeladen. Von seinen Eltern hat er schöne Geschenke erhalten. Am meisten freut er sich über den neuen Anzug. Aber auch an den kleinen Geschenken findet er Gefallen. Seine Freunde feiern mit ihm. Die Mutter deckt den Kaffeetisch für die Gäste. → **L 75**

76 *Bilde Sätze mit den folgenden Angaben! Unterstreiche die Vorwortergänzungen!*

Sich **an** jemanden wenden, sich **an** (nicht auf!) jemanden erinnern, an jemanden denken;
sich **an** etwas halten, gewöhnen;
auf etwas vertrauen, hoffen, sinnen, bauen, bestehen;
für etwas arbeiten, streiten, kämpfen;
sich **gegen** etwas wehren, sträuben, stemmen;
über etwas herrschen, frohlocken, schimpfen, sich freuen.

Bilde mit den folgenden Angaben Sätze mit Vorwortergän- **77**
zungen!

1. raten (Mitvergangenheit): der Arzt / mein Vater / zu einer
   Kur.
2. aushelfen können (Gegenwart): wir / ihr / mit etwas Geld.
3. berichten wollen (Gegenwart): der Professor / seine Zuhö-
   rer / von seiner Expeditionsreise.
4. gratulieren (Mitvergangenheit): wir / unserem Chef / zum
   Firmenjubiläum.
5. schützen (Gegenwart): die Impfaktion / die Kinder / vor der
   Kinderlähmung.
6. bringen (Mitvergangenheit): du / ich / auf eine gute Idee.

→ **L 77**

Die Umstandsergänzung ○
(Die adverbiale Bestimmung)

In den folgenden Sätzen erfährst du nichts darüber, wo, wann, **78**
warum oder auf welche Weise das Geschehen abläuft.
Erweitere die Sätze und ergänze die näheren Umstände!

Die Kinder spielten. (Wo? Wie lange? Wie? Womit?)
Der Autofahrer bremste. (Warum? Wie? Wo?)
Ilse sprach mit dem Polizeibeamten. (Wo? Wann? Worüber?
Wie lange?) → **L 78**

79 *Unterstreiche in den folgenden Sätzen jene Stellen, durch die die näheren Umstände des Geschehens zum Ausdruck gebracht werden!*

Am Nachmittag war ich zu Hause. Nachmittags bin ich daheim. Peter benimmt sich schlecht. Peter benimmt sich wie ein Flegel. Peter benimmt sich ausgelassen. Erich legt das Buch auf den Tisch. Erich legt das Buch darauf. Erich legt das Buch dorthin. → **L 79**

Satzergänzungen, welche die näheren **Umstände des Geschehens** angeben, nennt man **Umstandsergänzungen** oder **adverbiale Bestimmungen.**
Je nach der Art der Angaben unterscheidet man

Ortsergänzungen (lokale Bestimmungen),

Zeitergänzungen (temporale Bestimmungen),

Begründungsergänzungen (kausale Bestimmungen),

Artergänzungen (modale Bestimmungen).

Umstandsergänzungen beziehen sich zumeist auf ein einziges Satzglied:

> Ich lese ein **sehr** spannendes Buch.
> Das Auto fährt **zu schnell.**

Manche Umstandsergänzungen beziehen sich jedoch auf die ganze Äußerung, z. B. ja, doch, wohl, hoffentlich, voraussichtlich, keinesfalls, bloß, nur, überhaupt, anscheinend u. a.:

> Du wirst **ja doch wohl** kommen.
> Nein, ich werde **voraussichtlich überhaupt** nicht kommen.

Der Form nach können die Umstandsergänzungen sein:

a) eine Partikel: die Tür ist **zu.**
b) ein Vorwortgefüge: Karl wohnt **in der Stadt.**
c) ein Eigenschaftswort: Das Auto fährt **schnell.**
d) ein Namenwort im 2. oder im 4. Fall: Sie behauptete dies **allen Ernstes.** Er steigt **die Treppe** hinauf.
e) ein einfaches Zeitwort: Inge geht **einkaufen.**
f) ein Mittelwort: Sie kam **singend** nach Hause.
g) ein Nebensatz (Umstandssatz): **Da es regnete,** blieb ich zu Hause.

Werden **Umstandsergänzungen** mit einem Vorwort gebildet, können sie leicht mit einer **Vorwortergänzung** verwechselt werden.
Es lässt sich aber folgende Unterscheidung treffen:
In einer Umstandsergänzung ist das Vorwort meist leicht durch ein anderes Vorwort austauschbar; **in einer Vorwortergänzung** jedoch nicht.

Beispiele:

Sie wartete **hinter dem Haus** (hier, dort, hinten) →
Umstandsergänzung
Sie wartete **auf ihren Freund** → **Vorwortergänzung.**

Nach ihrem Sachbezug können die Umstandsergänzungen folgendermaßen eingeteilt und erfragt werden:

Arten der Umstands-ergänzungen	Fragen	Beispiele
Orts(Raum)-ergänzungen (lokale Bestimmungen)	**Wo?**	Ich war schon lange **nicht hier.**
	Woher?	Er kommt **aus Salzburg.**
	Wohin?	Sie fährt **nach Graz.**
	Von wo?	Mein Besitz reicht **von hier bis zur Straße.**
	Bis wohin?	
	Wie weit?	Er fuhr **drei Kilometer.**

Art der Umstands-ergänzungen	Fragen	Beispiele
Zeitergänzungen (temporale Bestimmungen)	**Wann?** **Seit wann?** **Bis wann?** **Wie lange?** **Wie oft?**	Ich kam **gestern** hier an. **Seit heute Morgen** habe ich Magenschmerzen. **Bis zum Beginn der Vorstellung** ertönt Musik. Ich war **den ganzen Winter über** nicht verreist. Er schreibt mir **jede Woche.**
Artergänzungen (modale Bestimmungen)	**Wie?** **Wie viel?** **Wie sehr?** **In welchem Grad?** **Woraus?** (Stoff) **Auf welche Weise?** (im Vergleich mit anderen) **Mit welchem Mittel? Womit?**	Die Maurer arbeiten **flott.** Das Paket wiegt **drei Kilogramm.** Diese Arbeit liebe ich **sehr.** Sie lebt **allein.** Der Stein ist **sehr wertvoll.** Der Ring ist **aus Gold.** Er kämpft **wie ein Löwe.** **Mit diesem Elektromotor** wird die Maschine angetrieben.
Begründungsergänzungen (kausale Bestimmungen)	**Warum?** **Wozu?** **Mit welcher Wirkung?** **Unter welcher Bedingung?** **Trotz welchen Umstandes?**	**Wegen seiner Erkrankung** konnte er nicht anrufen. Sie musizieren **zu ihrem Vergnügen.** Der Redner wiederholte seine Begründung **zum Überdruss aller.** **Bei schönem Wetter** machen wir einen Ausflug. **Trotz der Kälte** machen wir einen Ausflug.

80 *Frage nach den Umstandsergänzungen und unterstreiche sie!*

1. Wegen des Regens zog sie den Regenmantel an. –
2. Unter dieser Bedingung spiele ich nicht mit. – 3. Trotz des

schlechten Wetters fand das Spiel im Freien statt. – 4. Das Holz der Fichte wird vielfach zu Bauzwecken verwendet. – 5. Die Kinder jauchzten vor Freude. – 6. Ungeachtet des starken Verkehrs überquerte er die Straße. – 7. Er schlug den Nagel mit einem Stein in das Brett. – 8. Sie kam zu einer Besprechung zu ihrem Rechtsanwalt. – 9. Die Arbeit ist sehr anstrengend. – 10. Elsa sieht schon wie eine Dame aus. – 11. Er ist guter Dinge. – 12. Sie fühlt sich großartig. – 13. Es ist so. – 14. Seine Anstrengungen waren vergeblich. – 15. Das Kleid kostet 60 Euro. – 16. Das Wartezimmer ist voller Patienten. – 17. Seit gestern ist Erika wieder in der Schule. – 18. Sie war drei Wochen krank. – 19. Übermorgen wird sie 12 Jahre. – 20. Bisher war sie die beste Schülerin. – 21. Wird das immer so sein? – 22. Das alte Pferd lebte noch drei Jahre. – 23. Im Jänner war sie 11 Jahre. – 24. Die Saison läuft im Mai an. – 25. Das Fest dauerte bis in die frühen Morgenstunden. – 26. Der österreichische Dichter Franz Grillparzer lebte im 19. Jahrhundert. – 27. Der Vater füttert die Kühe im Stall. – 28. Er holt Heu aus der Scheune. – 29. Sie ist 10 Meter vom Stall entfernt. – 30. Er schüttet Hafer in die Futterkrippe. → **L 80**

Bilde Sätze, indem du die Angaben unter A durch die Ortsangaben unter B ergänzt! Sie sind durcheinander angeführt. **81**

In den Bergen

A Wir holen den Rucksack und die Wanderschuhe . . . , denn heute steigen wir . . . Zuerst wandern wir . . . Dann kommen wir . . . Jetzt biegt der Weg . . . ab. Er führt uns . . . Endlich gelangen wir . . . Wir kehren . . . ein. Fein, . . . es gibt ein Glas Milch und ein Stück Butterbrot. Nun geht es weiter . . . Gebückt klettern wir . . . Ein Büschel Enzian lockt uns . . . Nach vier Stunden kommen wir endlich . . . an.

B auf den Zirbitzkogel – aus dem Koffer – links – auf eine Alm – durch einen schattigen Fichtenwald – in der Schutzhütte – durch ein breites Tal – hier – nach oben –

von Felsblock zu Felsblock – in einen herrlichen Laubwald – auf dem Gipfel – an einen Felsvorsprung.

(Nach Martin Ibler)

→ **L 81**

82 *Ergänze die Zeitangaben und antworte in vollständigen Sätzen:*

Wann sät der Bauer das Getreide? Wann verreisen die Leute, wann schicken sie Glückwünsche? Wann brauchen wir Geld? Wann wäschst du dich, wann isst du?
Seit wann gehst du in die Schule? Seit wann besitzt dein Vater ein Auto?
Wie lange hat der Film gedauert? Wie lange musst du noch die Schule besuchen? Wie lange dauert der Unterricht?
Bis wann schläfst du am Morgen? Bis wann brauchst du, bis du vollständig angezogen bist?
Von wann bis wann regierte Maria Theresia? Wie lange dauerte das Mittelalter, der Zweite Weltkrieg?

83 *Gib den Grund an und antworte in vollständigen Sätzen:*

Warum verreisen die Leute? Warum soll man sich der jeweiligen Situation entsprechend kleiden?
Weshalb kann ein Brand ausbrechen?
Weswegen werden Haustiere gehalten?
Wozu lesen, lernen, spielen, turnen die Erwachsenen?
Trotz welchen Umstandes gehen wir fort, wandern, schwimmen wir?

84 *Bilde vollständige Sätze mit Ortsangaben!*

Wo entspringt der Rhein, die Donau, die Elbe? An welchem Fluss liegt Bonn, Wien, Hamburg, Paris?
Woher beziehen wir den Kaffee, den Tee, die Bananen?
Wohin wolltest du gerne reisen?

Bestimme in dem folgenden Text die Umstandsergänzun- **85**
gen! Unterstreiche sie und notiere darüber die Art der Um-
standsergänzung in abgekürzter Form:

OE = Ortsergänzung   BE = Begründungsergänzung
AE = Artergänzung   ZE = Zeitergänzung

In der russischen Steppe

Sie erstreckt sich von den Karpaten bis zum Fuß des Altai-

gebirges; im Süden wird sie durch das Krimgebirge und den

Kaukasus begrenzt. Längst nicht mehr ist sie das unendliche

Grasmeer. Nur in einigen geschützten Gebieten ist sie noch

unberührte Naturlandschaft, in weiten Teilen jedoch Acker-

und Wiesenland. Die geringen Niederschläge des Winters

schaffen in der mittleren Ukraine eine dünne Schneedecke.

Sie reicht zum Schutz der Winteraussaat aus. Im Frühjahr

setzt plötzlich die Schneeschmelze ein. Reißende Bäche

füllen dann die steilwandigen Trockentäler aus. Die Ströme

treten über ihre flachen Wiesenufer. Auf unbefestigten Wegen

versinken die Fahrzeuge in Schlamm und Morast. Die ange-

nehmste Jahreszeit ist der warme Frühsommer vor Beginn

der großen Hitze und Dürre. Bei ausreichenden Niederschlägen reift die Frucht auf unübersehbaren Weizenfeldern.

In trockenen Hochsommern jedoch zerstören Steppenwinde

dieses Werk und machen die Hoffnung auf eine gute Ernte

zunichte. *(Nach R. Alschner)*

→ **L 85**

Beifügungen zu Satzgliedern ○ (Attribute)

86 Hier stimmt etwas nicht:

Butter isst man nicht. Mit Geld zahlt man nicht. Glocken läuten nicht. Birnen kauft man nicht. Messer schneiden nicht. Schuhe halten nicht. Pilze sammelt man nicht.

Diese Dinge sind nicht genau gekennzeichnet.

Frage daher:

Was für eine Butter isst man nicht?
Mit welchem Geld zahlt man nicht?

Verwende für die Antworten die folgenden Wörter und bilde Sätze:

wurmig, ranzig, faul, falsch, ohne Schwengel, stumpf, alt.

Beispiel:

Ranzige Butter isst man nicht.

→ **L 86**

- Die Wörter „ranzig, falsch, faul" usw. dienen hier zur genaueren Kennzeichnung des Satzgliedkernes. Es sind **Beifügungen (Attribute)** der Satzglieder.
Sei sparsam in der Verwendung von Beifügungen, denn zu viele Beifügungen machen den Satz schwerfällig!

- **Beifügungen (Attribute)** sind nur **Teile von Satzgliedern.** Sie können nur mit diesen verschoben werden.

Die Beifügung antwortet auf die Fragen
- **Was für ein? Welcher? Wessen? Wieviel?**

Eine Beifügung kann sein:

1. ein Eigenschaftswort, Mittelwort, Fürwort oder Zahlwort:
der **neue** Wagen, in **gehobener** Stimmung,
seine Schwester, **fünf** Mädchen;

2. ein Namenwort (Nomen):
der Mantel **der Mutter,** die Frau **mit dem Stock,** meine Freude **über den Sieg;**

3. ein Namenwort im selben Fall wie das Bezugswort:
Herr Müller, **Doktor** Gruber, **ein Liter** Milch;

4. ein Namenwort als nachgestellte nähere Bestimmung (Apposition oder Beisatz):
Wien, **die Hauptstadt Österreichs,** ist sehr alt.
Salzburg, **die Mozartstadt,** wird viel besucht.
Am Montag, **dem 7. März 19..,** kam er an.

5. ein Umstandswort:
Er sitzt **am weitesten** hinten. Sie besucht mich **sehr oft.**

6. eine Nennformgruppe mit „zu":
Seine Art **zu gehen** ist auffällig.
Seine Fähigkeit(,) **die Menschen zu begeistern(,)** ist bewundernswert.

7. ein Nebensatz (Beifügesatz):
Das Mädchen, **das dort steht,** ist meine Schwester.

87 *Unterstreiche die Beifügungen in dem folgenden Text! Im Zweifelsfall mache die Verschiebeprobe!*

Innsbruck

Innsbruck ist die Hauptstadt des Bundeslandes Tirol.
Hier blicken schneebedeckte Gipfel auf die Dächer und Straßen der Stadt. Die Stadt liegt inmitten einer großartigen Bergwelt. Schon in alter Zeit führte hier eine Brücke über den Inn, daher der Name der Stadt.
Wer durch die Gassen der Altstadt spaziert, der spürt, dass sie schon sehr alt ist. Viele herrliche Bauten erinnern an die große Vergangenheit Tirols: das goldene Dachl, die Hofkirche mit dem Grabdenkmal Kaiser Maximilians I., die alte Hofburg und viele andere.
Von Innsbruck aus führt die neue Autobahn nach Süden über den Brennerpass. Es ist kein Wunder, dass diese Stadt ein wichtiger Handelsplatz geworden ist.   → **L 87**

88 *Kennzeichne die Beifügung durch Unterstreichen!*

Das Grüßen

„Mit dem Hute in der Hand kommt man durch das ganze Land!"
Vergiss das Sprichwort auf dem Lande nicht, wo es noch Sitte ist, alle zu grüßen! Überhaupt ist es besser, zu viel als zu wenig zu grüßen, denn der Gruß ist ein Zeichen der Hochachtung, und die Menschen sollten einander immer Hochachtung entgegenbringen. Der Jüngere grüßt den Älteren, der Herr die Dame, der Junge das Mädchen zuerst. Wenn du einen Bekannten siehst, schau nicht schüchtern weg(,) um dem Gruß auszuweichen! Höher gestellte Persönlichkeiten grüßt man auf der Straße meist stumm; man nimmt den Hut ab und neigt den Kopf. Nur der höher Stehende (die Dame) hat das Recht, die Hand zum Gruß zu reichen. Man darf die Hand des andern nicht zu stark pressen, aber die Hand auch nicht zu schlaff geben, denn es soll doch ein Hände-„Druck" sein. Der Herr muss beim Betreten einer Wohnung oder eines Lokales seine Kopfbedeckung abnehmen.   → **L 88**

Regeln für den richtigen Gebrauch des „Beisatzes" (der Apposition) und der Beifügung (des Attributs):

a) Der **Beisatz** (die Apposition) muss **im gleichen Fall** steht wie das Wort, auf das er sich bezieht.

falsch
Gestern fand das Gastspiel des Herrn N., erster Tenor der Grazer Oper, statt.

richtig
. . . des Herrn N., ersten Tenors der Grazer Oper, statt.

b) Die Beifügung vor einem zusammengesetzten Namenwort bezieht sich immer auf den zweiten Bestandteil, auf das **Grundwort.**

falsch
Herr Berger ist ein dreistöckiger Hausherr.

richtig
Herr Berger ist der Besitzer eines dreistöckigen Hauses.

Herr Müller ist ein vierköpfiger Familienvater.

Herr Müller ist Vater von vier Kindern.

c) Die abhängigen Bestimmungen müssen vor dem beifügend gebrauchten Eigenschaftswort oder dem Mittelwort stehen.

falsch

Er ist der allein Schuldige an diesen Zuständen.

... mit gerötetem Gesicht vom Weingenuss ...

richtig

Er ist der an diesen Zuständen allein Schuldige.

... mit vom Weingenuss gerötetem Gesicht ...

d) Die Häufung von Beifügungen im 2. Fall ist zu vermeiden.

falsch

Ich entsinne mich des Namens des Besitzers des Hauses nicht mehr.

Er entschwand unter Mitnahme eines Teiles des Inhaltes des Schrankes.

richtig

Ich entsinne mich des Namens des Hausbesitzers nicht mehr.

Er raubte den Schrank teilweise aus und verschwand mit der Beute.

e) Die Umschreibung des 2. Falles mit „von" ist zu vermeiden.

falsch

Das Buch von meinem Freund hat mir sehr gut gefallen.

Das Journal von der Firma wurde verlegt.

richtig

Das Buch meines Freundes hat mir sehr gut gefallen.

Das Journal der Firma wurde verlegt.

Die Umschreibung mit „von" ist jedoch geboten bei Eigennamen und bei Titeln.

Der Schlossberg von Graz. Der König von England.

f) Datumsangaben können als Beisatz (Apposition) aufgefasst werden und müssen im gleichen Fall stehen wie das Wort, auf das sie sich beziehen.

falsch
Am Dienstag, den 3. April,
lief das Schiff aus.

richtig
Am Dienstag, dem 3. April,
lief das Schiff aus.

Der Monatstag kann aber auch als selbstständige Zeitangabe im 4. Fall neben den Wochentag gesetzt werden. In diesem Fall handelt es sich um eine Aufzählung.

Montag, den 10. Juni lief das Schiff aus.
Die Konferenz fand Mittwoch, den 4. April statt.

g) Auch zwischen Klammern muss der Beisatz (die Apposition) **im gleichen Fall** stehen wie das Wort, auf das er sich bezieht.

falsch
Das Haus des neuen
Konsuls (dem Nachfolger
von Dr. Müller) ist
abgebrannt.
Am Ufer der March (einem
Nebenfluss der Donau)
machten wir Rast.

richtig
Das Haus des neuen
Konsuls (des Nachfolgers
von Dr. Müller) ist
abgebrannt.
Am Ufer der March (eines
Nebenflusses der Donau)
machten wir Rast.

69

h) Das artikellose beifügende Eigenschaftswort wird als Beisatz (Apposition) **stark gebeugt.**

falsch

. . . ein Blatt weißen Papiers

. . . aus einem Stück weichen Lindenholzes . . .

Ich speiste mit Herrn Müller, ordentlichen Professor an der Universität Wien.

richtig

. . . ein Blatt weißes Papier

. . . aus einem Stück weichem Lindenholz . . .

Ich speiste mit Herrn Müller, ordentlichem Professor an der Universität Wien.

Falscher Gebrauch der Beifügungen und der „Beisätze" (Appositionen)

falsch

Der allein Schuldige an diesen Zuständen ist geflohen.

richtig

Der an diesen Zuständen allein Schuldige ist geflohen.

Wir haben einen als Angsthasen bekannten Schüler in unserer Klasse.

Wir haben einen Schüler in unserer Klasse, der als Angsthase bekannt ist.

falsch	**richtig**
Er versäumte die Abfahrtszeit nach Paris.	Er versäumte die Abfahrtszeit des Zuges, der nach Paris fährt.
Die Entlarvung des Generals als dem eigentlichen Drahtzieher . . .	Die Entlarvung des Generals als des eigentlichen Drahtziehers . . .
. . . mir als Abgeordneter . . .	. . . mir als Abgeordnetem . . .
. . . ihm als Angeklagter . . .	. . . ihm als Angeklagtem . . .
Das Wirken dieses Mannes, ein mutiger Kämpfer für die Freiheit, . . .	Das Wirken dieses Mannes, eines mutigen Kämpfers für die Freiheit, . . .
Die Gruppe bestand aus Schriftstellern, Malern und Schauspielern, alles junge Leute der Nachkriegsgeneration.	Die Gruppe bestand aus Schriftstellern, Malern und Schauspielern, jungen Leuten der Nachkriegsgeneration.
Durch den Genuss eines Glases Weines . . .	Durch den Genuss eines Glases Wein . . .
Ein Bündel trockenen Strohes . . .	Ein Bündel trockenes Stroh . . .
Am Montag, den 3. Mai, reiste er von Zürich ab.	Am Montag, dem 3. Mai, reiste er von Zürich ab.
Am Ufer der Enns (einem Nebenfluss der Donau) hielten sie Rast.	Am Ufer der Enns (eines Nebenflusses der Donau) hielten sie Rast.

Du hast nun schon alle Satzglieder und Gliedteile kennen **89**
gelernt. Bestimme daher die dir bekannten Glieder der folgenden Sätze! Schreib die Bezeichnungen in abgekürzter Form über die Satzglieder!

P = Prädikat	VE = Vorwort-	B = Beifügung
S = Subjekt	ergänzung	G 1 = Gleich-
E 4 = Ergänzung	OE = Ortsergänzung	setzungsglied
im 4. Fall	ZE = Zeitergänzung	im 1. Fall
E 3 = Ergänzung	AE = Artergänzung	G 4 = Gleich-
im 3. Fall	BE = Begründungs-	setzungsglied
	ergänzung	im 4. Fall

Besuch einer Sennhütte

In Stübing bei Graz gibt es ein Freilichtmuseum.

Dort kann man die Hausformen der bäuerlichen Welt

von einst besichtigen.

Wir besuchen dort eine Sennhütte. Die Holzwände sind

aus roh behauenen Baumstämmen gefügt. Sie ruhen

auf einem kleinen Sockel aus groben Steinen.

Nach allen Seiten überragt sie das flache Giebeldach.

Aufgelegte schwere Steine halten seine Schindeln fest.

Vor der Hütte plätschert in einem ausgehöhlten

Baumstamm klares Bergwasser. Durch die niedrige

Tür treten wir in den Wohnraum. Er dient zugleich

als Schlafraum. In der Ecke steht der steinerne Herd.

In einer anderen Ecke erblicken wir die einfache

Schlafpritsche des Sennen. → **L 89**

Bestimme die Glieder der folgenden Sätze und schreibe die **90**
Abkürzungen darüber!

Ein neuer Lebensraum?

Wissenschafter suchen seit einiger Zeit nach einem neuen Lebensraum. Sie erwägen dabei die Nutzung des Leerraumes 3000 km über der Erde. In diesem Gebiet will man Wohnmöglichkeiten für Menschen schaffen. Man denkt zunächst an den Bau kleinerer Wohnplaneten. Dieses Vorhaben bereitet den Fachleuten große Schwierigkeiten. Die Menschen bedürfen zum Leben der Atemluft. Infolgedessen muss man abgeschlossene Räume mit erdähnlicher Atmosphäre konstruieren. Ein weiteres Problem bildet die Schwerelosigkeit. Bei vielen Produktionsvorgängen könnte sie allerdings die Arbeitsabläufe erheblich erleichtern. Heute schon haben Ingenieure mit den Entwürfen für solche Stationen begonnen. Sie arbeiten an Plänen für Fabriken, Krankenhäuser, Hotels und Laboratorien. Ein regelmäßiger Pendelverkehr soll dieses Gebiet mit der Erde verbinden.   → **L 90**

91 *Bestimme die Satzglieder der folgenden Sätze und schreibe sie abgekürzt darüber!*

Zu den Planeten

Um das Jahr 2000 werden voraussichtlich viele große Weltraumstationen im erdnahen Raum kreisen. Auf diesen Stationen sollen Kosmonauten vor ihren Flügen zu anderen Planeten ihr Training absolvieren. Mit speziellen Lastraketen werden Raumfahrer, Treibstoff und Bestandteile der Flugkörper von der Erde dorthin befördert. Weltraumstationen weisen gegenüber den Erdstationen große Vorzüge für die Nachrichtenverbindung auf. Sie sind von den Funkstörungsquellen der Erde weit entfernt. Auch die Erddrehung beeinflusst sie nicht.

Auf diesen Raumstationen arbeiten Wissenschafter zunächst neue Verfahren zur Beobachtung der Erde aus. Durch deren Anwendung kann man Lagerstätten von Bodenschätzen entdecken. Auch die Verunreinigung der Küsten durch Abwässer wird auf diese Weise überwacht. Für das Jahr 2000 wird außerdem das Entstehen von Raumforschungsstationen auf dem Mond erwartet. Für viele Fachleute

ist der Mond heute schon der natürliche Startplatz

und das geeignete Steuerungszentrum für Unternehmen im

Weltraum. *(Aus: Beregowoij, Mondlandung)*

→ **L 91**

Sinnnotwendige und freie Satzglieder ⊗
(Grundformen deutscher Sätze)

Manche Bauteile des Satzes sind für den Sinn des Satzes nicht notwendig. Lässt man sie weg, bleibt der Satz trotzdem sinnvoll. Anschaulichkeit und Genauigkeit werden jedoch geringer.

Solche Satzglieder, die man ebenso wie die Beifügung weglassen kann, ohne dass Unsinn entsteht, bezeichnet man als **freie Satzglieder.**

Man kann sie mit Hilfe der **Abstrichmethode** (Weglassprobe) unschwer feststellen. Zurück bleibt das Satzgerüst, die **Grundform des Satzes.**

Beispiele:

„Wer Fahrerflucht begeht, wird ~~mit Gefängnis bis zu zwei Jahren, mit Haft oder mit einer Geldstrafe~~ bestraft."
~~So~~ bestimmt es das Gesetz.
~~Nach demselben Gesetz~~ ist ~~allein schon~~ der Versuch zur Flucht nach einem Verkehrsunfall strafbar.
~~In besonders schweren Fällen~~ wird die Gefängnisstrafe mehr als sechs Monate betragen. Fahrerflucht nach einem Unfall ist ein Vergehen.
Fahrerflucht kommt ~~leider häufig~~ vor und wird ~~deshalb immer wieder~~ zu ahnden sein.

Freie Satzglieder können ihrer Form nach sein:
1. **ein Subjekt** in Fällen wie:

Sprich ~~du~~ mit ihm!

2. **eine freie Ergänzung im 3. Fall** in Fällen wie:

Du bist ~~mir~~ der Rechte.
Ilse singt ~~uns~~ ein Lied.
Erich holt ~~ihm~~ die Zeitung.

3. **eine freie Umstandsangabe:**

Sinnnotwendige Umstandsergänzungen	Freie Umstandsangaben
Zeitergänzung: Die Beratung dauerte **zwei Stunden.** Er zog das Gespräch **in die Länge.**	**freie Zeitangabe:** Otto besuchte mich **am Abend.** **Früher** war jede Stadt mit Mauern umgeben.
Ortsergänzung: Ich lege das Buch **auf den Tisch.** Er ist **in Österreich** ansässig.	**freie Ortsangabe:** Ich höre das Gelächter **aus dem Nebenraum.** **Im Wald** finden viele Tiere Nahrung und Wohnung.
Artergänzung: Erich benimmt sich **schlecht.** Die Rose ist **schön.**	**freie Artangabe:** Er lobte den Schüler **sehr.** Sie kam **singend** nach Hause.
Begründungsergänzung: Das Verbrechen geschah **aus Eifersucht.**	**freie Begründungsangabe:** Er zog das Gespräch **wegen seines Freundes** in die Länge. Der Schulweg ist **bei schlechtem Wetter** beschwerlich.

Streiche in dem folgenden Text die freien Angaben und die **92**
Beifügungen (Attribute) weg!

In einem Zeitungsverlag
Unsere Klasse besuchte gestern das Verlagshaus einer
Tageszeitung. Das riesige Gebäude liegt nicht weit vom
Bahnhof entfernt. Vor dem Haupteingang warteten wir gespannt auf den Redakteur, der uns führen sollte. Mit Herrn
Gruber mussten wir durch die Empfangshalle zum Aufzug
gehen. Die Fahrt in das oberste Stockwerk dauerte nur
wenige Sekunden. Der Redaktionssaal, in dem die Journalisten arbeiten, erstreckt sich über ein ganzes Stockwerk.
Ungefähr fünfzig Zeitungsleute sind hier an ihren Schreibtischen mit Druckabzügen, Fernschreibmeldungen und Fotos
beschäftigt.
Die Meldungen und Aufsätze gelangen aus dem Redaktionssaal in die Schriftsetzerei. Hier herrscht ein Tempo! Bis zum
frühen Nachmittag müssen nämlich die Druckplatten fix und
fertig sein; dennoch darf die Zeitung keine Druckfehler enthalten. Die Drucker haben schon seit Mittag ihre haushohe
und 20 Meter lange Druckmaschine betriebsbereit gemacht.
Nun werden die ersten Formen für den Druck eingespannt.
Wir konnten wegen des Geratters kein Wort verstehen. Die
Druckmaschine faltet nach dem Druck aus vielen Einzelbogen das fertige Zeitungsexemplar. → **L 92**

Streiche in dem folgenden Text alle freien, für den Sinn des **93**
Satzes nicht unbedingt notwendigen Satzglieder und die
Beifügungen weg!

Der alte Baum
Kerzengerade war er gewachsen, denn das ist für eine rechtschaffene Fichte eine Ehrensache. Sein dunkles Nadelkleid
war dicht und voll(,) und wenn der Wind durch den Wald fuhr,
dann rauschte er durch das Geäst des alten Baumes und
klapperte mit den dürren Zweigen wie ein Storch mit seinem

Schnabel. Die kleinen Vögel saßen auf den breiten Fächern von Nadeln, die so schön nach Harz dufteten, und sangen ihre Lieder. Der Specht hämmerte, dass ihm der Kopf brummte(,) und die Eichkätzchen jagten auf und nieder und spielten Verstecken in dem Dunkel des dichten Geästes.

Aber eines Tages nahm das alles ein Ende. Da kamen die Holzfäller mit der Motorsäge(,) und viele Bäume mussten sterben. Der Förster kam und machte mit Kreide drei Kreuze an den Stamm der alten Fichte(,) und das war ihr Todesurteil.

(Bruno H. Bürgel)

→ **L 93**

94 *Stelle die Grundformen der folgenden Sätze fest, indem du alle freien, für den Sinn des Satzes nicht notwendigen Satzglieder sowie die Beifügungen wegstreichst!*

1. Die unbearbeiteten Bretter für die Sesselständer sind dreieckig.
2. Die Werkstücke sind nach dem Fräsen mit einer untergeklemmten Schablone vollkommen gleichmäßig.
3. Ein Schleifer macht die scharfen Kanten der Holzteile mit feinem Glaspapier glatt.
4. Ein Arbeiter an der automatischen Bohrmaschine bohrt in die Ständer die Löcher für die Dübel.
5. Die Dübellöcher zur Befestigung der Kufen befinden sich am unteren Ende der Ständer.
6. Das Loch für die Schrauben in der Rückenlehne sitzt an der Spitze der Ständer.
7. Ein Arbeiter befestigt mit zwei durchgehenden Messingschrauben die Rückenlehne auf den beiden Ständern.
8. Ein junger Mann macht die Sitzfläche mit eingeschossenen Stahlklammern auf den Vorderzargen fest.
9. Ein Sessel entsteht so aus vielen Einzelteilen: aus Ständern, Rückenlehne, Sitzfläche, Vorderzargen, Kufen und Steg.
10. Ein Arbeiter bringt den verdübelten und verleimten Sessel in eine Luftdruckpresse.

11. Danach stellt ein Lackierer den Sessel in eine ringsum abgeschirmte Spritzkabine zum Lackieren.   → **L 94**

Die häufigsten Grundformen (Baupläne) deutscher Sätze in Übersicht:

1. Die Blumen / blühen.

Satzgegenstand / Satzaussage

2. Erich / ist / mein Freund.

Satzgegenstand / Satzaussage / Gleichsetzungsglied im 1. Fall

3. Sie / dankt / ihm.

Satzgegenstand / Satzaussage / Ergänzung im 3. Fall.

4. Ich / gedenke / seiner.

Satzgegenstand / Satzaussage / Ergänzung im 2. Fall.

5. Karl / spielt / mit mir.

Satzgegenstand / Satzaussage / Vorwortergänzung

6. Ich / rate / ihm / zum Kaufabschluss.

Satzgegenstand / Satzaussage / Ergänzung im 3. Fall Vorwortergänzung

7. Der Forscher / sprach / mit den Versammlungsteilnehmern / über seine Asienreise.

Satzgegenstand / Satzaussage / Vorwortergänzung / Vorwortergänzung

8. Wien / liegt / an der Donau.

Satzgegenstand / Satzaussage / Ortsergänzung.

9. Er / klopft / seinem
   Freund / auf die
   Schulter.

   Satzgegenstand /
   Satzaussage /
   Ergänzung im 3. Fall /
   Ortsergänzung

10. Er / begrüßt / den
    Besucher.

    Satzgegenstand /
    Satzaussage /
    Ergänzung im 4. Fall

11. Erich / nennt / ihn /
    einen Lügner.

    Satzgegenstand /
    Satzaussage /
    Ergänzung im 4. Fall /
    Gleichsetzungsglied
    im 4. Fall.

12. Irene / schenkt / ihrer
    Schwester / ein Buch.

    Satzgegenstand /
    Satzaussage /
    Ergänzung im 3. Fall /
    Ergänzung im 4. Fall

13. Die Nachbarin / be-
    schuldigte / die Frau /
    des Diebstahls.

    Satzgegenstand /
    Satzaussage /
    Ergänzung im 4. Fall /
    Ergänzung im 2. Fall.

14. Sie / verriet / ihn / an
    die Polizei.

    Satzgegenstand /
    Satzaussage /
    Ergänzung im 4. Fall /
    Vorwortergänzung

15. Er / hängte / das
    Gemälde / an die
    Wand.

    Satzgegenstand /
    Satzaussage /
    Ergänzung im 4. Fall /
    Ortsergänzung

16. Erich / legte / seinem
    Freund / die Hand /
    auf die Schulter.

    Satzgegenstand /
    Satzaussage /
    Ergänzung im 3. Fall /
    Ergänzung im 4. Fall /
    Ortsergänzung

17. Der Regen / dauerte /   Satzgegenstand /
drei Tage.   Satzaussage /
                               Zeitergänzung

18. Das Gemälde / ist /   Satzgegenstand /
schön.   Satzaussage /
                               Artergänzung

19. Die Wärme / tut / ihm /   Satzgegenstand /
wohl.   Satzaussage /
                               Ergänzung im 3. Fall /
                               Artergänzung

20. Er / ist / des Mordes /   Satzgegenstand /
schuldig.   Satzaussage /
                               Ergänzung im 2. Fall
                               Artergänzung

21. Ich / bin / auf seine   Satzgegenstand /
Aussage / neugierig.   Satzaussage /
                               Vorwortergänzung /
                               Artergänzung

22. Er / ist / mir / an Erfah-   Satzgegenstand /
rung / überlegen.   Satzaussage /
                               Ergänzung im 3. Fall /
                               Vorwortergänzung /
                               Artergänzung

23. Der Mann / ist / in   Satzgegenstand /
Salzburg / ansässig.   Satzaussage /
                               Ortsergänzung /
                               Artergänzung

24. Das Verbrechen /   Satzgegenstand /
geschah / aus Rache.   Satzaussage /
                               Begründungsergänzung

25. Der Direktor / zog / die   Satzgegenstand /
Entscheidung / in die   Satzaussage /
Länge.   Ergänzung im 4. Fall /
                               Zeitergänzung

26. Der Vater / macht / das   Satzgegenstand /
     Dach / dicht.   Satzaussage /
                               Ergänzung im 4. Fall
                               Artergänzung

27. Sie / gab / ihm /   Satzgegenstand /
     schnell / die Hand.   Satzaussage /
                               Ergänzung im 3. Fall /
                               Artergänzung /
                               Ergänzung im 4. Fall

28. Das Gericht / sprach /   Satzgegenstand /
     den Fahrer / der   Satzaussage /
     Tötung / schuldig.   Ergänzung im 4. Fall /
                               Ergänzung im 2. Fall /
                               Artergänzung

29. Mein Freund / machte /   Satzgegenstand /
     mich / auf dieses   Satzaussage /
     Buch / aufmerksam.   Ergänzung im 4. Fall /
                               Vorwortergänzung /
                               Artergänzung

30. Professor Gruber /   Satzgegenstand /
     lehrte / mich / das   Satzaussage /
     Violinspiel.   Ergänzung im 4. Fall /
                               Ergänzung im 4. Fall

31. Ilse / hörte / ihre   Satzgegenstand /
     Schwester / singen.   Satzaussage /
                               Ergänzung im 4. Fall /
                               2. Teil d. Satzaussage

95 *Stelle die Grundformen (Baupläne) der folgenden Sätze fest.*

1. Der Vater schläft. – 2. Erich ist mein Bruder. – 3. Sie winkt ihm zu. – 4. Hans enthält sich der Stimme. – 5. Er achtet auf sein Fahrrad. – 6. Ilse lehnt an der Hauswand. – 7. Sie schläft

acht Stunden. – 8. Der Baum ist hoch . – 9. Hans lauscht aus Neugier. – 10. Inge liest ein Buch. – 11. Sie nennt ihn einen Lügner. – 12. Er schenkt seinem Freund ein Buch. – 13. Seine Mutter bezichtigt ihn der Lüge. – 14. Erich beschützt ihn vor seinem Feind. – 15. Hans lehnt sein Fahrrad an die Hauswand. – 16. Der Vater streicht die Wände gelb. – 17. Ilse besuchte die Vorstellung aus Neugier. → **L 95**

Die Wortstellung im einfachen Satz ⊗

Für den Aussagesatz gilt:

● Sind in einem Satz die Satzgegenstände und die Fallergänzungen Namenwörter, gilt die folgende Reihenfolge:

Satzgegenstand	Satzaussage	Ergänzung im 3. F.	Ergänzung im 4. Fall
Der Lehrer	gab	dem Schüler	ein Buch.

● Werden für den Satzgegenstand und die Fallergänzungen Fürwörter verwendet, so stehen sie in der folgenden Reihenfolge:

Satzgegenstand	Satzaussage	Ergänzung 4. F.	Ergänzung 3. F.
Er	gab	es	ihm.

● Wenn Satzgegenstände und Fallergänzungen besonders hervorgehoben werden sollen, so stellt man sie an den Anfang des Satzes:

Satzgegenstand	Satzaussage	Ergänzung 3. F.	Ergänzung 4. F.
Er	gab	dem Schüler	sein Buch.

Ergänzung 3. Fall	Satzaussage	Satzgegenstand	Ergänzung im 4. Fall
Dem Schüler	gab	er	sein Buch.

Ergänzung im 4. F.	Satzaussage	Satzgegenstand	Ergänzung im 3. F.
Sein Buch	gab	er	dem Schüler.

● Die Vorwortergänzung steht nach der Fallergänzung:

Satzgegenstand	Satzaussage	Ergänzung im 3. F.	Vorwortergänzung
Er	dankte	dem Meister	für alle Mühe.

● Ist im Satz nur eine einzige Vorwortergänzung vorhanden, wird für diese das Ende des Satzes bevorzugt:

Satzgegenstand	Satzaussage	Ergänzung 4. F.	Vorwortergänzung
Ich	holte	die Weinflasche	aus dem Keller.

● Werden mehrere Umstandsergänzungen gebraucht, so steht in der Regel die Zeitangabe zuerst, darauf folgen die Ortsangabe, die Begründungsangabe und zuletzt die Artangabe.
Abweichungen von dieser Wortfolge dienen meist der Hervorhebung eines Satzgliedes:

Satzgegenstand	Satzaussage	Zeitangabe	Ortsangabe
Ich	habe	gestern	in Linz

Begründungsangabe	Artangabe	Satzaussage (2. Teil)
trotz des Unfalls	angenehm	übernachtet

● Sind in einem Satz mehrere Umstandsergänzungen vorhanden, stehen die Fallergänzungen gewöhnlich am Ende des Satzes:

Satzgegenstand	Satzaussage	Zeitangabe	Ortsangabe
Ich	habe	gestern	in Salzburg

Artangabe	Ergänzung 4. F.	Satzaussage (2. Teil)
zufällig	meinen Bruder	getroffen.

● Wenn die Fallergänzungen durch Namenwörter gebildet werden, stehen Umstandsergänzungen oft zwischen der Ergänzung im 3. Fall und der Ergänzung im 4. Fall:

Satzgegenstand	Satzaussage	Ergänzung 3. Fall	Zeitangabe
Ich	gab	meinem Freund	gestern

Ergänzung im 4. Fall	Satzaussage (2. Teil)
das Buch	zurück.

● Wenn die Fallergänzungen mit Fürwörtern gebildet werden, so stehen sie meist vor den Umstandsergänzungen:

Satzgegenstand	Satzaussage	Ergänzung im 4. Fall	Zeitangabe
Ich	habe	ihn	gestern

Artangabe	Ortsangabe	Satzaussage (2. Teil)
zufällig	in Linz	getroffen.

In Aufforderungs- und Fragesätzen
steht das aussagende Zeitwort zumeist an der Spitze des Satzes:

Hilf ihm doch bitte!	**Kommt** er morgen?
Geh doch weg!	**Liebt** er dich?
Mach die Tür zu!	

In Wunschsätzen steht die Satzaussage am Ende des Satzes:

Wenn er doch bald **käme**!
Wenn er mir doch nur helfen **wollte**!

In manchen Sätzen bilden die Teile der Satzaussage **eine Klammer (verbale Klammer)**:

Er **hat** seinem Vater im Garten **geholfen**.

Sein Bruder **wird** ihn bald **ablösen**.

Von einer **Ausklammerung** von Satzteilen spricht man, wenn Teile der Satzaussage im Satz vorgezogen und dabei andere Teile des Satzes ausgeklammert werden:

85

Die **Ausklammerung** ist dann **sinnvoll,** wenn die Klammer zu viele Satzglieder umspannt oder wenn Satzglieder besonders hervorgehoben werden sollen.

Peter **hat** schneller **gerechnet** als Hans.
Ich **möchte nicht verreisen** in diesem Sommer.

Beachte besonders die Stellung des abgewandelten Hilfszeitwortes, wenn sich um ein Zeitwort mehrere Hilfszeitwörter sammeln:

Er weiß nicht, ob er ihm **helfen können wird.**
Sie glaubt, dass sie **kommen können wird.**
Urteile erst dann, wenn du das Buch einmal **gelesen haben wirst.**

Merke:
Das abgewandelte Zeitwort muss als letztes stehen!

Beachte jedoch die Ausnahmestellung des Hilfszeitwortes „haben" in der Vergangenheit und Vorvergangenheit.
. . . wenn ich auch nicht **habe** kochen dürfen.
. . . wenn das auch schon längst **hätte** bearbeitet werden sollen.

96 *Verbessere die Wortstellung in den folgenden Sätzen:*

In diesem Falle wollen die Herrschaften sich nach Berlin begeben. – Er hat ihr es nicht geglaubt.   → **L 96**

Das **rückbezügliche Fürwort** muss möglichst weit **nach vorne** gestellt werden. Das persönliche Fürwort **es** steht bei mehreren Fürwörtern **als erstes.**

Verbessere die folgenden Sätze aus Tageszeitungen: **97**

Oberleitner konnte den Gendarmen des Postens Gloggnitz eine Reihe von Diebstählen nachweisen.

Karl B., Tierwärter in Schönbrunn, hat am 12. Dezember eine Kobra gebissen.

Angst und Schrecken haben unter den in Sarajevo lebenden Menschen Erdstöße ausgelöst.

Große Überschwemmungen haben Regenfälle in der Po-ebene verursacht.

Wegen der Einrückung zum Militär meines Gesellen suche ich zu baldigem Eintritt Schlossergesellen.

Auf dem Heimweg in den Werkskanal ist der 60-jährige Rentner B. gestürzt.

Das Benützen des Aufzuges geschieht auf eigene Gefahr und kann die Hausverwaltung für nichts verantwortlich gemacht werden.

Oft in meinem Leben haben mir Tiere Freude bereitet.

Du musst dich natürlich bedanken.

Und dann hörten wir noch einmal im Wald das Röhren des Hirsches. → **L 97**

Verbessere die Wortfolge auch in den folgenden Sätzen: **98**

Er weiß nicht, ob er ihm helfen wird
können. Ilse glaubt, dass sie wird
kommen können. Urteile erst dann,
wenn du das Buch wirst gelesen haben.
Das Lehrbuch hätte schon längst sollen
überarbeitet werden. Ich war den
ganzen Vormittag in der Küche, wenn
ich auch nicht kochen habe dürfen.

→ **L 98**

Sätze mit satzwertigen Wortgruppen ⊗

Vergleiche die folgenden Sätze gleichen Inhalts:

1. Herr Berger strebt **den Verkauf seiner neuen Erzeugnisse im ganzen Land** an.	Einfacher (Haupt)Satz (S, P, E4, OE, P)
2. Herr Berger strebt an(,) **seine neuen Erzeugnisse im ganzen Land zu verkaufen.**	Einfacher (Haupt)Satz mit einer **satzwertigen Wortgruppe** (erweiterte Nennformgruppe mit zu)
3. Herr Berger strebt an, **dass seine neuen Erzeugnisse im ganzen Land verkauft werden.**	Zusammengesetzter Satz, bestehend aus einem Hauptsatz und einem **Nebensatz** (= Satzgefüge)

Du siehst, man kann seine Gedanken verschieden ausdrücken:

in **einfachen Sätzen** (Beispiel 1), in einfachen **Sätzen mit satzwertigen Wortgruppen** (Beispiel 2) oder in **zusammengesetzten Sätzen** (Beispiel 3).

- Die **erweiterte Nennformgruppe mit „zu" ist eine** satzwertige Wortgruppe (satzwertige Infinitivgruppe).
  Sie steht für ein Satzglied oder für mehrere Satzglieder. Solche Nennformgruppen folgen meist uneingeleitet dem Hauptsatz. Manchmal werden sie auch durch **„um zu", „ohne zu", „anstatt zu"** eingeleitet.

- Zwischen dem Hauptsatz und der erweiterten Nennformgruppe mit **„zu"** darf ein **Beistrich** gesetzt werden. Er kann aber auch wegbleiben.

Forme die folgenden Sätze so um, dass anstelle der fett ge- **99**
druckten Satzglieder satzwertige Nennformgruppen mit „zu"
zu stehen kommen:

Der Besuch des Einkaufszentrums ist sehr interessant.
Harte Arbeit schätzt er nicht.
Der Boxer rühmt sich **seiner Unbesiegbarkeit.**   → **L 99**

Forme die folgenden Nebensätze (sie sind fett gedruckt) zu **100**
erweiterten Nennformgruppen mit „zu" um!

Erika hat uns geholfen, **ohne dass sie es weiß.** (ohne . . . zu)
Es macht uns viel Freude, **dass wir mit dem Flugzeug rei-
sen.** (zu)
Wir fahren an das Meer, **damit wir uns erholen.** (um . . . zu)
Karl redet, **statt dass er sofort handelt.** (statt . . . zu)
Er arbeitet an diesem Bild, **ohne dass er jemals damit fertig
wird.** (ohne . . . zu)
Franz beeilt sich sehr, **damit er nicht zu spät kommt.** (um
. . . zu)
Vater glaubt, **dass er bis Sonntag mit der Arbeit fertig sein
wird.** (zu)   → **L 100**

Drücke den Inhalt der erweiterten Nennformgruppe mit „zu" **101**
durch einen Nebensatz aus:

Er ist der Meinung(,) **das Haus allein bauen zu können.**
Ilse ist überzeugt(,) **ihre Freundin ins Theater begleiten zu
dürfen.**
Roland entschloss sich(,) **diesen Weg zu gehen.**
Kurt glaubt(,) **mit seinem Eigensinn alles erreichen zu kön-
nen.**
Er läuft die weite Strecke(,) **ohne die geringste Ermüdung
zu zeigen.**   → **L 101**

102 *Ersetze die indirekte Rede durch eine erweiterte Nennform-gruppe mit „zu" (Infinitivgruppe):*

Er hat uns vorgeworfen, wir hätten seinen Antrag nicht energisch genug unterstützt.
Er machte die Andeutung, er sei im Besitz des belastenden Materials.
Die Ankündigung der Bundesregierung, sie werde die Steuern am ersten Jänner herabsetzen, wird allgemein begrüßt.
Er beschwor mich, ich möge von einer Anzeige Abstand nehmen.
Er empfahl mir, ich solle diese beleidigenden Worte nicht allzu ernst nehmen.
Er schlug mir vor, ich solle bei der nächsten Steuererklärung einen Steuerberater beiziehen.
Sie verlangte von uns, wir sollten ihr das Schriftstück aushändigen.
Er versprach, er werde sich der Sache annehmen.

→ **L 102**

103 *Drücke die fett gedruckten Nebensätze durch eine Nennformgruppe mit „zu" aus!*

Er geht morgens aus dem Haus, **ohne dass er gefrühstückt hat.** Bei schlechtem Wetter geht er aus, **ohne dass er sich einen Mantel anzieht.** Er betritt eine fremde Wohnung, **ohne dass er anklopft.** Er geht einkaufen, **ohne dass er genügend Geld mitnimmt.** Ein andermal verlässt er das Geschäft, **ohne dass er gegrüßt hätte.** Er gibt Briefe auf, **ohne dass er eine Marke darauf geklebt hat.**
Der Schüler saß da, **ohne dass er ein Wort gesprochen hätte.** Der Kranke ertrug die Schmerzen, **ohne dass er klagte.** Der Anfänger im Maschinschreiben kann noch nicht schreiben, **ohne dass er auf die Tasten sieht.** Wenige Schüler können einen Aufsatz schreiben, **ohne dass sie Fehler machen.** Der alte Mann war zu erschöpft, **als dass er noch hätte weitergehen können.** Der Fuchs ist zu listig, **als**

dass er in eine Falle geht. Mein Freund ersucht mich, **ich möge ihm Gesellschaft leisten.** Meine Eltern haben mir erlaubt, **dass ich dich für den kommenden Sonntag einlade.** Ich hoffe bestimmt, **dass ich dich am Nachmittag bei uns sehen werde.** → **L 103**

Was ist an den folgenden Sätzen falsch? **104**
Verbessere sie!

Herr Zauner bestieg den hohen Berg,
um sofort umzukehren.

Er begann zu sprechen, um nach
kurzer Zeit stecken zu bleiben.

Die Frau fuhr am Sonntag nach Wien,
um am Dienstag wieder abzureisen.

Ich lieh ihm das Geld, um es nie
wiederzusehen.

Er wurde ins Krankenhaus gebracht,
um dort am nächsten Tag zu sterben.

Die Instandsetzung des Sportplatzes
wurde schon jetzt in Angriff
genommen, um im Frühjahr benützt
zu werden.

Franz trug das alte Buch zum
Buchbinder, um es einzubinden.

Unser Lehrer verbessert die Aufsätze,
um Rechtschreiben zu lernen.　　　　　→ **L 104**

Vergleiche die Form der folgenden Sätze:

Indem er laut schrie, pries der Händler seine Ware an.	**Laut schreiend(,)** pries der Händler seine Ware an.
Weil er von der Richtigkeit seiner Meinung überzeugt war, ließ er sich nicht umstimmen.	**Von der Richtigkeit seiner Meinung überzeugt(,)** ließ er sich nicht umstimmen.
Nachdem er am Ziel angelangt war, sank der Läufer erschöpft zu Boden.	**Am Ziel angelangt(,)** sank der Läufer erschöpft zu Boden.
Indem ich einer Antwort entgegensehe, grüße ich Sie höflich.	**Ihrer Antwort entgegensehend(,)** grüße ich Sie höflich.

- In den Sätzen der rechten Spalte ist der Nebensatz durch eine **satzwertige Mittelwortgruppe (Partizipialgruppe)** ersetzt.

- Die Mittelwortgruppe bezieht sich auf das **Subjekt** des Hauptsatzes.

- Dem Schreiber ist es freigestellt(,) zwischen dem Hauptsatz und der satzwertigen Mittelwortgruppe einen **Beistrich** zu setzen.

Unterstreiche die satzwertigen Mittelwortgruppen in den fol- **105** *genden Sätzen und forme die Sätze dann zu Satzgefügen mit Nebensätzen um!*

In Linz angekommen(,) fuhr er sogleich zu seinem Onkel.
Undeutliche Worte murmelnd(,) verließ er das Zimmer.
Laut schnaufend und keuchend(,) stieg der dicke Herr in sein Auto.
Langsam die Treppe hochsteigend(,) dachte er darüber nach, was er sagen sollte.
Ganz verstört von dem furchtbaren Erlebnis(,) kam er in seiner Wohnung an.
Von seiner Mutter sehnsüchtig erwartet(,) kam er um 11 Uhr abends endlich nach Hause. → **L 105**

Wortgruppen mit Satzwert sind demnach:

die erweiterten **Nennform-gruppen mit „zu" (erwei-terte Infinitivgruppen)**	Er ist davon überzeugt(,) **sein Haus allein bauen zu können.**
die **Mittelwortgruppen (Partizipialgruppen)** a) mit dem 1. Mittelwort b) mit dem 2. Mittelwort	**Vor sich hinstarrend(,)** lag der Kranke in seinem Bett. **In Wien angekommen(,)** begab er sich sofort zum Stadion.

- Mittelwortgruppen drücken zumeist ein **gleichzeitig** mit dem Hauptsatz ablaufendes Geschehen aus. Sie stehen aber auch anstelle einer Umstandser-gänzung bzw. einer Beifügung.

- Mittelwortgruppen stehen zumeist vor dem Haupt-satz.

Forme die folgenden fett gedruckten Nebensätze zu satz- **106** *wertigen Mittelwortgruppen um!*

Nachdem wir um 9 Uhr Vormittag in Payerbach angekommen waren, begannen wir sofort mit dem Aufstieg auf den Schneeberg. **Als wir nach dreistündiger Wanderung im Baumgartnerhaus angelangt waren,** fühlten wir uns recht müde. **Kaum dass wir in die Gaststube eingetreten waren,** wurden wir von Bekannten begrüßt. **Als wir auf dem Gipfel des Schneeberges angekommen waren,** ruhten wir uns gründlich aus.

Kaum dass ich wieder hergestellt war, erkrankte ich von neuem. – **Sobald der Vater von der Reise zurückgehrt war,** nahm er seine Arbeit wieder auf. → **L 106**

107 *Drücke die Beifügungssätze durch eine Mittelwortgruppe aus:*

Da tauchte ein Forsthaus, das auf einer Waldlichtung gelegen war, vor uns auf. Das frisch getünchte Haus, das von blühenden Obstbäumen umgeben war, machte mit seinen grünen Fensterläden einen überaus freundlichen Eindruck. Der Förster, der zum Ausgehen gerüstet war, stand in der Tür. Das Ganze wirkte wie ein Bild, das von einem guten Landschaftsmaler gemalt worden war. → **L 107**

108 *Verbessere die folgenden Sätze, in denen die satzwertigen Wortgruppen falsch verwendet werden:*

Fröhliche Lieder singend, setzte sich der Zug mit den Kindern in Bewegung. Kaum gegessen, fuhr der Bauer wieder aufs Feld. Auf dem Flugplatz angekommen, war die Maschine schon gestartet.

Sich auf den Daumen geklopft habend, schrie er laut auf. Am Tage zuvor sorgfältig geputzt und geölt, fuhr ich mit meinem Fahrrad spazieren. Laut grölend, brachte der Polizist den Betrunkenen zur Wachstube. Von einer schweren Diphterie genesen, schickte der Arzt den Buben in ein Erholungsheim. Rauchend holte er den wertvollen Teppich aus dem Zimmer.

Ihre Bewerbung überprüft habend, sende ich Ihnen beiliegend die Unterlagen zurück.

→ **L 108**

Drücke den Inhalt der Nebensätze durch erweiterte Nenn- **109** *formgruppen mit „zu" aus!*

Der Gemeinderat beschloss, dass vor dem Rathaus eine Tiefgarage gebaut wird. Man stimmte dem Antrag des Gemeinderates für Finanzen zu, dass zur Finanzierung dieses Vorhabens ein Darlehen aufgenommen wird. Es ergab sich aber keine Mehrheit dafür, dass auch vor dem Hallenbad eine solche Garage entstehen soll. Gegen den Antrag des Gemeinderates für Bauwesen, dass eine weitere Brücke über die Salzach gebaut werden soll, bestanden keine Bedenken. Gebilligt wurde auch der Antrag, dass in der neuen Siedlung im Norden des Ortes Parkplätze geschaffen werden sollen. Schließlich waren sich die Stadtväter auch darüber einig, dass im nächsten Jahr eine neue Hauptschule errichtet werden soll. → **L 109**

Einfache und zusammengesetzte Sätze ○

Vergleiche den Bau der folgenden Sätze:

Mein Vater hat noch keinen Unfall gehabt. **Er fährt sehr vorsichtig.**	Zwei für sich allein stehende **Hauptsätze.**
Mein Vater hat noch keinen Unfall gehabt; **er fährt sehr vorsichtig.**	Aus zwei Teilsätzen (Hauptsätzen) bestehender Gesamtsatz. Einen solchen zusammengesetzten Satz nennt man eine **unverbundene Hauptsatzreihe.**
Mein Vater hat noch keinen Unfall gehabt, **denn er fährt sehr vorsichtig.**	Der Gesamtsatz ist aus zwei Teilsätzen (Hauptsätzen) zusammengesetzt, die durch ein **Bindewort** miteinander verbunden sind. Einen solchen zusammengesetzten Satz nennt man eine **verbundene Hauptsatzreihe.**
Mein Vater hast noch keinen Unfall gehabt, **weil er sehr vorsichtig fährt.**	Der Gesamtsatz besteht aus zwei Teilsätzen, von denen der zweite nicht für sich allein stehen kann; er ist vom ersten, dem Hauptsatz, abhängig. Es ist ein Nebensatz. Einen solchen zusammengesetzten Satz nennt man **Satzgefüge.**

1. Hauptsatz   2. Hauptsatz = Hauptsatzreihe

Hauptsatz   Nebensätze = Satzgefüge

- Man kann seine Gedanken in **einfachen Sätzen** oder in **zusammengesetzten Sätzen** ausdrücken.
- Zusammengesetzte Sätze sind die **Hauptsatzreihe** (Satzverbindung) und das **Satzgefüge.**
- Die **Hauptsatzreihe** besteht aus **zwei oder mehreren Hauptsätzen.** Sie können **unverbunden** nebeneinander stehen oder durch ein nebenordnendes Bindewort miteinander **verbunden** sein.
- Das **Satzgefüge** besteht aus **einem Hauptsatz und einem oder mehreren Nebensätzen (Gliedsätzen oder Beifügesätzen).** Die Nebensätze sind vom Hauptsatz abhängig und können nicht für sich allein stehen. Man kann sie wie Satzglieder oder Beifügungen erfragen.
- Die meisten Nebensätze werden durch ein **unterordnendes Bindewort** eingeleitet, das mit der Personalform des Zeitwortes Teile des Nebensatzes umklammert **(Satzklammer).**

Beispiel:

Satzklammer

Ich glaube nicht, dass er schon heute kommen wird.

Einleite-   Personalform
wort   des Zeitwortes
                  (Verbs)

97

110 *Bestimme die Form der folgenden Sätze:*
(Hauptsatz = H, Gliedsatz = G)

Ernst hat ein neues Fahrrad bekommen.
Am folgenden Sonntag will er eine Radtour machen.
Sein Vater zeigt ihm, wie man einen Schlauch flickt.
„Zuerst drehst du die Halteschrauben los, dann nimmst du
das Rad ab."
„Wenn das geschehen ist, holst du das Ventil heraus und
hebst die Decke ab."
„Nun kannst du ohne Schwierigkeit den Schlauch herauszie-
hen."
„Nachdem du die schadhafte Stelle gefunden hast, musst du
sie mit Glaspapier aufrauen."
„Danach trage auf die aufgeraute Stelle eine Gummilösung
auf, du musst sie aber verstreichen."
„Wenn sie angetrocknet ist, kannst du den Fleck aufsetzen."
„Drücke ihn fest an den Schlauch, damit er auch hält."

→ **L 110**

111 *Unterstreiche in den folgenden Sätzen das Subjekt und das*
Prädikat in den Hauptsätzen und stelle fest, ob die in dem
Text vorkommenden zusammengesetzten Sätze Satzgefüge
oder Hauptsatzreihen sind!

Mit dem Fahrrad auf der Landstraße

1. Radfahrer sind auf Landstraßen besonders gefährdet, sie

sollen sich deshalb genau auf der rechten Fahrbahnseite

halten. 2. Mehrere Radfahrer müssen auf der rechten

Straßenseite hintereinander fahren. 3. Bei allen Radwan-

derungen ist das Gepäck so sicher am Fahrrad zu befestigen,

dass es bei schlechter Fahrbahn nicht herabfallen oder in die

Speichen geraten kann. 4. Es ist auch darauf zu achten, dass

Zeltstangen oder andere Geräte nicht seitlich herausragen.

5. Bei Fahrten ins Ausland ist es unerlässlich, dass man sich vorher genau über die besonderen Verkehrsregeln und Verkehrszeichen des Landes unterrichtet. → **L 111**

Stelle fest, ob es sich bei den folgenden Sätzen um Haupt- **112** *satzreihen* (H, H) *oder um Satzgefüge* (H, G oder G, H) *handelt! Kennzeichne den Satzbau!*

Wie kannst du sparen?

1. Manche Leute geben viel Geld aus für Dinge, die entbehrlich sind. (H, Beifügesatz)
2. Wenn sie sich diesen oder jenen vorübergehenden Genuss versagen könnten, bliebe ihnen der Betrag für Wichtigeres.
3. Wer so denkt, handelt sparsam und wirtschaftlich richtig.
4. Er kann sich mit der Zeit so viel ersparen, dass er sich auch Großes zu kaufen vermag.
5. Außerdem ist er vor Not gesichert, denn er hat Geldreserven.
6. Selbstverständlich steckt man heute seinen Spargroschen nicht in den Strumpf, man vertraut das Geld vielmehr der Sparkasse an.
7. Dort wird das Geld sicher aufbewahrt, dort trägt es außerdem Zinsen.
8. Die Sparkasse kann die ihr anvertrauten Summen weiterverborgen, auf diese Weise belebt sie die Wirtschaft.
9. Aber auch jener handelt sparsam, der mit seinem erworbenen Gut sorgsam umgeht und seine Sachen pflegt.
10. Leider glauben manche Leute, dass sie sich wegen des Sparens jede Annehmlichkeit versagen müssten.
11. Das Gegenteil ist richtig, denn der Sparer kommt täglich seinem Sparziel näher. → **L 112**

113 *Verbinde inhaltlich zusammenpassende einfache Sätze miteinander und bilde auf diese Weise zusammengesetzte Sätze!*

Mit dem Auto durch die Wüste

Mit dem Mietwagen hatten wir die kleine Oase verlassen. Mein Fahrer war ein tüchtiger Bursche. Er kannte die Straße. Geschickt bediente er Lenkrad und Gangschaltung. Manchmal jedoch heulte der Motor wild auf. Dann mahlten die Räder ohne Halt im Flugsand der Piste. Eine Piste ist keine Straße im üblichen Sinne. Sie hat keinen Untergrund. Sie verändert sich täglich. Manchmal ist sie nicht mehr zu erkennen. Der Wind hobelt sie glatt. Oft ist sie völlig vom Flugsand zugeweht. Lediglich leere Benzintonnen dienen dann als Wegweiser. Deshalb muss der Fahrer ortskundig sein. → **L 113**

114 *Unterstreiche in den folgenden Satzgefügen die Nebensätze (Gliedsätze)!*

Was ein elektrischer Funke im Kleinen ist, das ist der Blitz im Großen. – Früher meinte man, dass sich die Sonne um die Erde bewege. – Ob ich kommen kann, das ist noch ungewiss. – Wenn der Herbst kommt, verlassen uns die Zugvögel. – Während ich Klavier spielte, las mein Freund in einem Buch. – Als der Abend kam, schloss ich die Fensterläden. – Nachdem ich gelernt hatte, durfte ich Fußball spielen gehen. – Es ist lange her, seit wir uns zuletzt gesehen haben. – Er tut so, als ob er krank wäre. – Da es regnete, kehrte ich um. – Hunde, die viel bellen, beißen nicht. – Er hustet, ohne dass er sich die Hand vor den Mund hält. → **L 114**

Die Hauptsatzreihe (Satzverbindung) ⊗

Untersuche, in welcher inhaltlichen Beziehung die einzelnen **115**
Hauptsätze zueinander stehen:

a) Der Zug hält an(,) **und** die Reisenden steigen ein. **Teils** finden sie Sitzplätze, **teils** müssen sie auf dem Korridor stehen. Ich habe schon seit einem Jahr ein Fahrrad, nun hat **auch** meine Schwester eines bekommen.

b) Der Polizeibeamte forderte den Radfahrer zum Stehenbleiben auf, **aber** dieser fuhr weiter.
Die Ampel zeigte auf Gelb, **trotzdem** fuhr ein Auto in die Kreuzung.
Der Radfahrer gab ein Klingelzeichen, **dennoch** lief ein Kind auf die Fahrbahn.

c) **Entweder** du fährst mit uns(,) **oder** du musst zur Tante gehen.
Vor der Kreuzung musst du bei Rot bremsen, **andernfalls** kann es einen Zusammenstoß geben.
Beachte die Verkehrsvorschriften, **sonst** verursachst du einen Unfall.

d) Das Fahrzeug wurde zum Verkehr nicht mehr zugelassen, **denn** die Bremsen funktionierten schlecht.
Das Anhängen an fahrende Lastwagen ist für Radfahrer verboten, dadurch kann es **nämlich** zu schweren Unfällen kommen.
Das Freihändigfahren ist für Radfahrer verboten, **denn** bei solcher Fahrweise kann man sein Fahrrad nicht immer beherrschen.

Nach der inhaltlichen Beziehung der Hauptsätze zueinander unterscheidet man vier Arten von Hauptsatzreihen:

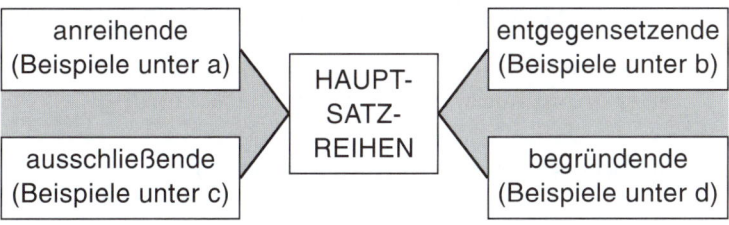

anreihende (Beispiele unter a)	HAUPT-SATZ-REIHEN	entgegensetzende (Beispiele unter b)
ausschließende (Beispiele unter c)		begründende (Beispiele unter d)

Die „**Hauptsatzreihe**" (Satzverbindung) setzt sich aus zwei oder mehreren nebengeordneten Hauptsätzen zusammen, die durch ein Bindewort miteinander verbunden oder ohne Bindewort aneinander gereiht sind. Zwischen den einzelnen Hauptsätzen steht im Allgemeinen ein **Beistrich** oder ein **Strichpunkt**.
Als „**Satzreihe**" bezeichnet man jede Verbindung gleichwertiger Sätze. So bilden mehrere aufeinander folgende Nebensätze eine „**Nebensatzreihe**".

Nach der inhaltlichen Beziehung der Teilsätze zueinander kann die Hauptsatzreihe vier verschiedene Verhältnisse ausdrücken:

a) eine **Anreihung**
   (anreihende oder kopulative Hauptsatzreihe):

   Der Professor war viel im Ausland(,)
   und er lernte die Lebensbedingungen in fremden Ländern kennen.

Bindewörter (kopulative Konjunktionen):
und, auch, desgleichen, ebenfalls, gleichfalls, sowohl – als auch, außerdem, nicht nur – sondern auch, sogar, überdies, selbst, insbesondere, nämlich, teils – teils, einerseits – ander(er)seits, bald – bald, erst – dann, schließlich endlich, letztlich u. a.

b) eine **Entgegensetzung**
   (entgegensetzende oder adversative Hauptsatzreihe):

   Er beherrscht die Theorie seines Faches,
   aber er hat noch wenig praktische Erfahrung.

Bindewörter (adversative Konjunktionen):
aber, freilich, zwar – aber, allein, nur, übrigens, sondern, viel-

mehr, oder, sonst, andernfalls, widrigenfalls, im anderen Fall, dagegen, hingegen, doch, jedoch, dennoch, indessen, gleichwohl, somit, nichtsdestoweniger u. a.

c) eine **Ausschließung**
    (ausschließende oder disjunktive Hauptsatzreihe):
Dabei wird durch den Sachverhalt des 2. Hauptsatzes der Sachverhalt des ersten ausgeschlossen:

> Er ist entweder schon zur Arbeit gegangen(,)
> **oder er schläft noch.**

Bindewörter (disjunktive Konjunktionen):
freilich, wohl, aber, allein, nur, sondern, vielmehr, oder, entweder – oder, sonst, andernfalls, widrigenfalls, dagegen, hingegen, doch, jedoch, dennoch, indessen, gleichwohl, somit, nichtsdestoweniger u. a.

d) eine **Begründung**
    (begründende oder kausative Hauptsatzreihe)
In diesen Hauptsatzreihen wird im zweiten Hauptsatz die Begründung für den Sachverhalt des ersten Hauptsatzes ausgedrückt.

> Draußen ist es sehr kalt,
> **daher musst du dich warm anziehen.**

> Die beiden Dreiecke stimmen in zwei Seiten und dem davon eingeschlossenen Winkel überein,
> **folglich sind sie kongruent.**

> Ich wundere mich über deine sinnlosen Ausgaben,
> **denn dazu habe ich dir das Geld nicht gegeben.**

> Jeder hatte ihn gewarnt,
> **trotzdem ließ er sich auf das gewagte Unternehmen ein.**

> Die Verpflegung war gut,
> **insofern war ich zufrieden.**

Bindewörter (kausative Konjunktionen):

daher, darum, demnach, sonach, deshalb, deswegen, also, folglich, infolgedessen, mithin, somit, so, dazu, darum, dafür, trotzdem, insofern, insoweit, deswegen, doch u. a.

> Zwischen den Teilsätzen einer Hauptsatzreihe steht im Allgemeinen ein **Beistrich**. Vor „und", „oder", „beziehungsweise", „sowie", „entweder – oder", „sowohl – als auch", „weder – noch" darf er auch weggelassen werden.

116 *Stelle fest, bei welchen Sätzen des folgenden Textes von Hans Hass es sich um Hauptsatzreihen handelt. Bestimme ihre Art!*

Abenteuer unter Wasser

1. Eines Tages wollte ich Zeitlupenaufnahmen von Haien machen, denn ich erhoffte mir davon ein gutes Geschäft. 2. Haie waren ja bisher noch nie in freier Wildbahn fotografiert und gefilmt worden. 3. Für diesen Zweck schien uns eine Sandbucht an der Küste von Curaçao der richtige Platz, denn dort gab es ungewöhnlich viele Haie. 4. Der Tag war ausnahmsweise ruhig. 5. Die See war klar und ging weniger hoch als sonst. 6. Alle Voraussetzungen für einen Erfolg schienen somit gegeben, aber leider war draußen am Rande der Küstenzone weit und breit kein größerer Fisch zu sehen. 7. Doch wir hatten eine Idee: Jörg sollte einen beliebigen Fisch schießen, die erschreckten Flossenbewegungen des getroffenen Tieres würden die Haie schon heranlocken. 8. So geschieht es auch. 9. Jörg harpuniert eine kleine Makrele. 10. Er hat die Wasseroberfläche noch nicht erreicht(,) und schon erscheinen in unserem Blickfeld drei Haie. 11. Der eine hält sich noch etwas abseits, die zwei anderen grauen Burschen kommen unglaublich schnell herangeschossen und umkreisen in elegantem Schwung Jörg und seine Beute. 12. Der eine will sogar frech nach der zappelnden Makrele schnappen, doch Jörg reißt ihm den Fisch vor der Nase weg und schreit die beiden Haie grell an. 13. Da ergreifen sie mit aufgeregten Flossenschlägen die Flucht. 14. Sekundenschnell hat sich alles abgespielt, daher

habe ich keine Zeit zum Filmen gefunden. 15. Auch der dritte
Hai ist davon(,) und ärgerlich sehen wir ihm nach. → **L 116**

Bilde mit den folgenden Sätzen anreihende Hauptsatzreihen! **117**

Die Kinder spielten auf dem Gehweg. Auf der Fahrbahn fuh-
ren die Autos. (Bindewort: und)
Ein Fahrzeug hat überholt. Nun ordnet es sich wieder rechts
ein. (Bindewort: und)
Viele fahren mit einem eigenen Kraftfahrzeug zur Arbeitsstät-
te. Viele benützen die Straßenbahn. (Bindewort: auch)
Die Arbeiter und Angestellten eilen zu ihren Arbeitsplätzen.
Die Kinder gehen um diese Zeit zur Schule. (Bindewort: auch)
Manche Verkehrssünder kennen die Verkehrsregeln nicht.
Sie halten sich bewusst nicht an die Bestimmungen der
Straßenverkehrsordnung. (Bindewort: oder)   → **L 117**

Bilde mit den folgenden Angaben ausschließende Haupt- **118**
satzreihen!

Lass dir den Zahn ziehen! Du wirst starke Schmerzen be-
kommen. (Bindewort: andernfalls)
Fahre auf der rechten Seite der Fahrbahn! Du gefährdest die
übrigen Verkehrsteilnehmer. (Bindewort: sonst)
Du legst die Fahrprüfung ab. Du musst auf das Lenken eines
Kraftwagens verzichten. (Bindewörter: entweder – oder)
                                                    → **L 118**

Bilde entgegengesetzte Hauptsatzreihen! **119**

Ein Kraftwagen will überholen. Er darf nicht schneller als
50 km pro Stunde fahren. (Bindewort: aber)
Das Freihändigfahren sieht harmlos aus. Es ist viel gefährli-
cher als manche meinen. (Bindewort: jedoch)
Das Befahren der Gleise ist im Allgemeinen nicht verboten.
Alle Fahrzeuge haben beim Herannahen eines Schienenfahr-

zeuges so rasch wie möglich die Gleise zu verlassen. (Bindewort: doch)

Noch ist der Tag nicht angebrochen. Die Fahrzeuge der Molkerei sind schon unterwegs. (Bindewort: dessen ungeachtet) → **L 119**

120 *Bilde begründende Hauptsatzreihen!*

Überall auf der Straße drohen Gefahren. Manche Fahrer können nicht rechtzeitig bremsen. (Bindewort: denn)

Mein älterer Bruder fährt heute mit der Straßenbahn. Auf den Straßen hat sich Glatteis gebildet. (Bindewort: nämlich)

Benütze die Fußgängerübergänge! Das Überqueren der Fahrbahn an anderen Stellen ist gefährlich. (Bindewort: denn) → **L 120**

121 *Bilde mit den angegebenen Sätzen Hauptsatzreihen und verwende die Bindewörter „trotzdem", „dennoch", „aber", „daher"! Setze auch die Beistriche an die richtige Stelle!*

Der Zug pfiff rechtzeitig vor dem Bahnübergang. Den Zugführer trifft keine Schuld an dem Unfall.

Der Radfahrer gab ein deutliches Klingelzeichen. Das Kind lief auf die Fahrbahn.

Der Fußgänger überquerte die Straße nach Weisung des Verkehrspolizisten. Er wurde von einem Fahrzeug niedergestoßen.

Der Schofför wurde vor Antritt der Fahrt auf die schadhaften Reifen aufmerksam gemacht. Er trat die Fahrt an. → **L 121**

122 *Forme die folgenden Sätze zu Hauptsatzreihen um! Verwende dabei die angegebenen Bindewörter!*

Der Käufer will sich von der Güte der Ware überzeugen, weil er nicht übervorteilt werden will. (denn)

Er fragt nach dem Preis, weil er die Preiswürdigkeit der Ware überprüfen will. (nämlich)
Der Verkäufer legt die Ware vor und weist auf ihre Vorzüge hin. (und)
Der Käufer schlägt eine Änderung des Anzugs vor, weil er sonst diesen Anzug nicht kaufen würde. (sonst)
Der Händler zeigt geduldig viele andere Anzüge her. Der Käufer hat sich schon zum Kauf entschlossen. (doch)
Der Mann zeigt sich sehr interessiert, obwohl er erst am folgenden Tag den Kauf abschließen möchte. (aber)
Obwohl das Kleid sehr teuer ist, will die Dame es kaufen. (trotzdem) → **L 122**

Verbinde die folgenden Satzpaare zu einer Hauptsatzreihe! **123**
Verwende dabei die angegebenen Bindewörter!

Er geht nicht zur Arbeit. Er ist krank. (denn)
Ich möchte das Buch kaufen. Ich habe kein Geld. (aber)
Der Handwerker beendete seine Arbeit. Er ging nach Hause. (dann)
Es ist recht kühl. Wir gehen baden. (aber trotzdem)
Meine Eltern sind verreist. Ich kann unseren Wagen nicht benützen. (daher) → **L 123**

Verbinde die folgenden Sätze zu einer Hauptsatzreihe! **124**
Verwende dabei die angegebenen Bindewörter!

Es ist schon zehn Uhr. Sie sind noch nicht da. (und) – Ich bin mit dem Aufsatz noch nicht fertig. Ich muss noch meine Mathematikaufgabe machen. (außerdem) – Wir wollten euch eigentlich besuchen. Wir hatten keine Zeit. (aber) – Du solltest dich nicht so auffällig kleiden. Du machst dich nur lächerlich. (denn damit) – Wir treffen uns am Bahnhof. Du holst mich zu Hause ab. (oder) – Ich muss jetzt weiter. Ich habe noch viel zu erledigen. (denn) – Die Straße war vereist. Der Lastwagen geriet ins Schleudern. (infolgedessen) – Er wollte dich gar nicht beleidigen. Er hat sich nur ungeschickt ausgedrückt.

(sondern) – Zuerst machten wir einen ausgedehnten Spaziergang. Ich ging ins Kino. (dann) – Der Schüler Berger war die letzte Woche stark erkältet. Er nahm am Unterricht teil. (trotzdem) → **L 124**

125 *Bilde aus den angegebenen Satzpaaren Hauptsatzreihen und verbinde sie mit den angeführten Bindewörtern!*

Harry wollte auch mit uns kommen. Dann wurde er krank. (aber) – Zuerst stiegen wir auf den Schlossberg. Wir wanderten weiter zur Michaelskapelle. (dann) – Dieser Landstrich hat ein sehr trockenes Klima. Für Bewässerungsanlagen muss viel Geld investiert werden. (deshalb) – Auf dem Heimweg mussten wir uns sehr beeilen. Schwere Gewitterwolken ballten sich am Horizont zusammen. (denn) – Machen wir einen kleinen Spaziergang? Sollen wir lieber ins Kino gehen? (oder) – Ich habe nur zwei Drähte falsch verbunden. Schon war der Kurzschluss da. (und) – Mit deiner Angeberei gehst du mir langsam auf die Nerven. Du machst dich damit überall lächerlich. (außerdem) → **L 125**

Bilde mit je zwei der angegebenen Sätze Hauptsatzreihen!

Das Atom
Ein Atom baut sich aus mehreren Teilen auf. Es besteht aus dem Atomkern und einer Hülle mit Elektronen. – Der Atomkern ist in Ruhe. Die Elektronen bewegen sich um den Kern. – Die Elektronen sind einfach. Der Kern setzt sich aus zwei verschiedenen Bausteinen zusammen. – Die Elektronen sind negativ geladene Teilchen. Der Kern trägt eine positive Ladung. → **L 126**

Vergleiche die Sätze der linken Spalte mit jenen der rechten!

Das Fahrrad hat keine Lampe(,) und auch **die Glocke** ist unbrauchbar.	Das Fahrrad hat keine Lampe und auch keine brauchbare Glocke.
Das Auto hat falsch eingestellte Scheinwerfer(,) und **sechs Insassen** überlasten das Fahrzeug.	Das Auto hat falsch eingestellte Scheinwerfer und ist mit sechs Insassen überlastet.
Wir können geradeaus fahren(,) oder **wir** können nach rechts abbiegen.	Wir können geradeaus fahren oder nach rechts abbiegen.
↓	↓
Zusammengesetzte Sätze (Hauptsatzreihen), bestehend aus zwei Hauptsätzen. Jeder Teil des Gesamtsatzes hat ein Subjekt und ein Prädikat, daher darf vor das Bindewort ein **Beistrich** gesetzt werden (Wahlfreiheit!).	**Einfache Sätze,** die durch **Zusammenziehung** zweier Hauptsätze entstanden sind. Dem Satzteil nach dem Bindewort fehlt das Subjekt, es ist kein vollständiger Satz, daher darf vor dem Bindewort **kein Beistrich** stehen.

Fasse die beiden Teilsätze jeder Hauptsatzreihe zu einem einzigen Satz zusammen! Beachte, dass bei solchen Zusammenziehungen kein Beistrich stehen darf! **127**

Der Zug pfiff rechtzeitig vor dem Bahnübergang, dann überquerte er langsam die Straße.

Der Radfahrer gab ein deutliches Klingelzeichen, daher fuhr er in der gleichen Geschwindigkeit weiter.

Der Fußgänger überquerte die Straße nicht nach Weisung des Verkehrspolizisten, daher wurde er von einem Fahrzeug niedergestoßen.

Der alte Mann ging ohne Umsicht über die Fahrbahn, aus diesem Grund wurde er von einem Motorradfahrer angefahren und verletzt.   → **L 127**

Das Satzgefüge ⊗

Vergleiche den Bau der folgenden inhaltsgleichen Sätze:

Frau Berger muss sich ihr Geld gut einteilen, **denn** sie hat nur eine kleine Rente.	Frau Berger muss sich ihr Geld gut einteilen, **weil** sie nur eine kleine Rente **hat.**
Das Gemüse ist seit der letzten Woche wieder teurer geworden, **das** stellt Frau Berger bei ihrem Gang über den Markt fest.	**Dass** das Gemüse seit der letzten Woche wieder teurer geworden **ist,** stellt Frau Berger bei ihrem Gang über den Markt fest.
Sie geht von Stand zu Stand und vergleicht die Preise, **denn** sie will das Günstigste wählen.	Sie geht von Stand zu Stand und vergleicht die Preise, **damit** sie das Günstigste **wählen kann.**
Das Kraut ist derzeit billig, **daher** kauft sie 1 kg.	**Da** das Kraut derzeit billig **ist,** kauft sie 1 kg.
Sie schaut sich auch bei den Obstständen um, schließlich kauft sie 2 kg Äpfel.	**Nachdem** sie sich auch bei den Obstständen umgesehen **hat,** kauft sie schließlich 2 kg Äpfel.
↓ In dieser Spalte besteht der Gesamtsatz aus zwei **Hauptsätzen.**	↓ In dieser Spalte besteht der Gesamtsatz jeweils aus einem

(1. H, 2. H.) Die Teilsätze könnten auch für sich allein stehen. Solche zusammenge- setzte Sätze sind	**Hauptsatz und einem Nebensatz,** der vom Hauptsatz **abhängig** ist. (H, N. oder: N, H.) Solche zusammgesetzte Sätze sind
HAUPTSATZREIHEN	**SATZGEFÜGE**

In den **Hauptsatzreihen** sind die Teilsätze Hauptsätze, die auch für sich allein stehen können.

Frau Berger muss sich ihr Geld gut einteilen, **(denn) sie hat nur eine kleine Rente.**

Im **Satzgefüge** ist ein Teilsatz dem anderen (dem Hauptsatz) untergeordnet, er ist von ihm abhängig und kann nicht für sich allein stehen. Dieser abhängige Teil- satz wird **Nebensatz** genannt. Er vertritt ein Satzglied oder eine Beifügung.
Man spricht daher auch von Gliedsätzen und Beifüge- sätzen.

Frau Berger muss sich ihr Geld gut einteilen, **weil sie nur eine kleine Rente hat.**

Wegen der kleinen Rente muss sich Frau Berger ihr Geld gut einteilen.

Merkmale des Nebensatzes:

1. Nebensätze ergeben für sich allein stehend keinen Sinn.
2. Nebensätze stehen an Stelle von Satzgliedern, sie können daher wie diese erfragt werden.
3. Im Nebensatz steht die Personalform des Zeitwortes am Ende des Satzes.
4. In Nebensätzen umklammern das Einleitewort und die Personalform des Zeitwortes die übrigen Teile des Neben- satzes (Satzklammer).

5. Nebensätze werden durch ein Fürwort, ein untergeordnetes Bindewort oder ein Umstandswort eingeleitet:
der, die, das, wer, welcher, wem, wen . . . ;
dass, weil, als, während, wenn, nachdem, ob . . . ;
wo, wann, weshalb, woher, womit . . . .

6. Der Sinn des Nebensatzes hängt vom Einleitewort ab, das das Verhältnis zwischen dem Sachverhalt des Hauptsatzes und dem des Nebensatzes angibt.

Wie man Nebensätze erfragen kann:

Art und Leistung des Nebensatzes	Fragen	Beispiele
Der Satzgegenstandssatz (Subjektsatz) nennt den Träger des Geschehens.	Wer? Was?	**Wer das Kleine nicht ehrt**, ist das Große nicht wert.
Der Fallergänzungssatz (Objektsatz) drückt das Ziel der Handlung, die Zuwendung oder die Teilhabe aus.	Wen? Was? Wem? Wessen? Womit? . . .	Viele Leute meinen, **dass der Lärm die Gesundheit schädigt.**
Der Umstandsergänzungssatz (Adverbialsatz) gibt die näheren Umstände des Geschehens bekannt.	Wann? Wo? Wie? Warum? . . .	**Wo früher das Dorf lag**, dehnt sich jetzt der Stausee aus.
Der Beifügesatz (Attributsatz) bestimmt den Satzgliedkern näher.	Was für ein? Welcher? Wessen?	Der Arbeiter, **der den Schaden behoben hatte**, wurde gut entlohnt.

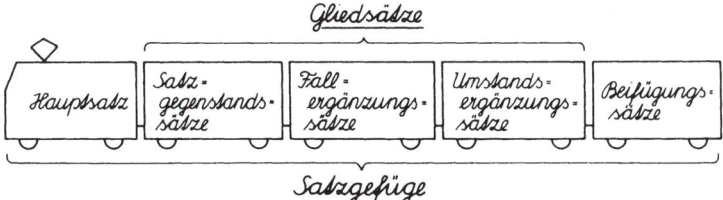

Einteilung der Nebensätze nach ihrer Stellung im Satzgefüge

In einem Satzgefüge kann der Nebensatz dem Hauptsatz folgen, in diesem Fall spricht man von einem **Nachsatz.**
Er kann aber auch **vor** dem Hauptsatz stehen, in diesem Fall spricht man von einem **Vordersatz.**
Er kann durch Teile des Hauptsatzes umklammert werden, in diesem Fall spricht man von einem **Zwischensatz.** Zwischen dem Hauptsatz und dem Nebensatz muss stets ein Beistrich gesetzt werden.

Beispiele:

Die gewaltigen Wassermassen des Ozeans sind nicht so gleichartig, **wie es scheinen mag.**	Der Nebensatz ist ein **Nachsatz.**
Wenn wir einen Besuch machen, sollen wir bei dem Gastgeber einen guten Eindruck hinterlassen.	Der Nebensatz ist ein **Vordersatz.**
Dann ging ich zum See, **wo das Boot lag,** und holte die Netze für ihn heim.	Der Nebensatz ist ein **Zwischensatz.**

113

Man könnte die Reihenfolge der Teilsätze auch so darstellen:

_____ H. _____ ,	_ _ _ N. _ _ _ ,	
_ _ _ N. _ _ _ ,	_____ H. _____ ,	
__ H. (1. Teil) __ ,	_ _ N. _ _ ,	__ H. (2. Teil) __ .

128 *Forme je zwei der folgenden Sätze zu einem Satzgefüge um!*

Du kaufst dir ein Kleid oder ein Paar Schuhe weniger. Schon kannst du dir einen Theaterbesuch leisten. (Einleitewort: wenn)
Manche Leute können nicht warten. Sie brauchen sofort eine größere Summe. (Einleitewort: weil)
In diesem Falle gewährt die Sparkasse einen billigen Kredit. Er kann in Raten abgezahlt werden (Einleitewort: der)

→ **L 128**

129 *Schreib ab und ergänze die Nebensätze:*

Es ist fraglich, ob . . . Er hat gefragt, ob . . . Ich bin neugierig, ob . . . Der Bauer bemerkte bald, wo . . . Ich weiß nicht, wann . . . Wohin . . . , ist mir unbekannt. Ich freue mich, dass . . . Wir lernen, damit . . . Falls . . . , schreibe ihm eine Karte. Wenn . . . , kehre sofort um! Damit . . . werden wir gut bezahlen. Sie denkt nicht daran, dass . . . Das Haus, das . . . , ist abgebrochen worden. Als . . . , war sie bereits fort.

Es gibt eingeleitete und uneingeleitete Nebensätze.

Die meisten Nebensätze werden durch Wörter bestimmter Art eingeleitet:

durch **bezügliche Fürwörter** (Relativpronomen):
der, das, die u. a.;
wer, was, welcher;

durch **bezügliche Umstandswörter** (Relativadverbien):
wo, wohin, woher, womit, worauf, wodurch, wovon u. a.;

durch **fragende Fürwörter** (Interrogativpronomen):
wer, was, wem, wen, welcher, was für ein u. a.;

durch **fragende Umstandswörter** (Interrogativadverbien):
wo, wozu, wofür, wohin, woher, wie, wann u. a.;

durch **unterordnende Bindewörter** (Konjunktionen):
ob, dass, ohne dass, als, während, nachdem, weil, da, um, obgleich, obwohl u. a.

Demnach teilt man die Nebensätze nach der Art des Einleitewortes ein in:

a) **Relativsätze** oder **bezügliche Nebensätze;** sie werden durch ein bezügliches Fürwort oder ein bezügliches Umstandswort eingeleitet.

b) **Interrogativsätze oder abhängige Fragesätze;** sie werden durch fragende Fürwörter, fragende Umstandswörter oder durch das Bindewort „ob" eingeleitet.

c) **Konjunktionalsätze** oder **Bindewortsätze;** sie werden durch unterordnende Bindewörter eingeleitet.

Nebensätze ohne Einleitewort

bilden bereits den Übergang zwischen dem Satzgefüge und der Hauptsatzreihe, sie sind jedoch durch eingeleitete Nebensätze austauschbar:

Er sagte, er sei krank gewesen. (. . . , dass er krank gewesen sei.)
Ich weiß, er ist unschuldig. (. . . , dass er unschuldig ist.)
Es ist sicher, wir werden sie bald wiedersehen. (. . . , dass wir sie bald wiedersehen werden.)

115

130 *Unterstreiche die Nebensätze in dem folgenden Text:*

Lärmbelästigung

Jeder Staatsbürger sollte einsehen, dass Verordnungen und Gesetze zur Bekämpfung des Lärms notwendig sind.

Fabriken, Flugplätze und Autobahnen sollten auf keinen Fall in der Nähe von Wohngebieten angelegt werden, damit die Bewohner nicht gestört werden.

Aber auch in den Wohnungen sollte man unnötigen Lärm vermeiden, damit die Nachbarn nicht belästigt werden.

Es gibt kaum jemanden, der das Rundfunkprogramm, die Fernsehsendungen oder die Musik vom Plattenspieler durch die Wände vom Nachbarn mit anhören will.

Auch Kinder müssen sich dort austoben, wo andere durch ihr Geschrei nicht gestört werden.

Besondere Rücksicht sollte auf jene Menschen genommen werden, die bei Nacht arbeiten und bei Tag schlafen müssen.

Es sind dies nicht nur Nachtwächter, sondern auch Schichtarbeiter und Werktätige aus vielen anderen Berufen.

→ **L 130**

Rangordnung der Nebensätze:
Es gibt Nebensätze, die einander untergeordnet sind. Sie ergänzen dann nicht den Hauptsatz, sondern den übergeordneten Nebensatz. Man spricht dann von einem Nebensatz (Gliedsatz) 2. oder 3. Grades:

Ich bin der Meinung,	→ Hauptsatz
dass er vorsichtiger geworden ist,	→ Nebensatz 1. Grades
seit er gesehen hat,	→ Nebensatz 2. Grades
wie leicht man verunglücken kann.	→ Nebensatz 3. Grades

In dem angeführten Beispiel bezieht sich nur der Nebensatz 1. Grades (dass er vorsichtiger geworden ist, . . .) unmittelbar auf den Hauptsatz.

Den Bau dieses Ganzsatzes könnte man auch folgendermaßen **veranschaulichen.** Dem Hauptsatz folgen drei einander untergeordnete Gliedsätze:

Hauptsatz,
   ↑ Nebensatz 1. Grades,
     (Ergänzungss.) ↑ Nebensatz 2. Grades,
           (Zeits.)   ↑ Nebensatz 3. Grades.
                    (Arts.)

Es können aber auch mehrere Nebensätze den gleichen Grad der Abhängigkeit vom Hauptsatz haben. Man spricht dann von einer

Nebensatzreihe (dem Hauptsatz folgen zwei gleichrangige Beifügesätze):

Erich ist ein Freund,   →   Hauptsatz
der ihm immer hilft,   →   1. Nebensatz 1. Grades
der ihn noch nie   →   2. Nebensatz 1. Grades
enttäuscht hat.

Hauptsatz,
   ↑ 1. Nebensatz 1. Grades, 2. Nebensatz 1. Grades.
     (Beifüges.)   (Beifüges.)

Unterstreiche die Nebensätze!   **131**

Die Jagd nach Erdöl

Obwohl der Mensch Erdöl seit Jahrtausenden kennt, benutzt er es erst seit knapp hundert Jahren als Energiequelle. Schon in frühester Zeit stellten die Menschen Fackeln her, indem sie Schilfrohr mit Erdöl tränkten. Man hob flache Gruben aus, damit sich Öltümpel bilden konnten. Asphalt, der aus diesen klebrigen Erdwannen stammte, wurde zum Abdichten der Schiffe verwendet. Wenn man Binsenkörbe mit Pech behandelte, wurden diese wasserdicht. Rohöl, das man aus kleinen Teichen schöpfte, wurde um 1850 erstmals als Leuchtöl verwendet. In den USA gab es damals schon kleine Raffinerien, die das mühsam gewonnene „Steinöl" veredelten. Wer als erster nach Öl bohrte, war der Amerikaner Edwin Drake. Ehe er mit der Bohrung begann, errichtete er einen hölzernen Turm. Oben war ein Flaschenzug, mit dem das schwere Bohrwerkzeug herabgelassen und hochgezogen wurde. Drake verrohrte auch das Bohrloch, damit nicht Erde einbreche. Nachdem er zwei Monate lang gebohrt hatte, stieß er endlich auf Erdöl. Was Drake als erstem gelang, ahmten Ölsucher in allen Teilen der Welt nach. Wo immer man auf Öl stieß, setzte sofort eine wilde Geschäftigkeit ein. Was sich hier alles in Amerika ereignete, ist als „Ölrausch" in die Geschichte eingegangen.   → **L 131**

Einteilung der Nebensätze nach ihrer Aufgabe

Manche Nebensätze vertreten Satzglieder oder Gliedteile, daher können sie nach ihrer Rolle im Gesamtsatz bzw. nach ihrer Aufgabe als Satzglied oder Gliedteil eingeteilt werden in

Satzgegenstandssätze (Subjektsätze)	**Dass die Luft verseucht ist,** ist heute allgemein bekannt. **Wer das nicht glaubt,** braucht nur in eine Industriestadt zu kommen.
Fallergänzungssätze (Objektsätze)	Viele Leute meinen, **dass der Lärm gesundheitsschädlich sei.** Der Lärm schadet besonders dem, **der lärmempfindlich ist.** Ich erinnere mich nicht mehr, **ob das Wasser verschmutzt war.**

Umstandsergänzungs-sätze (Adverbialsätze)	**Sobald die Arbeitszeit beginnt,** steigt der Lärm an. **Wo Fabriken sind,** ist die Luft schlechter. Manchmal ist die Luft so schlecht, **dass man kaum atmen kann.** **Weil das Wasser nicht rein war,** konnte man es nicht trinken.
Gleichsetzungssätze	Dieses Buch ist es, **das die Umweltverschmutzung beschreibt.** Dieser Mann ist es, **der als Sieger gefeiert wurde.**
Beifügesätze (Attributsätze)	Eine Wohnung, **die ruhig liegt,** ist in der Stadt schwer zu finden.

Der Satzgegenstandssatz (Subjektsatz)

Der Subjektsatz steht im Satzgefüge in der Rolle eines Subjekts.

Fragen nach dem Satzgegenstandssatz:
Wer? Was?

Beispiele:

Ob sie eintreffen wird, ist ungewiss. (Was ist ungewiss?)
Dass du mir helfen willst, freut mich. (Was freut mich?)
Was gestohlen wurde, ist unbekannt. (Was ist unbekannt?)
Wer andern eine Grube gräbt, fällt selbst hinein. (Wer fällt hinein?)

119

132 *Frage nach den Subjektsätzen und unterstreiche sie!*

Ob er am Sonntag kommt, ist ungewiss. – Wann er uns besuchen wird, ist nicht bekannt. – Wer der Dieb ist, steht noch nicht fest. – Was ein Häkchen werden will, krümmt sich beizeiten. – Wer die Ruhe stört, ist nicht erwünscht. – Ob das alle sind, ist fraglich. – Dass sich viele nicht an die Gesundheitsvorschriften halten, ist bedauerlich. → **L 132**

133 *Forme die folgenden Sätze so um, dass Subjektsätze entstehen!*

Der Erkrankte muss im Bett bleiben. (Wer erkrankt ist, . . .) Der Zuverlässige hat überall Freunde. Das Unbrauchbare darf weggeworfen werden. Die Schwätzer sagen oft nicht die Wahrheit. Der Kluge gibt nach. Das Alte muss nicht immer unbrauchbar sein. → **L 133**

Der Fallergänzungssatz (Objektsatz)

Er steht im Satzgefüge in der Rolle einer Fallergänzung (eines Objekts).

Fragen nach dem Ergänzungssatz:
Wen? Was? Wem? Wessen? Bei wem? Mit wem? Wobei? Womit? Wo? Wogegen? u. a.

Beispiele:

Sie grüßt nur den, **den sie kennt.**	Wen?	Der Gliedsatz vertritt eine Ergänzung im 4. Fall.
Viele Leute glauben, **dass der Lärm gesundheitsschädlich ist.**	Was?	

Der Lärm schadet dem, **der lärmempfindlich ist**.	Wem?	Der Gliedsatz vertritt eine Ergänzung im 3. Fall.
Dass der Lärm schädlich ist, dessen bin ich sicher.	Wessen?	Der Gliedsatz vertritt eine Ergänzung im 2. Fall.
Auch die höhere Lebenserwartung unserer Zeit trägt dazu bei, **dass die Zahl der Rheumakranken zunimmt**.	Wozu?	Der Gliedsatz vertritt eine Vorwortergänzung.

Drücke die Fallergänzungen in Form von Sätzen aus! **134**

Ich freue mich schon **auf Ihren Besuch**. (Einleitewort: dass)
Ich zweifle **am Gelingen des Versuches**. (Einleitewort: dass)
Einem Angeber glaubt man nicht. (Einleitewort: Wer)
Seinen Aufenthaltsort will er nicht verraten. (Einleitewort: Wo)
→ L 134

Unterstreiche in dem folgenden Text alle Fallergänzungs- **135**
sätze (Objektsätze)!

Von der Sonne
Früher meinte man, dass sich die Sonne um die Erde bewege. Heute wissen wir, dass das Umgekehrte wahr ist. An den Sternen erkennt man, dass sich die Erde jährlich einmal um die Sonne dreht. Dass die Sonne still steht, kann der Mensch freilich nicht sehen. Aber wenn wir zum fahrenden Zug hinausschauen, glauben wir auch, dass der Zug still stehe und die Landschaft sich bewege. Das Kind weiß schon, dass die Sonne am Morgen im Osten auf- und am Abend im Westen untergeht. Bei genauerer Beobachtung wirst du aber feststel-

len, dass sie bis zum 21. Juni immer höher steigt. Dann kannst du auch verstehen, warum die Tage im Sommer länger sind als im Winter. Weißt du, wann der kürzeste Tag ist? Kannst du mir sagen, wie viele Stunden er dauert? Wer das Nordklima kennt, versteht, warum die Germanen die Wintersonnenwende festlich begingen: Waren sie doch nie sicher, ob das gütige lebenspendende Licht sich ihnen wieder zuwenden werde.

→ **L 135**

136 *Forme die folgenden Sätze zu Fallergänzungen um!*

Halte immer dein Versprechen! (was)
Wir müssen die Bestätigung dieser Nachricht noch abwarten. (bis)
Die Bevölkerung fürchtet den erneuten Ausbruch des Vulkans. (dass)
Wir kennen die Bedingungen dieser Vereinbarung nicht. (welche)
Die Geschichte erinnert mich an meine letzte Fahrt mit dem Segelboot. (wie)
Wie willst du diesen Fehler wieder gutmachen? (was)

→ **L 136**

Der Umstandsergänzungssatz (Adverbialsatz)

Umstandsergänzungssätze (Adverbialsätze) stehen im Satzgefüge in der Rolle von freien Umstandsangaben oder sinnnotwendigen Umstandsergänzungen. Sie geben wie diese **die näheren Umstände** an: die Zeit, den Ort, die Art, die Begründung, die Bedingung, den Zweck, das Mittel usw.

Danach unterscheidet man folgende **Arten von Umstands-
ergänzungssätzen** (Adverbialsätzen):

Bezeichnung	Fragen	Beispiele
Zeitsätze (Temporal- sätze)	Wann? Seit wann? Bis wann? Wie lange?	**Sobald der Wagen beladen ist,** fährt er ab. Überlege, **ehe du antwortest!**
Ortssätze (Lokalsätze)	Wo? Woher? Wohin? . . .	**Wo kein Kläger ist,** ist auch kein Richter.
Artsätze (Modalsätze)	Wie? Auf welche Weise? Wie sehr? (Vergleich) Wie? (Folge) Wie weit? (Einschrän- kung) Wodurch? (Mittel)	Er gestand seine Schuld, **wobei er bitterlich weinte.** Das Rauchen ist schädlicher, **als man glaubt.** Österreich ist so schön, **dass alljährlich Hunderttausende dieses Land besuchen.** Seid wohltätig, **soweit es eure Mittel erlauben!** Erich vertrieb sich die Zeit damit, **dass er Gitarre spielte.**
Begrün- dungs- sätze (Kausalsätze)	Warum? (Grund) Weshalb? (Absicht, Zweck) Unter welcher Bedingung? Trotz welchen Umstandes? (Einräumung)	Das Kind weinte, **weil es Strafe fürchtete.** Zieh dich warm an, **damit du dich nicht erkältest.** **Wenn er kommt,** wird er sich über die Aufmerksamkeit sicher freuen. Er ging spazieren, **obwohl es regnete.**

123

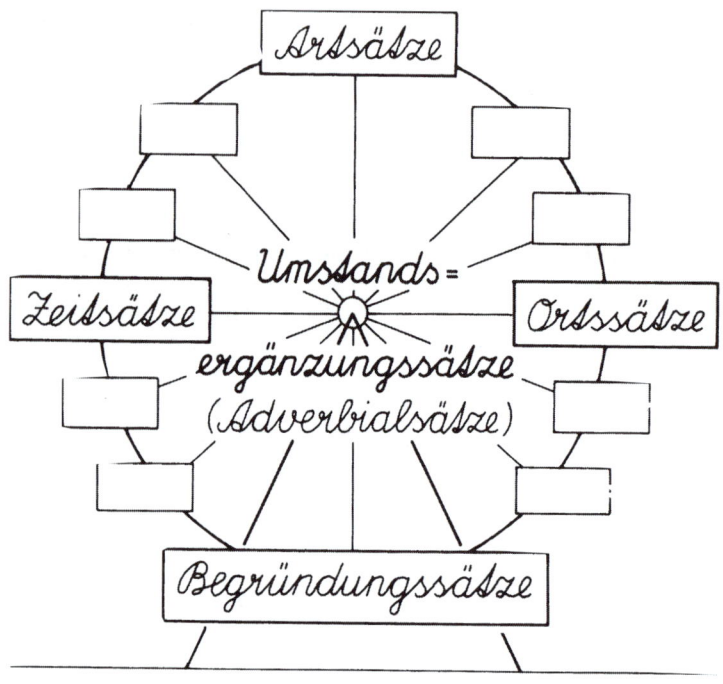

137 *Unterstreiche in dem folgenden Text die Umstandsergän-*
zungssätze!

Ein spanisches Stiergefecht

Wenn ein Stiergefecht stattfindet, eilen Tausende in die
Arena. Vor Beginn des Spieles erscheinen die Stierkämpfer(,)
um sich den Zuschauern vorzustellen. Während die Pauken
und Trompeten ertönen, stürzt ein wilder Stier auf den Kampf-
platz. Die Pikenträger wehren sich, indem sie mit ihren Lan-
zen nach dem Tiere stechen. Manchmal bohrt der Stier einem
Pferde die Hörner so tief in den Leib, dass es tot niederfällt.
Von allen Seiten kommen die Fechter herbei(,) um das wüten-
de Tier von seinem Opfer abzulenken. Man reizt den Stier mit
roten Tüchern, damit er in noch größere Wut gerate. Während
das gereizte Tier auf den roten Mantel losstürzt, tritt der
Kämpfer einen Schritt beiseite. Er stößt ihm das Schwert so

tief in die Brust, dass es sofort zu Boden stürzt. Die Zuschauer bezeugen ihren Beifall, indem sie lebhaft rufen und klatschen.

→ **L 137**

138 *Bestimme die Umstandsergänzungen in den folgenden Sätzen und ersetze sie durch Umstandsergänzungssätze (Adverbialsätze)! Leite sie durch die angegebenen Bindewörter ein!*

Wir treffen einander an derselben Stelle wie gestern. (wo) – Nach dreistündigem Warten gingen sie nach Hause. (nachdem) – Wegen des Regens fiel die Wanderung aus. (weil) – Trotz des schlechten Wetters gingen sie spazieren. (obwohl) – Die Schüler dürfen die Klasse vor dem Läuten nicht verlassen. (weil) – Erich nahm trotz seiner Erkältung an dem Sportfest teil. (obwohl) – Ich konnte ihm den Wunsch wegen seiner Freundlichkeit nicht abschlagen. (weil)

→ **L 138**

139 *Unterstreiche in dem folgenden Text von Thor Heyerdahl alle Umstandsergänzungssätze (Adverbialsätze)!*

Die ersten Tage auf der Kon-Tiki
Wir bemerkten die Erleichterung, dass sich das Boot über die ersten drohenden Wogenkämme schwang. Aber man konnte den Ruderbalken nicht festhalten, wenn sich brausende Wellen über das Ruder wälzten. Deshalb banden wir den Ruderbalken mit Tauen in seinem Widerlager fest, sodass ihm nur mehr eine begrenzte Bewegungsfreiheit blieb. Auf diese einfache Weise konnten wir auch den schwersten Wogen trotzen, wenn wir uns nur selbst festzuhalten vermochten. Unser Floß nahm seinen Weg dort, wo der Humboldtstrom am reißendsten war.
Einmal in einer stürmischen Nacht klammerten wir uns fest und warteten düsteren Sinnes darauf, dass die Wassermassen über uns und dem Floß zusammenschlugen. Aber „Kon-Tiki" wippte ruhig ein Ende in die Höhe und hob sich in die

Luft, während die Wasser am Floß vorbeirauschten. Dann aber mussten wir sofort wieder an das Ruder springen, bevor das Floß herumschlug. Kam eine Woge von links, so verschwand sie zwischen den ausgespreizten Stämmen so rasch, wie sie an Bord gekommen war. → **L 139**

140 *Bestimme die Art der Umstandsergänzungssätze!*

1. Wir waren in polynesischen Gewässern, **als wir den 110. Grad westlicher Länge passierten.** 2. Unser Floß nahm seinen Weg dort, **wo der Humboldtstrom am reißendsten war.** 3. Die Zeit ging dahin, **indem wir über die Osterinseln sprachen.** 4. Wir nahmen einen anderen Kurs, **da uns das Ringriff verborgen blieb.** 5. Wir konnten von der Leeseite her an die Landspitze kommen, **falls der Wind drehte.** 6. Erich drehte das Segel herüber, **damit die Kon-Tiki die Nase wendete.** 7. Ich vertrieb mir die Zeit damit, **dass ich Südseemelodien auf meiner Gitarre spielte.** → **L 140**

141 *Forme die folgenden Sätze zu Satzgefügen mit Umstandssätzen um! Verwende dabei die Angaben zwischen den Klammern!*

1. Millionen Menschen in den Entwicklungsländern sind unterernährt (nicht genug zu essen haben).

Millionen Menschen in den Entwicklungsländern sind unterernährt, weil sie nicht genug zu essen haben.

2. Es muss vor allem neues Ackerland erschlossen werden (Lebensgrundlage für verarmte Pächter verbessern).
3. In vielen Gebieten werden die Ernteerträge ansteigen (Boden regelmäßig düngen).

4. Die Säuglingssterblichkeit ist immer noch sehr groß (die Art der Ernährung oft falsch und einseitig).
5. Vor allem auf dem Lande fehlen Krankenstationen (Kranke können nicht fachgerecht behandelt werden).
6. Der allgemeine Gesundheitszustand hat sich gebessert (viele Menschen achten selbst mehr auf Hygiene).
7. Die mittlere Lebenserwartung in Südamerika beträgt nur etwa 35 Jahre (bei uns 76 Jahre). → **L 141**

Der Gleichsetzungssatz

Gleichsetzungssätze (früher auch „Prädikativsätze" genannt) ersetzen das Gleichsetzungsglied. Sie können auch zu den Ergänzungssätzen gezählt werden.

Fragen:
Wer? Was?

Beispiele:

Was ein elektrischer Funke im Kleinen ist, (das) ist ein Blitz im Großen.
(Was ist ein Blitz im Großen?)

Am wichtigsten ist, **dass er bald wegfährt.**
(Was ist am wichtigsten?)

Ich war einst, **was du jetzt bist.**
(Was war ich einst?)

Der Beifügesatz (Attributsatz)

Beifügesätze stehen im Satzgefüge in der Rolle von **Beifügungen.** Sie bestimmen ein Satzglied näher.

Fragen:
Was für ein? Welches? Welchem? Welchen? Welcher? Wessen?

Beispiele:

Das Gerät hat den Vorzug, **dass man es auf Reisen mitnehmen kann.**
Die Plakate, **die uns überall entgegenleuchten,** sind nur ein Teil der Werbung.
Ein Verkäufer, **der seine Kunden sachlich berät,** hilft ihnen beim Einkauf.
Werbung, **die den Kunden nur zum Kauf verführen will und Unwahres verspricht,** ist abzulehnen.

Vergleiche:

Die **gestrige** Explosion war furchtbar.	Die Explosion, **die sich gestern ereignet hat,** war furchtbar.
Erich trägt den Koffer **seines Vaters** zum Bahnhof.	Erich trägt den Koffer, **der seinem Vater gehört,** zum Bahnhof.
Fröhlich lachende Mädchen empfingen die Gäste.	Mädchen, **die fröhlich lachten,** empfingen die Gäste.
Die fett gedruckten Satzteile sind **BEIFÜGUNGEN**	Die fett gedruckten Satzteile sind **BEIFÜGESÄTZE**

142 Unterstreiche die Beifügesätze!

Die Meinung, **dass** Werbung entbehrlich ist, trifft nicht zu. In Staatsformen, in **denen** die Masseneinkommen kaum die notwendigsten Bedürfnisse decken, ist Werbung überflüssig. In unserer Wirtschaft jedoch, **wo** das Warenangebot größer ist als die Nachfrage, ist Werbung nicht entbehrlich.
Der Mann, **der** an der Ecke steht, verkauft Schuhbänder. –

Das Mädchen, **das** dich gegrüßt hat, ist meine Schwester. –
Den Ort, an **dem** uns der Tod ereilt, kennt niemand.→ **L 142**

Beifügesätze können durch ein
bezügliches Fürwort (der, die, das),
ein **Umstandswort** (welcher, wer, wem, was, wo, womit, wie u. dgl.)
oder ein **Bindewort** (dass, ob u. dgl.)
eingeleitet werden.

Beispiele:

Das Haus, **das wir früher bewohnten,** wurde niederge-
rissen.
Einen Freund, **der so verlässlich ist wie er,** werde ich
nie wieder finden.
Er hat den Fehler, **dass er sich jeden Abend besäuft.**
Er will nunmehr seinem Leben einen Inhalt geben, **wie es
sich für einen vernünftigen Menschen schickt.**
Meine Frage, **was geschehen sei,** wurde nicht beant-
wortet.
Die Meinung, **wir seien aus dem Schlimmsten heraus,**
ist falsch.
Ich bin der Ansicht, **dass er Recht hat.**
Ihre Anfrage, **ob ich bei der Abrechnung helfen kön-
ne,** muss ich leider verneinen.
So heftige Gewitter, **wie sie in den Alpen häufig sind,**
gibt es hier selten.
Der Ort, **wo sich die Geschichte abspielte,** liegt weit
weg.

Drücke die Beifügungen durch einen Nebensatz aus! **143**

Das ist die Stätte seiner Geburt. – Der Garten unseres
Nachbarn aus Tirol wird verkauft. – Unsere Reise durch
Salzburg war sehr aufschlussreich. – Strenge Maßnahmen
verfehlen oft die gewünschte Wirkung. – Er verkaufte mir den

Garten mit den herrlichen Obstbäumen. – Die Frage nach seiner Herkunft ließ er unbeantwortet. – Die Donau ist ein viel befahrener Strom. – Bellende Hunde beißen selten. – Das grüne Kleid gefiel ihr besonders gut. → **L 143**

144 *Forme die folgenden Sätze so um, dass anstelle der Beifügesätze Beifügungen zu stehen kommen!*

Das Feuer, das wir angezündet hatten, erlosch nur langsam. – Das ist eine Auskunft, die uns nicht befriedigt. – Das Leben, das die Eskimos führen, ist hart. – Die Weingärten, die sich am Hang des Berges befinden, wurden durch den Hagel völlig verwüstet. – Der Fluss, der allmählich anschwoll, verheerte das Land. – Der alte Herr, der den Buben gerettet hatte, wollte seinen Namen nicht nennen. – Der Verkäufer, der uns freundlich bediente, war sehr jung. – Wir hörten ein Konzert, das sehr gut besucht war. → **L 144**

145 *Verbessere die folgenden Sätze:*

Der Arzt verschrieb der Frau eine Medizin, die sich bereits auf dem Wege der Besserung befand.

Neben uns stand eine Dame vor einer Auslage, die schon ein ältliches Aussehen hatte.

Im Wald begegnete uns ein Mann mit einem großen Hund, der uns nach dem Weg fragte.

In der Kapelle sieht man ein Marien-

bild, das den vom Kreuz abgenommenen Heiland auf dem Schoß hält.

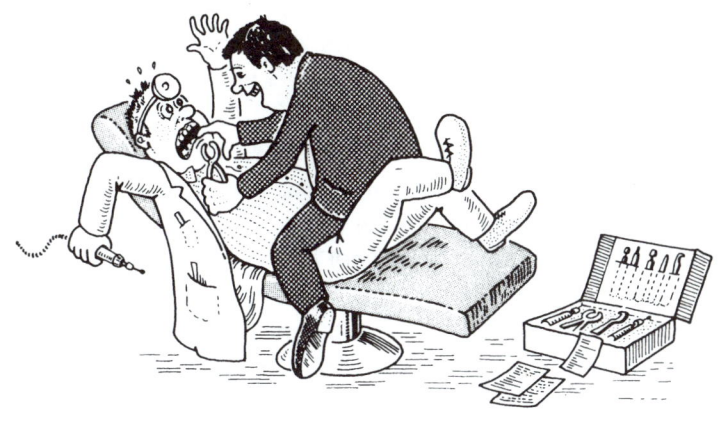

Suche tüchtigen Vertreter, der Zahnärzte bearbeitet.

→ **L 145**

Bestimme die Art der Nebensätze (Gliedsätze) und unterstreiche sie! **146**

Das amerikanische Heim

Alle Arbeitsvorgänge im supermodernen amerikanischen Heim sind mechanisiert. Wo immer man auf einen Knopf drückt, bewegt sich etwas. Dazu kommt die Automatisierung der Wärmequellen. In einer Ecke des Kellers befindet sich die Ölheizung. Sie muss nur einmal im Jahr nachgefüllt werden, damit sie dann völlig selbsttätig das ganze Haus ein Jahr lang heizt. Indem man auf einen Knopf drückt, stellt man die gewünschte Wärme ein. Wenn es draußen warm ist, geht die Heizung von selbst aus. Wenn es kalt wird, schaltet sie sich automatisch wieder ein.

Beim Betreten des Schlafzimmers ist es einem, als wäre man in einem raffinierten Laboratorium. Das Bett ist mit Radio, Fernsehempfänger, Klimaanlage, elektrischem Massageapparat, Leselampe und der denkenden Elektromatratze ausgestattet. Sie kann nach Art des Heizkissens auf die individuelle Körpertemperatur eingestellt werden.

Während die Hausfrau ihre Einkäufe macht, sind in ihrer Wohnung die Roboter unermüdlich an der Arbeit. Die Fenster werden durch elektrische Scheibenwischer gereinigt(,) und in der Maschinenzentrale der Küche wirken Apparate, damit das Gemüse geputzt und Tassen und Teller getrocknet werden. Die Hausfrau selbst hat die Funktion eines Ingenieurs übernommen, sie bedient eine Vielzahl von Knöpfen und Schaltern. Küchengerüche und Staub werden automatisch abgesogen, sobald die Apparate mit ihren Tätigkeiten beginnen. Es gibt reine Wunderherde mit eingebautem Wecker, Guckfenster für Bratröhre, selbsttätiger Ein- und Ausschaltung und Einstellung des gewünschten Hitzegrades durch Knopfdruck. Man braucht die Speisen nur aufzusetzen, alles andere erledigt sich von selbst. Eine elektrische Kontrolle sorgt für die Abschaltung des Kochstroms, sobald die Speise fertig ist, aber sie garantiert auch, dass die Temperatur jeweils so hoch bleibt, dass die Gerichte noch mundgerecht serviert werden können. → **L 146**

147 *Unterstreiche die Nebensätze und bestimme ihre Art!*

Wasser in Gefahr
1. Viele meinen, dass unser Wasser in Gefahr ist.
2. Die Verantwortlichen überlegen, was zu tun ist.
3. Bevor die Abwässer in die Flüsse fließen, müssen sie gereinigt werden.
4. Die Reinigung des Wasser, das von den Industriebetrieben benützt wird, kostet viel Geld.
5. Dass heute keine Stadt ohne Kläranlagen auskommt, ist allgemein bekannt.
6. In großen Betrieben lässt man den gröbsten Schmutz zu Boden sinken, damit das Wasser wieder reiner wird.
7. Man presst mit Druck Luft durch das Wasser, weil viel Sauerstoff die natürlichen Reinigungskräfte des Wassers unterstützt.
8. Auch lässt man Mikroben die eingeschwemmten Chemikalien zersetzen, damit das Wasser entgiftet wird.

9. Erst wenn das Wasser vom Schädlichsten befreit ist, darf es ins Flussbett geleitet werden.

10. Die Methoden der Wasseraufbereitung sind heute schon so verfeinert, dass geklärtes Abwasser manchmal sogar besser ist als Brunnenwasser. → **L 147**

Die Wortstellung im Nebensatz ⊗

In den meisten Nebensätzen hat die Personalform des Zeitwortes (das Prädikat) **Endstellung,** insbesondere in allen eingeleiteten Nebensätzen:

Wer das Gemälde **sieht,** ist davon ergriffen.
Wie spät war es, als du gestern **heimkamst?**

In eingeleiteten Nebensätzen umklammern das Einleitungswort und die Personalform des Verbs die übrigen Satzglieder. Diese Erscheinung wird als **Satzklammer** bezeichnet.

Er sagt, **dass** er wenig Zeit **habe.**

In uneingeleiteten Nebensätzen dagegen steht die Personalform des Verbs (Zeitwortes) an zweiter Stelle im Satz.

Er meinte, er **habe** wenig Zeit.

In abhängigen Bedingungs- und Einräumungssätzen ohne Bindewort steht die Personalform an der Spitze des Satzes:

133

Hättest du ihn aufgesucht, wäre es nie so weit gekommen.

Kommt er nicht bald, dann gehen wir.

Häufige Fehler bei der Bildung von Nebensätzen:

Relativsätze müssen unmittelbar auf das Wort, auf welches sie sich beziehen, folgen.

falsch

Wir bieten eine Wohnung für eine größere Familie, die frisch instand gesetzt wurde.

Er sucht über die Zeitung einen Bilddruck für seinen Onkel, der schon seit längerer Zeit vergriffen war.

richtig

Wir bieten eine Wohnung, die frisch instand gesetzt wurde, für eine größere Familie.

Er sucht für seinen Onkel über die Zeitung einen Bilddruck, der schon seit längerer Zeit vergriffen war.

Die Weiterführung eines Gedankens in einem Relativsatz sollte vermieden werden, weil die Unterordnung der inhaltlichen Gleichordnung widerspricht.

falsch

Machen Sie eine Probefahrt mit dem neuen Wagen, der Ihnen gefallen wird.

Er hörte einen Schuss, der ihn ins Bein traf, und sah einen Schatten davonspringen.

richtig

Machen Sie eine Probefahrt mit dem neuen Wagen, er wird Ihnen gefallen.

Er hörte einen Schuss und sah einen Schatten davonspringen. Die Kugel traf ihn ins Bein.

Ein gleich lautendes Relativpronomen darf nur dann eingespart werden, wenn es mit dem anderen im Fall übereinstimmt.

falsch	**richtig**
Er suchte die Geschenke, die er versteckt hatte, aber von seinen Kindern bereits entdeckt worden waren.	Er suchte die Geschenke, die er versteckt hatte, die aber von seinen Kindern bereits entdeckt worden waren.

Mehrfach zusammengesetzte Sätze △

Im Deutschen lassen sich Hauptsatzreihen und Satzgefüge zu kunstvollen Gesamtsätzen vereinigen, die man **Satzperioden** nennt.
Die deutschen Dichter Heinrich Kleist und Thomas Mann etwa bevorzugen solche Satzperioden in ihren Werken.
Auch im mehrfach zusammengesetzten Satz ist das Prinzip der Reihung und der Unterordnung wirksam. Es können sowohl Hauptsätze als auch gleichrangige Gliedsätze gereiht werden; auch andere Zusammensetzungen sind möglich.

Der Mensch kann mehr und mehr Anteil nehmen an allen geistigen und kulturellen Gütern der Menschheit,	1. Hauptsatz
sein Gesichtskreis wird sich ständig verändern,	2. Hauptsatz

135

der schöpferischen Entfaltung seiner Persönlichkeit sind keine Grenzen gesetzt.	3. Hauptsatz
Die Verwendung solcher Automaten,	Hauptsatz, 1. Teil
die lernen können,	1. Nebensatz (Attributsatz)
die körperlich schwere und geistig monotone Arbeit übernehmen,	2. Nebensatz (Attributsatz)
die eine Vielzahl von Prozessen automatisch steuern und überwachen,	3. Nebensatz (Attributsatz)
bildet eine Seite der materiell-technischen Basis.	Hauptsatz, 2. Teil
Von Stund an lagen uns die Kinder in den Ohren,	1. Hauptsatz
für den Abend des Taschenspielers Eintrittskarten zu nehmen,	Infinitivgruppe
und obgleich uns die späte Abendstunde der Veranstaltung,	1. Nebensatz, 1. Teil (Konzessivsatz)
neun Uhr,	eingeschobene Ellipse
von Vornherein Bedenken machte,	1. Nebensatz, 2. Teil
gaben wir nach,	2. Hauptsatz, 1. Teil
da wir ja nach einiger Kenntnisnahme von Cipollas bescheidenen Künsten nach Hause gehen,	2. Nebensatz (Kausalsatz)
da auch die Kinder am folgenden Morgen ausschlafen konnten,	3. Nebensatz (Kausalsatz)
und erstanden von Signora Angiolieri selbst,	2. Hauptsatz, 2. Teil
die eine Vielzahl von Vorzugsplätzen für ihre Gäste hatte,	4. Nebensatz (Attributsatz)
unsere vier Karten. *(Thomas Mann)*	2. Hauptsatz, 3. Teil

An der Rampe stehend und sich mit lässigem Zupfen seiner Handschuhe entledigend,	Partizipialgruppe
wobei er lange und gelbliche Hände entblößte,	Nebensatz, 1. Grades (Modalsatz)
deren eine ein Siegelring mit hochgradigem Lasurstein schmückte,	Nebensatz 2. Grades (Attributsatz)
ließ er seine kleinen strengen Augen,	Hauptsatz, 1. Teil
mit schlaffen Säcken darunter,	eingeschobene Ellipse
musternd durch den Saal schweifen,	Hauptsatz, 2. Teil
nicht rasch,	eingeschobene Ellipse
sondern indem er hie und da auf einem Gesicht in überlegener Prüfung verweilte,	Nebensatz (Modalsatz)
verschlafenen Mundes,	Ellipse
ohne ein Wort zu sagen. *(Thomas Mann)*	Infinitivgruppe
Die Beispiele zeigen uns, wie notwendig es ist,	Hauptsatz Nebensatz 1. Grades (Objektsatz)
dass wir alle Belege prüfen,	Nebensatz 2. Grades (Objektsatz)
damit Fehler vermieden werden.	Nebensatz 3. Grades (Kausalsatz)

Stelle den Bau der Sätze des folgenden Textes von Alfred **148** *Döblin fest! Notiere am rechten Rand in Buchstaben die Satzform (H = Hauptsatz, G = Gliedsatz)! Ergänze auch die fehlenden Beistriche!*

Überschwemmung am Amazonas
1. Wenn der Amazonas stieg überschwemmte das Wasser weithin die

Ufer die Verwüstung wurde landwärts getragen die Tiere flüchteten.

2. Die Wasservögel verließen die Inseln und zogen davon.

3. Das Hochwasser wallte stürmisch.

4. Es kamen Uferstürze und der Hochwald um den Fluss schwankte das Wasser bohrte in dem Boden legte die Wurzeln der Riesenbäume frei untergrub sie und die Bäume stürzten in den trüben Schwall.

5. Oft drängte sich das lebendige Wasser in einem einzigen Wutstoß in die lockere Erde und dann trug der Fluss fahrende Inseln mit Bäumen und Kräutern und Affen und Vögeln fort sie segelten flussabwärts.

6. Das stürmische grauweiße Wasser staute die Nebenflüsse auf und nahm seine weiten Seen und Kanäle wieder in sich auf. → **L 148**

149 *Bestimme ebenso die Teile der folgenden Sätze!*

Begegnung mit einem Tiger

1. Vor uns funkelt die Sonne durch das Laub: Ein etwa 30 Meter breiter Fluss öffnet sich(,) und strahlend glitzert die Sonne auf dem Wasser.

2. Eben setze ich meinen Fuß ins Wasser, als mein Blick nach rechts fällt: Vor mir steht ein Tiger!

3. Wie feuriges Gold glänzt sein glattes Fell in der Sonne; jetzt setzt er wuchtend die starken Vorderpranken in aus-

greifenden Schritten vor(,) und wippend gleitet der kraftstrotzende Körper durch das hohe Gras.

4. Der mächtige Kopf ist vorgestreckt(,) und mutig zuckend lässt er die Lefzen hängen, den Rachen hat er geöffnet.

5. So schreitet er federnd dahin; jede Bewegung ist verhaltene Kraft, jede Sehne ist Stahl.

6. Wohl eine Minute verharrt er im Glanz der Sonne, dann tritt er zurück und verschwindet im hohen Ried. → **L 149**

Analysiere die folgenden Sätze! Notiere den Satzbau im **150** *Anschluss an jeden Satz!*

Der Raumanzug des Astronauten

1. Wohl das wichtigste Ausrüstungsstück des Astronauten ist der Raumanzug.

2. Gleich nach Verlassen der Lufthülle befindet sich der Raumfahrer in einer Umgebung, die ihm nicht die notwendigen Umweltbedingungen bietet, die ihm feindlich gesinnt ist.

3. Im Weltraum kann der Mensch normalerweise nicht leben; er muss also, wenn er die Erde verlässt, seine eigene kleine Welt mitnehmen, die ihn schützt, in der er weiterleben kann.

4. An sich bietet die Raumkabine den nötigen Schutz.

5. Es ist jedoch leicht möglich, dass das Raumfahrzeug unterwegs beschädigt wird und den Astronauten zeitweilig oder für den ganzen Flug den tödlichen Gefahren des Weltraumes aussetzt. → **L 150**

151 *Analysiere die nachstehenden Sätze!*

Wir machen einen Besuch

1. Besuche dienen der Vertiefung menschlicher Beziehungen.
2. Wenn wir einen Besuch machen, dann wollen wir bei dem Gastgeber einen guten Eindruck hinterlassen.
3. Wird man zu einem Besuch mit fester Zeitangabe eingeladen, setzt man den Gastgeber so bald wie möglich in Kenntnis, ob man die Einladung annimmt, damit er sich rechtzeitig auf den Besuch einstellen kann.
4. Entschließt man sich zu einem Besuch(,) ohne eine direkte Einladung bekommen zu haben, dann wählt man eine Zeit, in der man voraussichtlich nicht ungelegen kommt.
5. Eine vorherige Ankündigung wird immer willkommen sein.
6. Die günstigste Tageszeit ist im Allgemeinen der späte Nachmittag.
7. Niemals sollte man unangesagt vor den Mahlzeiten eintreffen.
8. Auch gibt es gewisse Feiertage, an denen es nicht üblich ist(,) Besuche zu machen, das ist der Weihnachtstag, der Karfreitag, der Ostersonntag, der Pfingstsonntag, der Allerheiligentag und der Allerseelentag. → **L 151**

Auslassungssätze (Satzellipsen) △

Als **Auslassungssätze** werden Sätze bezeichnet, in denen, in Abweichung von den grammatischen Normen, Redeteile weggelassen wurden:

Was? Ich? Ich soll –? (Ich soll den Fotoapparat haben?) Hilfe! Ein Unfall! Achtung!

Die Ersparungen von Redeteilen lassen sich in zwei Gruppen einteilen:
1. Die ersparten Redeteile können Satzglieder oder Teilsätze sein:

Wozu (dient) diese Mühe?
(Ich) Danke schön!
(Haben Sie) Geduld!

Ich weiß, er kommt.
(Ich weiß, dass er kommt!)
(Ich) Komme schon!

2. Die weggelassenen Redeteile können im selben oder im benachbarten Satz mehrmals vorkommen:

Karl fährt nach Italien. Erich (fährt) nach Frankreich, Inge (fährt) nach England.
Er beschäftigt sich mit englischer Literatur und (englischer) Geschichte.

Fehler treten bei Auslassungssätzen dann auf, wenn Redeteile weggelassen werden, die im Satz zwar nochmals vorkommen, aber in Geschlecht, Zahl oder Fall nicht übereinstimmen.

falsch

Er arbeitete mit großem Fleiß und Ausdauer.

Er erschien in einem blau gestreiften Anzug und beiger Hose.

richtig

Er arbeitete mit großem Fleiß und großer Ausdauer.

Er erschien in einem blau gestreiften Anzug und in einer beigen Hose.

141

falsch	richtig
Er wandte sich gegen die Unterdrückung und die Machenschaften des Militärs.	Er wandte sich gegen die Unterdrückung sowie gegen die Machenschaften des Militärs.
Sie sprachen über des Ministers Amtsantritt und Politik.	Sie sprachen über des Ministers Amtsantritt und über Politik.
Zunächst wurden die Teppiche verkauft und dann der Schmuck verhökert.	Zunächst wurden die Teppiche verkauft(,) und dann wurde der Schmuck verhökert.
Für Ihren Brief möchten wir Ihnen verbindlich danken und freuen uns, dass Sie die Freigabe erreicht haben.	Für Ihren Brief möchten wir Ihnen herzlich danken. Wir freuen uns, dass Sie die Freigabe erreicht haben.
Der Vater nahm das Gepäck, die Kinder Abschied von der Mutter.	Der Vater nahm das Gepäck, die Kinder nahmen Abschied von der Mutter.
Wir werden mit oder ohne ihn gehen.	Wir werden mit ihm gehen oder ohne ihn.
Habe Ihren Brief erhalten und bin mit Ihren Vorschlägen einverstanden.	Ich habe Ihren Brief erhalten und bin mit Ihren Vorschlägen einverstanden.

Übersicht über die Wortarten □

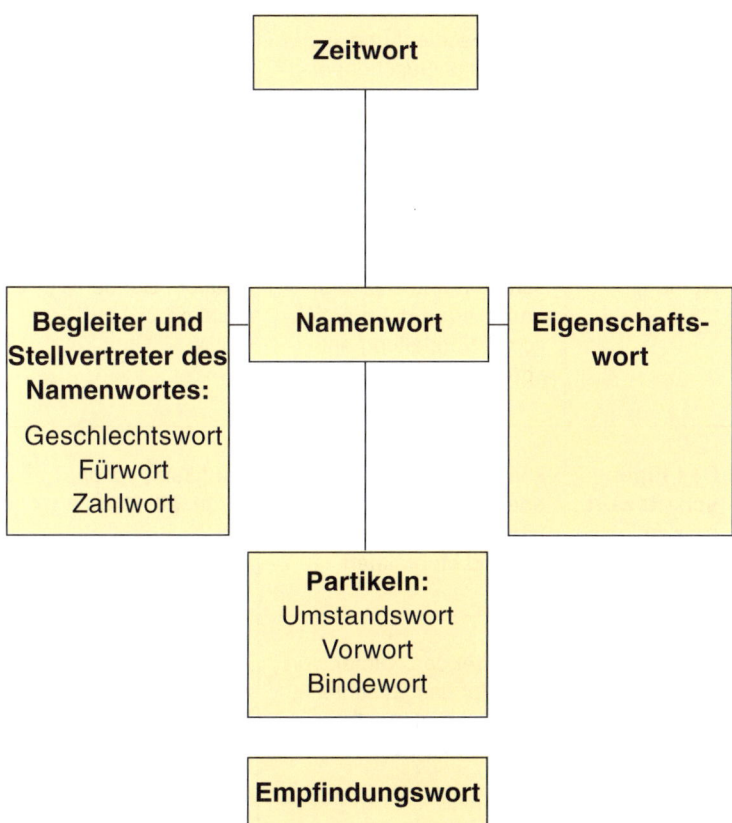

Zeitwort, Namenwort, Geschlechtswort, Fürwort und Eigenschaftswort verändern im Satz ihre Form, man bezeichnet sie daher als **veränderliche (flektierbare) Wortarten.** Umstandswort, Vorwort, Bindewort und Empfindungswort sind **unveränderliche (unflektierbare) Wortarten.** Das Zahlwort ist teils veränderlich, teils unveränderlich. Jede Wortart hat im Satz eine bestimmte **Aufgabe (Funktion):**

Wortart	Aufgabe (Funktion)	Beispiele
Das **Zeitwort** (das Verb)	sagt aus, was ist oder was geschieht und wann das Geschehen abläuft.	gehen, schlafen, sein, stehen, arbeiten, . . .
Das **Namen- wort** (Substantiv, Nomen)	bezeichnet Dinge und Lebewesen sowie Vor- gänge, Zustände, Eigen- schaften und Beziehun- gen, die nur der mensch- lichen Vorstellung ent- sprechen.	Apfel, Haus, Mensch, Tische, . . . Leben, Klugheit, Nation, Bequem- lichkeit, . . .
Das **Eigen- schaftswort** (das Adjektiv)	kennzeichnet Dinge oder Verhaltensweisen nach ihren Eigenschaf- ten und Merkmalen.	langsam, schön, grün, alt, klug, . . .
Das **Geschlechts- wort** (der Artikel)	begleitet das Namenwort und gibt das Geschlecht, den Fall und die Zahl des Namenwortes an.	der, die, das, ein, . . .
Das **Fürwort** (das Pronomen)	vertritt das Namenwort im Satz oder es begleitet es.	er, du, ihm, man, mein (Vater), ihr (Hut), . . .
Das **Zahlwort** (das Numerale)	gibt die Anzahl der im Satz genannten Dinge, Lebewesen oder Be- griffe an. Es kann auch das Namenwort vertreten.	drei, tausendfach, (die) beiden, (der) zweite, (ein) Viertel, viele, Million . . .

Wortart	Aufgabe (Funktion)	Beispiele
Das **Umstandswort** (das Adverb)	gibt im Satz die näheren Umstände des Geschehens an, den Ort, die Zeit, die Begründung, die Art und Weise, oder es bezeichnet den Grad der Gültigkeit.	hier, dort, gestern, sehr, . . .
Das **Vorwort** (die Präposition)	gibt das Verhältnis an, in welchem die im Satz genannten Dinge, Lebewesen, Begriffe zueinander stehen.	auf, unter, an, wegen, während, . . .
Das **Bindewort** (die Konjunktion)	verbindet Satzglieder oder Teilsätze miteinander.	und, oder, weil, dass, denn, . . .
Das **Empfindungswort** (die Interjektion)	drückt Empfindungen, Gefühle, Tierlaute oder den Schall aus.	o, ui, hm, brr, muh, ss, . . .

Anmerkungen:

1. Nach der Textgrammatik werden Wörter, die auf weiter zurückliegende oder auf später auftretende Teile des Textes verweisen, „**Verweiswörter**" genannt. Solche Verweiswörter können ihrer Art nach sein:

Fürwörter (Pronomen):

Das Haus, **das (welches)** niedergerissen wird, . . .
War es **jenes (dieses)** Kind?

Umstandswörter (Adverbien):

Daraus ist zu ersehen, dass . . .
Ich habe **deshalb** nicht geantwortet.
Die Stadt, **wo** ich geboren wurde, . . .
Die Züge fahren **hier (dort)** regelmäßig.
Der Bleistift, **womit** er schrieb, . . .

Bindewörter (Konjunktionen):

Aus dieser Feststellung ergibt sich **Folgendes:** . . .
Ich konnte nicht kommen, ich hatte **nämlich** Grippe.

2. In manchen Grammatiken werden Wörter, durch welche
dem Inhalt nach Mengen und Zahlbegriffe ausgedrückt
werden, nicht unter dem Begriff „Zahlwort" zusammen-
gefasst, sondern ihrer Funktion gemäß zu den Eigenschaftswörtern (Zahladjektiven), Umstandswörtern (Zahladverbien), Fürwörtern (Zahlpronomen) oder Namenwörtern (Zahlnomen) gezählt; z. B.:

Zahladjektive: null, eins, zwei, . . . einfach, zweifach, . . .
genug, viel, nichts, . . .

Zahladverbien: zweimal, dreimal, . . . erstens, zweitens, . . .

Zahlpronomen: mehrere, viele, alle, . . .

Zahlnomen: (das) Viertel, (die) Hälfte, (der) Einser, (die)
Eins, . . . (das) Dutzend, (die) Million, Tausende, . . .

Das Zeitwort ○
(Verb, Tätigkeitswort, Tunwort)

Einteilung der Zeitwörter (Übersicht)

Zeitwörter können nach verschiedenen Gesichtspunkten eingeteilt werden:

1. nach ihrem Inhalt in **Vorgangsverben** (reden, brennen), **Tätigkeitsverben** (rechnen, sprechen), **Zustandsverben** (sein, schlafen).

2. nach ihrer Beziehung zum Subjekt des Satzes in **persönliche Verben** (ich schlafe, du schreibst) und in
unpersönliche Verben (es regnet, es schneit).

3. nach dem Umstand, ob es auf eine Person oder Sache hinweist, in
zielende (transitive) Verben (Ich **pflüge** → den Acker. Der Lehrer **lobt** → den Schüler);
nichtzielende (intransitive) Verben (ich **schlafe**, du **isst**) und in **rückbezügliche (reflexive) Verben** (ich **kämme** mich).

4. nach ihrer Aufgabe im Satz in
Vollverben (Er **trinkt** Milch. Sie **spielt** Klavier.);
Hilfsverben (Er **ist** verunglückt. Sie **möchte** schlafen.),
modifizierende Verben (Er **pflegt** am Morgen die Zeitung zu lesen.)

5. nach ihrer Form bei der Abwandlung (Konjugation) in
starke Verben (biegen – bog – gebogen, laufen – lief – gelaufen),
schwache Verben (legen – legte – gelegt, bellen – bellte – gebellt),
unregelmäßige Verben (sein: ich bin, du bist, er ist).

6. nach ihrer Ergänzbarkeit (Wertigkeit) in **nullwertige (ergänzungslose) Verben, einwertige Verben, zweiwertige Verben und dreiwertige Verben.**
(Er / **schnarcht.** Er / **lobt** / mich. Er / **schenkt** / ihm / ein Heft. Der Schmied / **schlägt** / dem Pferd / den Nagel / in den Huf.)

152 *Unterstreiche in dem folgenden Text die Zeitwörter (Verben)!*

Winter
Sieben Tage schnob der bitterböse Wind im Lande umher, dann verlor er den Atem. Über den Bergen stieg eine Wolkenwand, schwarzblau und schwer, schob sich über den hellen Himmel und legte sich tief auf das Land, bis sie sich an den scharfen Klippen des Berges den Bauch aufschlitzte. Da quoll es heraus, weiß und weich einen Tag und eine Nacht(,) und noch einen Tag und noch eine Nacht, bis alles zugedeckt war im Lande und auf dem Berg und so sauber aussah, dass die Sonne vor Freuden lachte. *(Hermann Löns)*

→ **L 152**

Die Formveränderung des Zeitwortes ○ (Konjugation)

Zeitwörter (Verben) sind sehr formenreich. Sie verändern beim Gebrauch in der Rede vielfach ihre ursprüngliche Form. Man sagt, sie wandeln ab **(konjugieren).**
Dabei lassen sich beim Zeitwort unterscheiden:
Sechs Personalformen: Sie lassen erkennen, welche Person im Satz handelt oder auf welche Person (Sache) sich die Handlung richtet:

die sprechende Person (1. Person): (ich) schlafe – (wir) schlafen
die angesprochene Person (2. Person): (du) schläfst – (ihr) schlaft
die besprochene Person (3. Person): (er, sie, es) schläft – (sie) schlafen
Die Personalformen sind **bestimmte (finite) Formen.**

Zwei unbestimmte (infinite) Formen, auch **Nominalformen** genannt:
Sie lassen nicht erkennen, von welcher Person oder Sache die Rede ist. Man erkennt sie an der Endung des Zeitwortes:
die **Nennform (der Infinitiv):** loben, schreiben
das **1. und das 2. Mittelwort (das Partizip):** lobend, gelobt.

Zwei Zahlformen (Numeri), und zwar
die **Einzahl** (der Singular): ich schlafe
und die **Mehrzahl** (der Plural): wir schlafen.

Sechs Zeitformen (Tempora), die Gegenwärtiges, Vergangenes und Zukünftiges ausdrücken:

1. die **Gegenwart** (das Präsens):	er schläft, er läuft
2. die **Mitvergangenheit** (das Präteritum oder Imperfekt):	er schlief, er lief
3. die **Vergangenheit** (das Perfekt):	er **hat** geschlafen, er **ist** gelaufen
4. die **Vorvergangenheit** (das Plusquamperfekt):	er **hatte** geschlafen, er **war** gelaufen
5. die **Zukunft** (das 1. Futur):	er **wird** schlafen, er **wird** laufen
6. die **Vorzukunft** (das 2. Futur):	er **wird** geschlafen **haben,** er **wird** gelaufen **sein**

Vier Aussageweisen (Modi), und zwar:

die **bestimmte Aussageweise (der Indikativ):**
   Er **geht** mit.

die **unbestimmte Aussageweise (der Konjunktiv):**
   Er sagt, er **gehe** mit . . . er **hätte** Hunger.

die **Befehlsform (der Imperativ):**
   Geh mit!

die **Bedingungsform (der Konditional):**
   Er **würde helfen,** wenn er Zeit hätte.

Zwei Handlungsarten (Verhaltensrichtungen), und zwar
das **Aktiv** (Tätigkeitsform): ich **lobe**
das **Passiv** (Leideform): ich **werde gelobt**

---

153 *Unterstreiche in dem folgenden Text die Zeitwörter und schreib sie in der Nennform (im Infinitiv) auf, wie du sie im Wörterbuch findest:*

Das Heidekraut
Seht nur, wie es sich duckt, wie dick seine Stängel verholzt sind und wie schmal seine Blätter in der Not wurden! Aber gerade in dieser bescheidenen Gestalt kann ihm der Wind nur wenig anhaben. Die verholzten Stängel und die kleinen Blättchen verdunsten kaum noch Wasser. Die Blätter haben auch keine Atemporen an ihrer Oberfläche, sondern nur noch an ihrer Unterseite. Und die einzelnen Pflanzen sind sehr dicht zusammengerückt und verschränken ihre Stängel zu einer Liliputwaldung. Stecken wir einmal die Hand in diesen niederen Heidekrautwald! Da spüren wir nichts mehr vom Wind. Außerdem verzichtet das Heidekraut darauf, sich in jedem Frühjahr neue Blätter anzuschaffen. Es trägt immergrüne Blätter wie die Nadelbäume. Unter den dichten Pflanzenpolstern aber

kann sich Feuchtigkeit ansammeln, und dort ist auch der Tau
vor der Sonne bewahrt. *(Nach H. G. Smolik)*

→ **L 153**

Schreib die Personalform der folgenden Zeitwörter in der 2. **154**
und 3. Person in der Einzahl auf:

graben (du gräbst, er gräbt), blasen, schlagen, waschen, tragen, stoßen, sagen, klagen, fragen, haben, backen, sein, ein-
laden, raten, fressen, messen, lesen, pressen, werfen, lassen, nehmen, brechen, treffen, werben, befehlen, geben, sehen, wachsen, fahren, schlafen, fangen, anfangen, braten.

→ **L 154**

Schreib die Personalform der folgenden Wörter in der 1. und **155**
2. Person (Einzahl) auf:

handeln (ich handle, du handelst), streicheln, kränkeln,
lächeln, tänzeln, stricheln, hänseln, fesseln, betteln, wandern,
sich bessern. → **L 155**

Schreib die drei Stammformen der folgenden starken Zeit- **156**
wörter auf und vergleiche ihre Veränderung!

bitten, schwinden, liegen, helfen, gebären, fahren, fangen, raten, geben, können, stoßen, rufen, laufen, heißen, quellen,
schinden, glimmen, fliegen, gären, schwören, lügen, saufen,
meiden, reiten → **L 156**

Beispiel:

schwimmen – schwamm – geschwommen

**Übersicht über die starken und unregelmäßigen
Zeitwörter (Verben).** Bei der 2. Stammform steht zwi-
schen Klammern der **(2.) Konjunktiv,** soweit diese
Verben nicht besser mit „würde" umschrieben werden.

Nennform (Infinitiv)	2. Stammform (Präteritum, Imperfekt)	3. Stammform (2. Partizip)
backen (du bäckst, er bäckt)	backte	(er hat) gebacken
befehlen (du befiehlst, er befiehlt befiehl!)	befahl	(er hat) befohlen
befleißigen, sich	befliss	(er hat sich) beflissen
beginnen	begann	(er hat) begonnen
beißen	biss	(er hat) gebissen
bergen (du birgst, er birgt; birg!)	barg (bärge)	(er hat) geborgen
bersten (du birst, er birst; selten: du berstest, er berstet; Imperativ: birst! [selten])	barst (bärste)	(er ist) geborsten
bewegen (= veranlassen)	bewog (bewöge)	(er hat) bewogen
biegen	bog (böge)	gebogen (Er ist um die Ecke gebogen; aber: Er hat das Rohr gebogen)
bieten	bot (böte)	(er hat) geboten
binden	band (bände)	(er hat) gebunden
bitten	bat (bäte)	(er hat) gebeten
blasen (du bläst, er bläst)	blies	(er hat) geblasen
bleiben	blieb	(er ist) geblieben
bleichen (bleich werden)	blich	(er ist) geblichen
braten (du brätst, er brät)	briet	(er hat) gebraten
brauchen	brauchte	gebraucht
brechen (du brichst, er bricht; brich!)	brach (bräche)	gebrochen (Das Eis ist gebrochen; aber: Er hat sein Wort gebrochen)
brennen	brannte	(er hat) gebrannt
bringen	brachte (brächte)	(er hat) gebracht
denken	dachte (dächte)	(er hat) gedacht
dreschen (du drisch[s]t, er drischt; drisch!)	drosch (drösche)	(er hat) gedroschen
dringen	drang (dränge)	gedrungen (Er hat darauf gedrungen; aber: Der Feind ist in die Stadt gedrungen)
dürfen (ich darf, du darfst, er darf)	durfte (dürfte)	(er hat) gedurft
empfehlen (du empfiehlst, er empfiehlt; empfiehl!)	empfahl (empföhle, auch empfähle)	(er hat) empfohlen

Nennform (Infinitiv)	2. Stammform (Präteritum, Imperfekt)	3. Stammform (2. Partizip)
erschrecken (über etwas) (ich erschrecke, du erschrickst, er erschrickt; erschrick!)	erschrak	er ist erschrocken
erschrecken (jemanden) (ich erschrecke, du erschreckst, er erschreckt, erschreck[e]!)	erschreckte	er hat erschreckt
essen (du isst, er isst, iss!)	aß (äße)	(er hat) gegessen
fahren (du fährst, er fährt)	fuhr (führe)	gefahren (Er **ist** über die Brücke gefahren; aber: Er **hat** einen Mercedes gefahren)
fallen (du fällst, er fällt)	fiel	(er ist) gefallen
fangen (du fängst, er fängt)	fing	(er hat) gefangen
fechten (du fichst, er ficht; ficht!)	focht (föchte)	(er hat) gefochten
finden	fand (fände)	(er hat) gefunden
flechten (du flichst, er flicht; flicht!)	flocht (flöchte)	(er hat) geflochten
fliegen	flog (flöge)	geflogen (Er **ist** nach London geflogen; aber: Er **hat** die Maschine nach London geflogen)
fliehen	floh (flöhe)	geflohen (Er **ist** geflohen; aber: Der Schlaf **hat** mich geflohen)
fließen	floss (flösse)	(er ist) geflossen
fragen	fragte	(er hat) gefragt
fressen (du frisst, er frisst, friss!)	fraß (fräße)	(er hat) gefressen
frieren	fror (fröre)	(er hat) gefroren
gären	gor	gegoren (Der Wein **hat** oder **ist** gegoren)
gebären (in gehobener Sprache: du gebierst, sie gebiert; gebier! [selten])	gebar (gebäre)	(sie hat) geboren
geben (du gibst, er gibt; gib!)	gab (gäbe)	(er hat) gegeben
gedeihen	gedieh	(er ist) gediehen
gehen	ging	(er ist) gegangen

Nennform (Infinitiv)	2. Stammform (Präteritum, Imperfekt)	3. Stammform (2. Partizip)
gelingen	gelang (gelänge)	(es ist) gelungen
gelten (du giltst, er gilt; Imperativ: gilt! [selten])	galt (gälte, gölte)	(er hat) gegolten
genesen	genas (genäse)	(er ist) genesen
genießen	genoss (genösse)	(er hat) genossen
geschehen (es geschieht)	geschah (geschähe)	(es ist) geschehen
gewinnen	gewann (gewänne)	(er hat) gewonnen
gießen	goss (gösse)	(er hat) gegossen
gleichen	glich	(er hat) geglichen
gleiten	glitt	(er ist) geglitten
glimmen	glomm (glömme)	(es hat) geglommen
graben (du gräbst, er gräbt)	grub (grübe)	(er hat) gegraben
greifen	griff	(er hat) gegriffen
haben (du hast, er hat)	hatte (hätte)	(er hat) gehabt
halten (du hältst, er hält)	hielt	(er hat) gehalten
hängen	hing	(er hat) gehangen
hauen	hieb	(er hat) gehauen
heben	hob (höbe)	(er hat) gehoben
heißen (= einen Namen tragen)	hieß	(er hat) geheißen
helfen (du hilfst, er hilft; hilf!)	half	(er hat) geholfen
kennen	kannte	(er hat) gekannt
klimmen	klomm (klömme)	(er ist) geklommen
klingen	klang (klänge)	(es hat) geklungen
kneifen	kniff	(er hat) gekniffen
kommen	kam (käme)	(er ist) gekommen
können (ich kann, du kannst, er kann)	konnte (könnte)	(er hat) gekonnt
kriechen	kroch (kröche)	(er ist) gekrochen
laden (= aufladen) (du lädst, er lädt)	lud (lüde)	(er hat) geladen
laden (= zum Kommen auffordern) (du lädst, er lädt; gelegentlich noch: du ladest, er ladet)	lud (lüde)	(er hat) geladen
lassen (du lässt, er lässt)	ließ	(er hat) gelassen
laufen (du läufst, er läuft)	lief	gelaufen (Er **ist** in den Wald gelaufen; aber: Er **hat** sich die Füße wund gelaufen)
leiden	litt	(er hat) gelitten
leihen	lieh	(er hat) geliehen

Nennform (Infinitiv)	2. Stammform (Präteritum, Imperfekt)	3. Stammform (2. Partizip)
lesen (du liest, er liest; lies!)	las (läse)	(er hat) gelesen
liegen	lag (läge)	gelegen (Er **hat** lange krank gelegen; aber: Das Dorf **ist** schön gelegen)
löschen (du lisch[s]t, erlischt; lisch! [veraltet])	losch, löschte	(es ist) gelöscht
lügen	log (löge)	(er hat) gelogen
mahlen	mahlte	(er hat) gemahlen
meiden	mied	(er hat) gemieden
melken (du melkst, er melkt; melke!)	molk	(er hat) gemolken
messen (du misst, er misst; miss!)	maß (mäße)	(er hat) gemessen
misslingen	misslang (misslänge)	(es ist) misslungen
mögen (ich mag, du magst, er mag)	mochte (möchte)	(er hat) gemocht
müssen (ich muss, du musst, er muss)	musste (müsste)	(er hat) gemusst
nehmen (du nimmst, er nimmt; nimm!)	nahm (nähme)	(er hat) genommen
nennen	nannte	(er hat) genannt
pfeifen	pfiff	(er hat) gepfiffen
pflegen	pflog (pflöge)	(er hat) gepflogen
preisen	pries	(er hat) gepriesen
quellen (du quillst, er quillt; quill! [selten])	quoll (quölle)	(er ist) gequollen
raten (du rätst, er rät)	riet	(er hat) geraten
reiben	rieb	(er hat) gerieben
reißen	riss	gerissen (Er **hat** ein Loch in die Hose gerissen; aber: Der Strick **ist** gerissen)
reiten	ritt	geritten (Er **hat** den Schimmel geritten; aber: Er **ist** in den Wald geritten)
rennen	rannte	(er ist) gerannt
riechen	roch (röche)	(er hat) gerochen
ringen	rang (ränge)	(er hat) gerungen
rinnen	rann (ränne)	(es ist) geronnen
rufen	rief	(er hat) gerufen

155

Nennform (Infinitiv)	2. Stammform (Präteritum, Imperfekt)	3. Stammform 2. Partizip)
salzen	salzte	(er hat) gesalzen oder selten gesalzt (übertr. nur stark: gesalzen)
saufen (du säufst, er säuft)	soff (söffe)	(er hat) gesoffen
saugen	sog (söge)	(er hat) gesogen
schaffen (= gestaltend hervorbringen)	schuf (schüfe)	(er hat) geschaffen
schallen	scholl (schölle)	(es hat) geschallt
scheiden	schied	geschieden (Er **hat** die Böcke von den Schafen geschieden; aber: Er **ist** aus dem Dienst geschieden)
scheinen	schien	(es hat) geschienen
scheißen (vulgär)	schiss	(er hat) geschissen
schelten (du schiltst, er schilt; schilt!)	schalt (schölte)	(er hat) gescholten
scheren (= abschneiden)	schor (schöre)	(er hat) geschoren
schieben	schob (schöbe)	(er hat) geschoben
schießen	schoss (schösse)	geschossen (Er **hat** den Hasen ge-schossen; aber: das Wasser **ist** in die Rinne geschossen)
schinden	schund oder schindete	(er hat) geschunden
schlafen (du schläfst, er schläft)	schlief	(er hat) geschlafen
schlagen (du schlägst, er schlägt)	schlug (schlüge)	(er hat) geschlagen
schleichen	schlich	(er ist) geschlichen
schleifen (= schärfen)	schliff	(er hat) geschliffen
schleißen	schliss	(er hat) geschlissen
schließen	schloss (schlösse)	(er hat) geschlossen
schlingen	schlang (schlänge)	(er hat) geschlungen
schmeißen	schmiss	(er hat) geschmissen
schmelzen (= flüssig werden) (du schmilzt, er schmilzt; schmilz! [selten])	schmolz (schmölze)	(er ist) geschmolzen
schnauben	schnob	(er hat) geschnoben
schneiden	schnitt	(er hat) geschnitten
schrecken (weidm. für schreien) (du schrickst), er schrickt, schrick!)	schrak (schräke)	(er hat) geschrocken (veraltet)
schrecken (jem. in Schrecken versetzen)	schreckte	(er hat) geschreckt

Nennform (Infinitiv)	2. Stammform (Präteritum, Imperfekt)	3. Stammform (2. Partizip)
schreiben	schrieb	(er hat) geschrieben
schreien	schrie	(er hat) geschrie[e]n
schreiten (in gehobener Sprache)	schritt	(er ist) geschritten
schweigen	schwieg	(er hat) geschwiegen
schwellen (= größer, stärker werden) (du schwillst, er schwillt; schwill!)	schwoll (schwölle)	(er ist) geschwollen
schwimmen	schwamm (schwömme, auch: schwämme)	geschwommen (Er **hat/ist** den ganzen Vormittag geschwommen; aber Er **ist** über den Fluss geschwommen)
schwinden	schwand (schwände)	(er ist) geschwunden
schwingen	schwang (schwänge)	(er hat) geschwungen
schwören	schwor	(er hat) geschworen
sehen (du siehst, er sieht; sieh[e]!)	sah (sähe)	(er hat) gesehen
sein	war (wäre)	(er ist) gewesen
senden	sandte oder sendete	(er hat) gesandt oder gesendet
sieden	sott (sötte)	(er hat) gesotten
singen	sang (sänge)	(er hat) gesungen
sinken	sank (sänke)	(er ist) gesunken
sinnen	sann (sänne)	(er hat) gesonnen
sitzen	saß (säße)	(er ist) gesessen
sollen (ich soll, du sollst, er soll)	sollte	(er hat) gesollt
spalten	spaltete	(er hat) gespalten (auch: gespaltet)
speien	spie	(er hat) gespie[e]n
spinnen	spann	(er hat) gesponnen
sprechen (du sprichst, er spricht; sprich!)	sprach (spräche)	(er hat) gesprochen
sprießen	spross (sprösse)	(er ist) gesprossen
springen	sprang (spränge)	(er ist) gesprungen
stechen (du stichst, er sticht; stich!)	stach (stäche)	(er hat) gestochen
stecken (= sich in etwas befinden)	stak (stäke)	(er hat) gesteckt
stehen	stand (stünde)	(er ist) gestanden
stehlen (du stiehlst, er stiehlt; stiehl!)	stahl (stähle)	(er hat) gestohlen

Nennform (Infinitiv)	2. Stammform (Präteritum, Imperfekt)	3. Stammform (2. Partizip)
steigen	stieg	(er ist) gestiegen
sterben (du stirbst, er stirbt; stirb!)	starb (stürbe)	(er ist) gestorben
stieben	stob (stöbe)	gestoben (die Funken **sind** oder **haben** gestoben)
stinken	stank (stänke)	(er hat) gestunken
stoßen (du stößt, er stößt)	stieß	gestoßen (Er **ist** auf Widerstand gestoßen; aber: Er **hat** mich gestoßen)
streichen	strich	gestrichen (Er **hat** Butter auf das Brot gestrichen; aber: Die Schnepfen **sind** über den Acker gestrichen)
streiten	stritt	(er hat) gestritten
tragen (du trägst, er trägt)	trug (trüge)	(er hat) getragen
treffen (du triffst, er trifft, triff!)	traf (träfe)	(er hat) getroffen
treiben	trieb	getrieben (Der Wind **hat** den Ballon südwärts getrieben; aber: Der Ballon **ist** südwärts getrieben)
treten (du trittst, er tritt; tritt!)	trat (träte)	getreten (Er **hat** ihn getreten; aber: Er **ist** in die Pfütze getreten)
triefen	troff (tröffe)	(er hat) getroffen
trinken	trank (tränke)	(er hat) getrunken
trügen	trog (tröge)	(er hat) getrogen
tun	tat (täte)	(er hat) getan
verderben (du verdirbst, er verdirbt; verdirb!)	verdarb (verdürbe)	verdorben (Er **hat** sich den Magen verdorben; aber: Das Eingemachte **ist** verdorben)
verdrießen	verdross (verdrösse)	(es hat) verdrossen
vergessen (du vergisst, er vergisst; vergiss!)	vergaß (vergäße)	(er hat) vergessen
verlieren	verlor (verlöre)	(er hat) verloren
wachsen (du wächst, er wächst)	wuchs (wüchse)	(er ist) gewachsen
wägen	wog (wöge)	(er hat) gewogen

Nennform (Infinitiv)	2. Stammform (Präteritum, Imperfekt)	3. Stammform (2. Partizip)
waschen (du wäsch[s]t, er wäscht)	wusch (wüsche)	(er hat) gewaschen
weben	wob (wöbe)	(er hat) gewoben
weichen (= nachgeben)	wich	(er ist) gewichen
weisen	wies	(er hat) gewiesen
wenden	wandte oder wendete	(er hat) gewandt oder gewendet
werben (du wirbst, er wirbt; wirb!)	warb (würbe)	(er hat) geworben
werden (du wirst, er wird; werde!)	wurde (würde)	(er ist) geworden
werfen (du wirst, er wirft; wirf!)	warf (würfe)	(er hat) geworfen
wiegen	wog (wöge)	(er hat) gewogen
winden	wand (wände)	(er hat) gewunden
winken	winkte	(er hat) gewinkt
wissen (ich weiß, du weißt, er weiß)	wusste (wüsste)	(er hat) gewusst
wollen (ich will, du willst, er will)	wollte	(er hat) gewollt
wringen	wrang (wränge)	(er hat) gewrungen
zeihen	zieh	(er hat) geziehen
ziehen	zog (zöge)	gezogen (Er **hat** den Wagen gezogen; aber: Er **ist** aufs Land gezogen)
zwingen	zwang (zwänge)	(er hat) gezwungen

Unterstreiche in dem folgenden Text die Mittelwörter! **157**

In den Straßen der Großstadt herrscht lebhafter Verkehr. Auf den Gehsteigen drängen sich geschäftig dahineilende Menschen. Straßenbahnwagen und Kraftfahrzeuge aller Art sausen auf der Fahrbahn geschickt aneinander vorüber. Schwer beladene Lastwagen transportieren Waren aller Art. Flinke Radfahrer schlängeln sich gewandt durch das Gedränge von Fahrzeugen. Ohne Lärm geht ein solcher Verkehr natürlich nicht ab: Man hört klingelnde Straßenbahnen, hupende Autos, man sieht winkende Polizisten, die den Verkehr regeln. → **L 157**

158 *Drücke durch ein Mittelwort der Gegenwart aus:*

Vögel, die singen (singende Vögel); Sterne, die leuchten; Mücken, die spielen; Wiesen, die grünen; Wipfel, die rauschen; Bäche, die murmeln; Früchte, die reifen; Arzneien, die den Schmerz stillen; Völker, die den Frieden lieben; Gesichter, die vor Freude strahlen; Schreie, die uns das Herz zerreißen; eine Geschichte, die das Gemüt bildet; Vögel, die Insekten fressen. → **L 158**

159 *Forme die folgenden Sätze so um, dass das 2. Mittelwort verwendet wird:*

In einer gut **verwalteten** Stadt sind die Straßen und Plätze **gepflastert** und **asphaltiert,** ebenso die Gehsteige. (In einer gut verwalteten Stadt gibt es **gepflasterte** und **asphaltierte** Gehsteige und Straßen.)
Abends werden sie (kehren und spritzen). In der Nacht sind sie (beleuchten). Die Parkanlagen sind sorgfältig (pflegen) und gut (halten). Die Parkwege sind mit Kies (bestreuen). Manche Anlagen sind umzäunt und werden in der Nacht (absperren). → **L 159**

160 *Verbessere:*

Ich habe in Englisch nichts können. Wir haben gestern Kegel geschieben. Die Sonne hat diese Woche nur wenig gescheint. Unsere Wohnung ist ausgemalen worden. → **L 160**

Beachte die Bedeutungsunterschiede der folgenden Zeitwörter:

bewegen – bewegte – bewegt	Er bewegte sich im Schlaf.
bewegen – bewog – bewogen	Euer Streit hat mich bewogen(,) einzugreifen.
gären – gärte – gegärt	Im Onkel hat es gegärt.
gären – gor – gegoren	Der Wein war gegoren.
hauen – haute – gehaut	Die Buben hauten sich blau.
hauen – hieb – gehauen	Er hat Holz gehauen. Er hieb mit der Faust auf den Tisch.
schaffen – schaffte – geschafft	Hier muss Platz geschafft werden.
schaffen – schuf – geschaffen	Am Anfang schuf Gott Himmel und Erde.
schleifen – schleifte – geschleift	Die Stadtmauer wurde geschleift.
schleifen – schliff – geschliffen	Das Messer wird geschliffen.
. . . – . . . – gesinnt	Er ist mir treu gesinnt.
sinnen – sann – gesonnen	Er ist nicht gesonnen(,) ihre Wünsche zu erfüllen.
verwirren – verwirrte – verwirrt	Der Wind hat ihr Haar verwirrt.
verwirren – . . . – verworren	Das ist ein verworrenes Gerede.
weben – webte – gewebt	Sie liebt handgewebte Teppiche.
umweben – umwob – umwoben	Es ist ein sagenumwobenes Land.
dringen – drang – gedrungen	Er ist von gedrungener Gestalt.
drängen – drängte – gedrängt	Sie hat mich dazu gedrängt.
verhängen – verhing – verhängt	Über sie wurde eine Strafe verhängt.
verhängen – . . . – verhangen	Der Himmel war verhangen.
erlöschen – erlosch – erloschen	Das Licht erlosch.
löschen – löschte – gelöscht	Er hat das Licht ausgelöscht.
erschrecken – erschrak – erschrocken	Sie sah erschrocken aus.
erschrecken – erschreckte – erschreckt	Er erschreckte sie.
ertrinken – ertrank – ertrunken	Das Mädchen ist ertrunken.
ertränken – ertränkte – ertränkt	Man hat die Katze ertränkt.
fallen – fiel – gefallen	Er ist von der Treppe gefallen.
fällen – fällte – gefällt	Der Baum wurde gefällt.

161

hängen – hing – gehangen	Gestern hing das Plakat im Fenster.
hängen – hängte – gehängt	Er hängte das Plakat ins Fenster.
überfahren – überfuhr – überfahren	Das Kind wurde überfahren.
überführen – überführte – überführt	Der Verbrecher wurde der Tat überführt.
liegen – lag – gelegen	Das Buch ist schon dort gelegen.
legen – legte – gelegt	Ich habe das Buch auf den Tisch gelegt.
saugen – sog – gesogen	Der Blutegel war vollgesogen.
säugen – säugte – gesäugt	Die Mutter hat das Kind gesäugt.
schmelzen – schmolz – geschmolzen	Der Schnee ist schon geschmolzen.
schmelzen – schmelzte – geschmelzt	Die Sonne schmelzte den Schnee.
sitzen – saß – gesessen	Du bist während der Fahrt gesessen.
setzen – setzte – gesetzt	Er hat sich an den Tisch gesetzt.
springen – sprang – gesprungen	Er ist über den Bach gesprungen.
sprengen – sprengte – gesprengt	Der Felsen wurde gesprengt.
trinken – trank – getrunken	Das Kind hat Apfelsaft getrunken.
tränken – tränkte – getränkt	Das Vieh wurde getränkt.
winden – wand – gewunden	Er hat sich vor Schmerzen gewunden.
wenden – wendete – gewendet	Das Blatt hat sich gewendet.
lehren – lehrte – gelehrt	Der Lehrer hat mich das gelehrt.
lernen – lernte – gelernt	Ich habe den Stoff gut gelernt.
verbieten – verbot – verboten	Ich verbiete ihm wegzugehen.
verbitten – verbat – verbeten	Ich verbitte mir einen solchen Ton.
wiegen – wog – gewogen	Wieviel hat das Kind bei der Geburt gewogen?
wägen – wägte – gewägt	Er wägt das Gold ab. (Nur im Eichwesen mehr üblich.)
wiegen – wiegte – gewiegt	Der Säugling wurde in den Schlaf gewiegt.

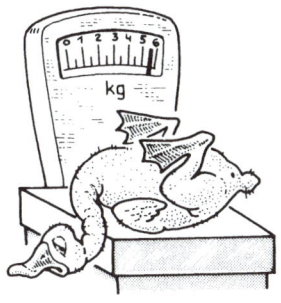 

Die Gans wog 6 kg.   Die Mutter wiegte das Kind.

Verwende die folgenden Mittelwörter in der Höchststufe: **161**

Der Zauberer zeigte Kunststücke, die sehr gelungen waren
(die gelungensten Kunststücke). Selbst ein sehr erfahrener
Mann kann getäuscht werden. Die Bibel gehört zu den am
meisten gelesenen Büchern. Der Fuchs ist ein ungemein ver-
schlagenes Tier. Der Staub dringt in die verborgenen und ent-
legenen Winkel. Der Kalk erscheint in verschiedenen Gestalten. Gütige Herren haben ergebene Diener. Auch ein sehr ge-
lehrter Mann kann irren. Grillparzer ist einer der (berühmt)
Dichter. Die Feuerwehr kämpft gegen das Feuer in (auf-
opfer**d**) Weise. Rosegger ist einer der (bedeuten**d**) österreichischen Dichter.   → **L 161**

Zweifel bestehen auch häufig beim Gebrauch des
2. Mittelwortes des Hilfsverbs „werden" (worden,
geworden).
In zusammengesetzten Formen des Passivs steht es
ohne die Vorsilbe ge-, „worden" ist nur Hilfsverb:

Die Tür ist **ge**öffnet **worden.**
Der Baum ist **ge**fällt **worden.**
Er ist **ge**schlagen **worden.**

Wird das Mittelwort jedoch als aussagendes Zeitwort verwendet, steht „geworden":
Die Butter ist ungenießbar **ge**worden.
Das Wetter ist besser **ge**worden.

Auch bei der Verwendung des Mittelwortes als Hilfsverb treten Zweifel auf. Sagt man:
Ich habe die Aufgabe nicht rechnen **können**, oder: Ich habe die Aufgabe nicht rechnen **gekonnt**?

Eine Entscheidungshilfe gewährt die folgende Regel: Wenn eine Nennform vorausgeht, stehen alle folgenden Zeitwörter ebenfalls in der Nennform:

Du hättest dich nicht zu fürcht**en** brauch**en**.
Ich habe mein Heft lieg**en** lass**en**.
Er hat die Uhr schlag**en** hör**en**.

Verstöße gegen den richtigen Gebrauch des Mittelwortes:

falsch	richtig
Das sind die meistgelesensten Bücher.	die meistgelesenen Bücher.
Was hast du vom Chef wollen?	Was hast du vom Chef gewollt?
Sie hat den Zug nicht kommen gehört.	Sie hat den Zug nicht kommen hören.
Ich habe die Aufgabe nicht können.	Ich habe die Aufgabe nicht gekonnt.
Sie haben nicht schwimmen gekonnt.	Sie haben nicht schwimmen können.
Beiliegend übersende ich Ihnen das bestellte Buch.	Als Beilage übersende ich das bestellte Buch.

falsch	richtig
Die gestern Abend stattgefundene Versammlung war gut besucht.	Die Versammlung, die gestern Abend stattgefunden hat, war gut besucht.
Er hat mit ihm wettgeeifert.	Er hat mit ihm gewetteifert.
Er fuhr nach Salzburg, um dort bestohlen zu werden.	Er fuhr nach Salzburg und wurde dort bestohlen.
Du hast nicht wieder aufstehen gewollt.	Du hast nicht wieder aufstehen wollen.
Sie hätte nicht schwimmen gesollt.	Sie hätte nicht schwimmen sollen.
Sie hat ihn nicht mögen.	Sie hat ihn nicht gemocht.
Ich habe das nicht wollen.	Ich habe das nicht gewollt.
Ohne ihn erkannt zu haben, wurde der Ertrunkene beerdigt.	Der Ertrunkene wurde unerkannt beerdigt.
Der uns betroffene schwere Verlust . . .	Der schwere Verlust, der uns betroffen hat, . . .
Einen Mantel wie deinen könnte ich gebrauchen.	Einen Mantel wie deinen könnte ich brauchen.
Die neugesetzten Bäume gebrauchen längere Zeit, um sich einzuwurzeln.	Die neugesetzten Bäume brauchen längere Zeit, . . .
Das Gerät ist nicht zum brauchen.	Das Gerät ist nicht zu brauchen.
Sie ist alt genug, um zu wissen, was sich gehört.	Sie ist alt genug zu wissen, was sich gehört.
Heute soll die Leiche obduziert werden, um nähere Aufschlüsse zu erhalten.	Heute soll die Leiche obduziert werden, damit man nähere Aufschlüsse über die Todesursache erhält.
Das war die gelungendste Vorstellung.	. . . die gelungenste Vorstellung.

Hilfszeitwörter der Aussage (Modalverben) werden oft falsch verwendet:

können bedeutet: etwas imstande sein
sollen bedeutet: verpflichtet sein, etwas zu tun
mögen bedeutet: Lust haben, etwas zu tun
müssen bedeutet: genötigt sein, etwas zu tun
wollen bedeutet: die Absicht haben, etwas zu tun

162 *Verbessere:*

Ich war nicht mehr imstande, meine
Wanderung fortsetzen zu können.
Infolge meines Unfalles war ich
genötigt, wochenlang zu Hause liegen zu
müssen. Er braucht nicht gehen.
Erlauben Sie, dass ich hier Platz
nehmen darf. Es lohnt sich, den
prachtvollen Vogel einmal aus der
Nähe bewundern zu können. Es ist mir
eine angenehme Pflicht, Ihnen Dank
für Ihre Mühe aussprechen zu können.
Wollen Sie bitte Platz nehmen!
Beschwerden wollen beim Amtsvorstand
vorgebracht werden.
Kann ich hinausgehen?

→ **L 161**

Die Zeitformen (Tempusformen) des Zeitwortes ○

Die Gegenwart (das Präsens) drückt aus:

● eine allgemeine Feststellung:
Eisen **ist** ein Metall.

● was eben geschieht oder noch andauert:
Er schreibt eben einen Brief.

● Zukünftiges:
Er **reist** morgen **ab.**

● Vergangenes, wenn in einer Erzählung Spannung erzeugt werden soll:
Ich wollte gerade das Haus verlassen, da **steht** plötzlich eine riesige Dogge vor mir und **knurrt** mich **an.**

Die Mitvergangenheit (das Imperfekt, Präteritum) schildert ein Geschehen als in der Vergangenheit ablaufend. In der Mitvergangenheit wird gewöhnlich (vor allem schriftlich) erzählt:
Sekunden **dauerte** der Erdstoß. Es **war** schrecklich.

Die Vergangenheit (das Perfekt) verweist von der Gegenwart aus auf ein vergangenes Geschehen. Dieses Geschehen ist zum gegenwärtigen Zeitpunkt abgeschlossen, perfekt:
Das Flugzeug aus Stockholm **ist** um 18 Uhr **gelandet.**
Er **hat** seine Unterlagen zu Hause **vergessen.**

Mit dem Perfekt lässt sich auch ein zukünftiges Geschehen ausdrücken:
Nächste Woche **hat** er das Haus schon **gedeckt.**
Bis Juni **hat** er die Wohnung **verkauft.**

Die Vorvergangenheit (das Plusquamperfekt) drückt aus, dass von zwei vergangenen Ereignissen das erste bereits vorbei und abgeschlossen war, als sich das zweite vollzog:
Nachdem er **gegessen hatte,** zündete er sich eine Pfeife an.
Als sie ihn in der Menge **bemerkt hatte,** drängte sie sich sogleich zu ihm hin.
Sie **war** neulich bei den Salzburger Festspielen **gewesen.**
Er **hatte** gestern eben Pech **gehabt.**

Die beiden letzten Beispiele zeigen, dass die Vorvergangenheit auch als Erzählform eingesetzt werden kann.

Die Zukunft (das 1. Futur) drückt aus, dass ein Geschehen zum gegenwärtigen Zeitpunkt noch nicht begonnen hat und erst später eintreffen wird:
Der Mechaniker **wird** morgen das Auto **reparieren.**
Sie **wird** nach München **reisen.**

Darüber hinaus kann man mit der Zukunft auch ausdrücken:

eine Vermutung:
Das **wird** schon **stimmen.**

eine Aufforderung:
Du **wirst** jetzt mit uns **gehen!**

eine Drohung:
Dir **werde** ich **geben!**

eine Ermunterung oder Annahme:
Du **wirst** es schon **schaffen.**

Die Vorzukunft (das 2. Futur) drückt aus, dass von zwei zukünftigen Handlungen eine schon vorüber und **abgeschlossen** sein wird, wenn die zweite abläuft:

Wenn ich um 7 Uhr aufstehen werde, **wird** meine Frau schon den Kaffee **gekocht haben.**
Morgen Abend **werden** die Gäste schon **abgereist sein.**
Ich **werde** dort gewesen **sein,** bevor er kommt.

Die Vorzukunft wird auch verwendet, wenn man eine **Vermutung** ausdrücken will:

Jetzt **wird** sie wohl schon in Innsbruck **angekommen sein.**
Sie **wird** doch nicht **verunglückt sein?**

Unterstreiche die Prädikate in dem folgenden Text und stelle **163**
fest, in welcher Zeit die Verben stehen.

Der Panamakanal
Im Jahre 1879 begann man mit dem Bau des Panamakanals. Von 1889 bis 1907 war der Bau eingestellt. 1914 war das gigantische Bauwerk fertig. 360 Millionen Dollar hatten die Arbeiten verschlungen, als sich am 15. August 1914 die Schleusen des Kanals öffneten.
Der Kanal ist 81 km lang und überwindet in seinem Mittelstück durch drei Stufen einen Niveauunterschied von 26 m. Weitere drei Stufen bringen den Kanal wieder auf die Höhe des Meeresspiegels. Der Dampfer „Ancona", der als erstes Schiff durch den Panamakanal gefahren war, benötigte für die Fahrt 9 Stunden.
Durch die Anlage des Kanals hatte sich der Seeweg von New York nach San Francisco um weit mehr als die Hälfte verkürzt. Für die Handelsschifffahrt hat der Kanal dadurch eine große Bedeutung. In den ersten 40 Jahren des Bestehens haben über

200 000 Schiffe den Kanal passiert. Heute benutzen jährlich 15 000 Schiffe den Kanal. Der Kanal bewältigt heute kaum den Andrang der vielen Schiffe. Deshalb plant man einen neuen Kanal. Der wird freilich viel Geld kosten. Durch diesen neuen Kanal werden noch größere Schiffe fahren können. Wie viel Millionen Dollar wird der Bau des Kanals dann wohl verschlungen haben?

→ **L 163**

164 *Übertrage in die Mitvergangenheit (ins Präteritum):*

Gewittersturm im Bergtal

Draußen heult, jagt, prasselt, rast es. Dichte Finsternis liegt überm Tal, unheimlich, schwarz wie das Verderben. Der Sturm saust durch den Wald und schwingt seine Äste wie Millionen gespenstischer Geißeln hin, immer hin nach den Hütten der Menschen. Ein toller Wirbel abgerissenen Laubes und geknickter Äste fegt über die Straße, dreht sich in wildem Tanze just an der Kirchhofsmauer, schwingt sich auf, schlägt einen wüsten Trommelwirbel an die Fenster des Gotteshauses, zuckt empor und saust in wilder Jagd durch die aufgeregten Lüfte. Der Orkan rüttelt an den Giebeln und Dächern der Häuser, reißt hundertjährige Wurzeln aus der Erde und braust dahin bis zur Felswand, an der er zischend zerstiebt, oder bis zur Bergkluft, in der er sich verfängt und heulend, gurgelnd, winselnd endet wie eine Bestie, der kein Ausweg mehr bleibt. Der Regen bricht mit prasselnder Gewalt hernieder; die Donnerschläge schallen polternd, langhin verrollend durch die Luft(,) und das Echo an der Felswand kommt nicht zur Ruhe, prüft seine Kräfte und überdröhnt den Sturm.

(Paul Keller)

→ **L 164**

165 *Drücke die folgenden Sätze in der Zukunftsform (im 1. Futur) aus!*

Um 7 Uhr läutet der Wecker. Da stehe ich auf. Verschlafen tappe ich zum Badezimmer, drehe den Hahn der Brause auf und lasse das kalte Wasser über meinen Körper laufen. Das macht mich frisch. Rasch trockne ich mich dann ab, putze mir die Zähne und kämme mich. Danach schlüpfe ich in meine Kleider und setze mich zum Frühstück an den Tisch.

→ L 165

Drücke die folgenden Vermutungen mit Hilfe der Zukunft aus! **166**

Du bist wohl recht hungrig. Du hast gewiss großen Durst. Er findet im Dunkeln kaum den rechten Weg. Er verirrt sich sicherlich. Hier zieht es; es ist wohl ein Fenster offen.

→ L 166

Beispiel: Du wirst wohl recht hungrig sein.

Übertrage die folgenden Sätze in die Mitvergangenheit **167** *(in das Präteritum):*

Der Schnee schmilzt im Frühling. Das Wasser quillt aus der Erde. Die Nässe des Bodens verleidet uns unseren täglichen Spaziergang. Kranke suchen die Sonne und genesen langsam. Sie genießen schon die warme Frühlingsluft.

→ L 167

Bilde mit den folgenden Angaben Sätze, in denen ein Teil- **168** *satz in der Vorvergangenheit steht, der zweite in der Mitvergangenheit!*

anklopfen – eintreten; sich vorstellen – sein Anliegen vorbringen; Hände waschen – sich zu Tisch setzen; Karten lösen – in den Zug einsteigen; fragen, ob ein Platz frei ist – sich niedersetzen; bremsen – vom Rad springen. → **L 168**

Beispiel: Nachdem er angeklopft hatte, trat er ein.

Drücke die folgende Geschichte von Münchhausen in der **169** *Mitvergangenheit (im Präteritum) aus!*

So geschickt und kühn ich im Springen bin, so geschickt ist auch mein Pferd. Weder Gräben noch Zäune halten mich jemals ab, überall den geradesten Weg zu reiten. Einst setze ich hinter einem Hasen her, der querfeldein über die Heerstraße läuft. Eine Kutsche mit zwei jungen Damen fährt gerade die Straße entlang, genau zwischen mir und dem Hasen. Was geschieht? Mein Gaul springt mit einem Satz mitten durch die Kutsche hindurch, deren Fenster offen stehen. Dies geht so schnell, dass ich kaum Zeit habe, meinen Hut abzuziehen und die Damen wegen dieser Freiheit untertänigst um Verzeihung zu bitten.

→ **L 169**

170 *Ergänze die Zeitwörter in der Vorvergangenheit (im Plusquamperfekt)!*

1. essen: Als ich am Abend nach Hause kam, . . . meine Eltern schon . . . . 2. reparieren: Als ich zur Werkstatt kam, . . . mein Auto schon . . . . 3. aufhören: Als wir gestern wegfahren wollten, . . . der Regen schon . . . . 4. anfangen: Als wir ins Kino kamen, . . . der Film schon . . . . 5. aufräumen: Als wir nach dem Frühstück in unsere Zimmer gingen, . . . das Stubenmädchen schon . . . . 6. abholen: Als ich den Gasthof verließ, . . . man meine Koffer schon . . . . 7. abfahren: Als ich zum Bahnhof kam, . . . der Zug schon . . . . 8. ausziehen: Als ich Hans besuchen wollte, . . . er aus seiner Wohnung bereits . . . . 9. abfliegen: Als ich zum Flugplatz kam, . . . die Maschine bereits . . . . 10. zurückkehren: Als ich nach Hause kam, . . . meine Eltern von ihrem Besuch bereits . . . .

→ **L 170**

171 *Bilde die Form der Vorzukunft und ergänze die Sätze!*

1. passieren: Dort . . . wohl ein Unfall . . . .
2. geben: Es . . . wieder Verletzte . . . .
3. benachrichtigen: Man . . . die Polizei inzwischen schon . . . .
4. bestehen: Inzwischen . . . deine Tochter die Matura schon . . . .
5. abreisen: Unsere Freunde . . . schon nach Italien . . . .

6. sich bessern: Bis morgen . . . sich das Wetter schon . . . .
7. überstehen: Der Kranke . . . inzwischen die Operation schon . . . .
8. bringen: Karl . . . seine Freundin nach Hause . . . .
9. reparieren: Der Radiomechaniker . . . inzwischen den Fernsehapparat schon . . . .
10. öffnen: Die Geschäfte . . . jetzt sicher schon . . . .

→ **L 171**

Verbessere: **172**

Der Hund sauft Wasser.

Sie hat mir nachgewunken.

Ich vergiss ihr das nie.

Ich lerne meinem Bruder sticken.

Sie ladet mich zu sich ein.

Bitte, er stoßt mich immer!

Du grabst vergeblich.

Er leidete große Schmerzen.

Fahrt er nicht mit?

→ **L 172**

Der Wechsel der Zeitformen

Hier gelten noch in begrenztem Maß die aus dem Lateinischen übernommenen Regeln der **Zeitenfolge** mit den Verhältnissen Gleichzeitigkeit, Vorzeitigkeit und Nachzeitigkeit.
Folgende Zuordnungen sind heute zulässig:

Zeit A (übergeordnet)	Zeit B (untergeordnet)	Beispielsatz
Vorzeitigkeit:		
Präsens	Perfekt	Wir freuen uns, dass er gekommen ist.
Präteritum	Plusquamperfekt:	Wir freuten uns, dass er gekommen war.
(Perfekt)	(Perfekt):	Ich habe gesehen, dass er es getan hat.
(Plusquamperfekt)	(Plusquamperfekt):	Er hatte ihn erkannt, obwohl er ihn vorher nie gesehen hatte.
(Plusquamperfekt)	(Perfekt):	Sobald er ihn erreicht hatte, hat er mit ihm gesprochen.
(Futur I)	(Präsens):	Er wird nicht reisen, bevor er es weiß.
(Futur I)	(Perfekt):	Er wird nicht reisen, bevor er es gesehen hat.
Gleichzeitigkeit:		
Präsens	Präsens	Wir freuen uns, wenn er kommt.
Präteritum	Präteritum:	Wir freuten uns, als er kam.
(Perfekt)	(Perfekt):	Weil es geregnet hat, sind wir zu Hause geblieben.
(Perfekt)	(Präteritum):	Wir haben uns gefreut, als er kam.
Futur I	Präsens:	Wir werden uns freuen, wenn er kommt.
Nachzeitigkeit:		
Präsens	Präsens:	Ich warte, bis er kommt.
Präteritum	Präteritum:	Ich wartete, bis er kam.
(Perfekt)	(Präteritum):	Ich habe gewartet, bis er kam.
Präteritum	Plusquamperfekt:	Ich wartete, bis er eingeschlafen war.
Perfekt	Plusquamperfekt:	Ich habe gewartet, bis er eingeschlafen war.
Plusquamperfekt	Präteritum:	Er hatte warten müssen, bis ihn jemand abholte.
Plusquamperfekt	Präteritum:	Er hatte warten müssen, bis ihn jemand abholte.
(Futur I)	(Präsens):	Ich werde so lang warten, bis ich ihn sehe.
(Präsens)	(Futur I):	Wir bleiben zu Hause, weil es regnen wird.
(Futur I)	(Perfekt):	Ich werde warten, bis ich ihn gesehen habe.
(Futur I)	(Präsens):	Ich werde dort gewesen sein, bevor er kommt.

Verbessere: **173**

Er haute auf ihn ein. – Der Schein trügte. – Sie ratete ihr, . . . – Er drang mich zum Handeln. – Er drängte darauf, dass etwas geschehe. – Gestern hängte das Plakat im Schaufenster. – Er hing den Mantel auf. – Als ich den Schaden bemerkte, erschreckte ich. – Sein blasses Gesicht erschrak mich. – Er schmelzte das Blei. – Das Fleisch siedete auf dem Herd. – Eine schadhafte Benzinleitung war die Ursache, dass der Motor versagte. – Soeben erhalten wir die Nachricht, dass der Bundeskanzler ankam. – Wir stehen noch alle unter dem Eindruck, den das Unglück hinterlassen hatte. – Nehmen Sie es mir nicht übel, dass ich Ihre finanzielle Lage nicht richtig beurteilt hatte. – Ich hatte das Geld verloren gehabt. → **L 173**

Die Befehlsform des Zeitwortes ⊗ (Der Imperativ)

Unterstreiche die Befehlsform in den folgenden Sätzen: **174**

Tischsitten

Zu Tisch erscheine anständig gekleidet und sauber! Isst du Fleisch, nimm die Gabel in die linke Hand, das Messer in die rechte Hand! Mit der Gabel halte das Fleisch fest und schneide mit dem Messer immer nur so viel ab, wie du für den nächsten Bissen brauchst! Weiche Speisen iss bloß mit der Gabel! Nimm sie dann in die rechte Hand!
Vermeide das Aufstützen der Ellbogen und „lümmle" nicht auf dem Tisch! Beim Kauen lass den Mund geschlossen! Iss langsam, gieriges Verschlingen ist ungesund. Das Essbesteck halte mit drei Fingern und nicht mit der Faust! → **L 174**

In der Standardsprache hat die **Befehlsform der starken Zeitwörter** in der Einzahl noch ein „e" als Endung (trinke! wage es!). In der Umgangssprache bleibt das „e" jedoch zumeist weg (trink! wag es!).
Eine Ausnahme bilden die folgenden starken Zeitwörter:

Lies! Wirf! Verbirg! Brich! Stirb! Sprich! Iss! Lisch aus! Empfiehl! Miss! Vergiss! Nimm! Hilf! Gib! Stich! Bewirb! Tritt! Triff! Sieh! (in Buchverweisungen auch noch siehe!)

Die Mehrzahl endigt immer auf „t" (Ausnahme: sei – seid):

lest! werft! verbergt! brecht! usw.

Die **Befehlsform der schwachen Zeitwörter** hat in der Einzahl die Endung -e (Ausnahmen: Hol! Zeig!), in der Mehrzahl ein -t!

Sage! Folge! Beachte! Fasse! – Sagt! Folgt! Beachtet! Fasst! usw.

Bei der Befehlsform von handeln, sammeln, fördern u. dgl. fällt das „e" aus: Handle! Sammle! Fördre!

Mitunter wird auch die Nennform oder das 2. Mittelwort für Befehle verwendet: Aufpassen! Aufgepasst!

175 *Schreib die Befehlsform der folgenden Zeitwörter in der Einzahl auf:*

schlagen, fallen, fragen, bringen, sammeln, helfen, essen, messen, brechen, lesen, tun, stehen, nehmen, werfen.

→ **L 175**

Verbessere die folgenden Sätze:

Sammel die Hefte ein! Lese lauter! Werf das Papier weg!

Gebe ihm das Buch zurück!
Erschreck nicht! Sind Sie so
freundlich und führen Sie
mich bitte über die Straße!
Steche dich nicht! Messe die
Länge nach! So helfe ihm doch!
Verberge nichts vor ihm!

→ **L 176**

Bilde die Befehlsformen mit der Anrede „du"!   **177**

Geben Sie mir bitte das Staubtuch! Nehmen Sie doch den Zug
um 12 Uhr! Unterbrechen Sie doch die Reise in Innsbruck!
Lesen Sie doch die Zeitung! Nehmen Sie doch dieses Zimmer!
Helfen Sie bitte ihrer Kollegin! Sprechen Sie bitte etwas lauter!
Erschrecken Sie nicht! Essen Sie nicht so hastig! Sehen Sie
sich doch die Bilder an! → **L 177**

Bilde die Befehlsform mit der Anrede „ihr"!   **178**

Steigen Sie bitte gleich ein! Fahren Sie bitte nicht so schnell!
Bleiben Sie nicht zu lange aus! Rufen Sie bitte morgen Abend
an! Kommen Sie bitte morgen wieder her! Lassen Sie bitte
auch den Gast aus Deutschland ein! Holen Sie mich bitte vom
Autobus ab! Bestellen Sie bitte herzliche Grüße von mir.
Fahren Sie schneller! → **L 178**

Das Aktiv und das Passiv ⊗

Vergleiche die folgenden Sätze:

Der Mechaniker **repariert** den Motor.	Der Motor **wird** (vom Mechaniker) **repariert.**
Dabei **tauscht** er die Zündkerzen aus, **stellt** die Ventile **ein** und **ersetzt** das Motoröl.	Dabei **werden** die Zündkerzen **ausgetauscht,** die Ventile **eingestellt,** auch das Motoröl **wird ersetzt.**
Dann **stellt** er die Handbremse nach und **überprüft** die Kupplung.	Dann **wird** die Handbremse **nachgestellt** und die Kupplung **überprüft.**
Schließlich **misst** er auch die Spur der Vorderräder.	Schließlich **wird** auch die Spur der Vorderräder **gemessen.**
↓	↓
Der Mechaniker tut etwas, führt etwas aus. Der Mechaniker als Urheber des Geschehens wird im Subjekt genannt.	An dem Motor **wird etwas getan,** ausgeführt. Der Urheber des Vorganges (der Mechaniker) wird nicht genannt oder ist nicht von Bedeutung. Im Mittelpunkt steht das Geschehen selbst.
↓	↓
Diese Form des Verbs bezeichnet man als	Diese Form des Verbs bezeichnet man als
AKTIV	**PASSIV**

● Das **Aktiv** und das **Passiv** sind zwei Möglichkeiten, denselben Sachverhalt aus verschiedenen Blickrichtungen darzustellen.

● Das Aktiv klingt lebendiger als das Passiv. Drücke dich daher nur dann im Passiv aus, wenn der Urheber des Geschehens **unbekannt** oder **bedeutungslos** ist (z. B. bei Gebrauchsanleitungen)!

Drücke die dargestellten Handlungen im Passiv aus!   **179**

Ein Maurer berichtet, wie ein Haus gebaut wird
Zuerst heben wir mit einem Bagger die Baugrube aus und schaffen die Erde fort. Dann gießen wir aus Beton die Grundmauern. Die Wände mauern wir mit Hohlziegeln auf, die wir durch Mörtel verbinden. Bei der Mörtelherstellung vermischen wir Sand, Wasser und gelöschten Kalk in einem bestimmten Verhältnis. Die Decken der Stockwerke bilden wir mit Eisenträgern, zwischen die wir Beton gießen. Dazu muss uns vorher der Verschaler mit Brettern eine Verschalung machen. Den Dachstuhl aus Holzbalken fertigen die Zimmerer an, auf den Dachstuhl legen die Dachdecker die Dachziegel. Die Außenwände des Hauses und die Wände der Räume verputzen wieder wir Maurer. Dazu verwenden wir eine Mischung aus Zement, Kalk, Gips und Wasser. Die in der Fabrik vorgefertigten Fenster und Türen setzen die Bautischler ein, die Maurer mauern sie fest.   → **L 179**

Drücke die folgenden Sätze im Passiv aus!   **180**

Das Fleisch legt man vor dem Grillen in die Folie ein. – Die Postleitzahl schreibt man links vor den Bestimmungsort. – Haupt- und Nebensätze trennt man durch einen Beistrich voneinander. – In den letzten Jahren telefoniert man viel öfter als früher. – Seit der Ölkrise benutzt man wieder öfter die öffentlichen Verkehrsmittel als früher. – In letzter Zeit spart man wieder mehr.   → **L 180**

Ergänze die Passivform der angegebenen Zeitwörter!

1. schreiben: Heute . . . fast alle Geschäftsbriefe mit der Maschine . . . . 2. trinken: Sekt . . . gewöhnlich aus spitzen Gläsern . . . . 3. ernten, verpacken: Für die Ausfuhr bestimmte Orangen . . . grün . . . und in Seidenpapier . . . . 4. lagern: Überschüssige Butter . . . in Kühlhäusern . . . . 5. schlachten: Großvieh . . . heute ausschließlich in Schlachthäusern . . . . 6. leeren: Dieser Briefkasten . . . dreimal täglich . . . . 7. austragen: Abonnierte Tageszeitungen . . . schon am Morgen . . . . 8. zustellen: Eilbriefe . . . sofort . . . . 9. diskutieren: Fragen des Umweltschutzes . . . heute überall . . . . 10. transportieren: Verderbliche Lebensmittel . . . in Kühlwagen . . . .   → **L 181**

Das Passiv kann in zwei Formen auftreten: als **Vorgangspassiv** und als **Zustandspassiv**.

Beim **Vorgangspassiv** werden alle Formen mit „**werden**" und dem 2. Mittelwort des Vollverbs gebildet.

Beim **Zustandspassiv** werden die Formen mit „**sein**" und dem 2. Mittelwort des Vollverbs gebildet.

Das Vorgangspassiv bezeichnet ein Geschehen, das an dem Betroffenen vollzogen wird.

Das Zustandspassiv bezeichnet das Ergebnis oder einen Zustand, der auf diese Weise erreicht wurde.

	Vorgangspassiv	Zustandspassiv
Gegenwart:	Die Tür wird geöffnet.	Die Tür ist geöffnet.
Mitvergangenheit:	Die Tür wurde geöffnet.	Die Tür war geöffnet.
Vergangenheit:	Die Tür ist geöffnet worden.	Die Tür ist geöffnet gewesen.
Vorvergangenheit:	Die Tür war geöffnet worden.	Die Tür war geöffnet gewesen.
Zukunft:	Die Tür wird geöffnet werden.	Die Tür wird geöffnet sein.
Vorzukunft:	Die Tür wird geöffnet worden sein.	Die Tür wird geöffnet gewesen sein.

Vorgangspassiv **Zustandspassiv**

 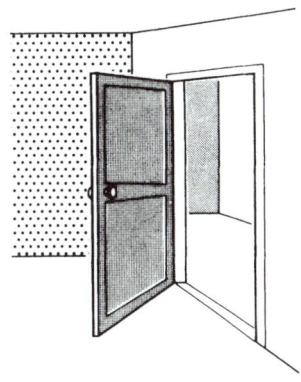

Die Tür wird geöffnet Die Tür ist geöffnet

Was ging dem derzeitigen Zustand voraus? Drücke den Inhalt **182**
im Vorgangspassiv aus!

Alle Gehwege im Stadtpark sind asphaltiert. Das Gesetz ist
angenommen. Der Plan ist gut durchdacht. Unser Wohnzimmer ist frisch tapeziert. Die Arbeiten sind seit drei Wochen abgeschlossen. Seit gestern ist bei uns die Heizung abgestellt.
Alle Waschmittel, die wir auf den Markt bringen, sind sorgfältig erprobt. → **L 182**

Beispiel: Alle Gehwege im Stadtpark **sind** asphaltiert **worden.**

Drücke den Inhalt im Vorgangspassiv aus! **183**

Ein altes Buch wird neu gebunden
Buch vorsichtig auseinander nehmen, Deckel und Rücken
lösen, Heftfäden durchschneiden und entfernen, Drahtklammern aufbiegen und herausziehen, die einzelnen Lagen
(Bogen) mit dem Falzbein vorsichtig voneinander trennen.
An den Faltkanten haftenden alten Leim mit den Fingern
lösen und die getrennten und gesäuberten Lagen wieder
der Reihe nach aufeinander schichten. Dann Vorsatzpapier

vorrichten. Man benötigt davon gleich große, genau recht-winkelige Stücke. Vor dem Aufzeichnen die Laufrichtung des Vorsatzpapiers prüfen. Zeichne die beiden Rechtecke mit ihrer Breite in die Laufrichtung des Bogens. Dann aus-schneiden und jedes Papier falten, die rechte Kante 5 cm breit nach rückwärts biegen und mit dem Falzbein scharf falzen. → **L 183**

Das **Passiv** wirkt schwerfällig; es sollte daher vermie-den werden, wenn das **Aktiv** möglich ist.

---

falsch
bzw. schwerfällig

richtig
bzw. besser

Seitens der Behörde wurde alles getan, um eine Wiederholung des Vorfalles zu vermeiden.

Die Behörde tat alles, um eine Wiederholung des Vorfalles zu vermeiden.

Jetzt wird sich hingesetzt und gelernt.

Setzt euch hin und lernt.

Es darf sich nicht umgesehen werden.

Es darf sich niemand umsehen.

Die Unterbrechung des Wagenrücklaufes wird durch die Betätigung der Leertaste bewirkt.

Wollen Sie den Wagenrück-lauf unterbrechen, betätigen Sie die Leertaste.

Doppelrahmkäse wird aus Vollmilch und Rahm zube-reitet.

Doppelrahmkäse bereitet man aus Vollmilch und Rahm.

Es wird darauf hingewiesen, dass . . .

Wir weisen darauf hin, dass . . .

Durch den Obmann wurde mitgeteilt, . . .

Der Obmann teilte mit, . . .

Es wird sich bei dem Ver-fahren auf den § 9 bezogen.

Dieses Verfahren bezieht sich auf den § 9.

falsch bzw. schwerfällig	**richtig** bzw. besser
Seitens der zuständigen Stelle ist alles im Bereich des Möglichen veranlasst worden.	Die zuständige Stelle hat alles Erforderliche veranlasst.
Ich wurde durch einen Boten benachrichtigt.	Ein Bote hat mich benachrichtigt.
Die Anthologie wurde durch Hans Gruber herausgegeben.	Hans Gruber hat die Anthologie herausgegeben.

Die bestimmte und die unbestimmte Aussageweise △

Vergleiche die Aussageweise der linken Spalte mit jener der rechten!

Wer ist schuld?

Ein Spaziergänger berichtet einem Gendarmeriebeamten: „Neben der Straße **haben** Buben und Mädchen Fußball gespielt.	Ein Spaziergänger berichtet einem Gendarmeriebeamten, dass neben der Straße Buben und Mädchen Fußball gespielt **hätten.**
Da **ist** der Ball gegen die Glaskuppel einer Straßenlaterne gefallen.	Da **sei** der Ball gegen die Glaskuppel einer Straßenlaterne gefallen.
Im Eifer des Spiels **hat** aber niemand beobachtet, wer den Ball abgeschossen **hat.**	Im Eifer des Spiels **habe** aber niemand beobachtet, wer den Ball abgeschossen **habe.**

Nun **sind** die Spieler uneinig gewesen. Sie **haben** darüber gestritten, wer für den Schaden aufkommen **soll**.	Nun **seien** die Spieler uneinig gewesen. Sie **hätten** darüber gestritten, wer für den Schaden aufkommen **solle**.
Da sie sich nicht einig werden konnten, **sind** alle davongelaufen."	Da sie sich nicht einig werden konnten, **seien** alle davongelaufen.

Aus welcher der beiden Aussageweisen kann der Leser entnehmen, was **wirklich** geschehen ist? In welcher Aussageweise wird der Sachverhalt nur als **möglich, unbestimmt** angenommen?

- In der linken Spalte wird die Aussage direkt (wörtlich) wiedergegeben: **direkte Rede.**

- In der rechten Spalte wird die Aussage indirekt, von der Richtigkeit der Worte einer dritten Person abhängig, wiedergegeben; der Wahrheitsgehalt ist dabei ungewiss, nur angenommen: **indirekte Rede.**

- Bei der **direkten Rede** wird der **Indikativ (die bestimmte Aussageweise)** verwendet, bei der **indirekten Rede** zumeist der **Konjunktiv (die unbestimmte Aussageweise).**

184 *Unterstreiche in den folgenden Sätzen die Prädikate!*
In welchen Sätzen ist die Aussage bestimmt, in welchen unbestimmt?

Hans: Das ist doch klar, Erich ist schuld! Er wollte ja unbedingt Fußball spielen. Hätten wir Handball gespielt, dann wäre das nicht passiert.
Erich: Bist du blöd? Schließlich hast doch du vorgeschlagen hier Fußball zu spielen. Ich wollte ja gleich auf den Sportplatz gehen.

Fritz: Eigentlich ist die Gemeinde schuld. Die hätte in unserem Viertel schon längst einen Sportplatz bauen sollen.

Ilse: Jawohl, wenn wir in der Nähe einen Sportplatz hätten, brauchten wir nicht neben der Straße zu spielen.

Anni: Man könnte zumindest die Laternen mit Gittern schützen. Dann gäbe es auch keine Scherben mehr.

Toni: Wenn wir wüssten, wer den Ball abgeschossen hat, wäre alles ganz einfach. Der müsste nämlich den Schaden ersetzen.

Gerhard: Ich finde, wir sollten die Kuppel gemeinsam bezahlen. Schließlich haben wir alle gespielt.

Peter: Das meine ich auch. Das hätte schließlich jedem passieren können. → **L 184**

Die **unbestimmte Aussageweise** (der Konjunktiv) wird vom Sprecher gewählt, wenn er einen Sachverhalt als **nur angenommen, ungewiss** oder **möglich** darstellen will; die **bestimmte Aussageweise** (der Indikativ), wenn er die Aussage als **bestimmt** (wirklich) darstellen will.

Vom Konjunktiv gibt es zwei Formen, den **1.** und den **2. Konjunktiv.** Sie werden von den Wortstämmen der Wirklichkeitsform der Gegenwart und der Mitvergangenheit abgeleitet.

Indikativ	1. Konjunktiv	Indikativ	2. Konjunktiv
	(Gegenwart)		(Mitvergangenheit)
a) **starke Verben**			
Ich sehe	(ich sehe)	ich sah	ich sähe
du siehst	du sehest	du sahst	du sähest
er, sie, es sieht	er sehe	er sah	er sähe
wir sehen	(wir sehen)	wir sahen	wir sähen
ihr seht	(ihr sehet)	ihr saht	ihr sähet
sie sehen	(sie sehen)	sie sahen	sie sähen
b) **schwache Verben**			
ich sage	(ich sage)	ich sagte	(ich sagte)
du sagst	(du sagest)	du sagtest	(du sagtest)
er, sie, es sagt	(er sagt)	er sagte	(er sagte)
wir sagen	(wir sagen)	wir sagten	(wir sagten)
ihr sagt	(ihr saget)	ihr sagtet	(ihr sagtet)
sie sagen	(sie sagen)	sie sagten	(sie sagten)

185

Die eingeklammerten Formen des Konjunktivs der starken Zeitwörter stimmen mit der Wirklichkeitsform überein und sind von dieser nicht zu unterscheiden. Daher wird in diesen Fällen **bei starken Zeitwörtern** statt des ersten Konjunktivs der zweite verwendet.

(Er sagt,) er ist (müde.)	(Er sagt,) er sei (müde).	(Er sagt,) er wäre (müde).	(Er sagt,) er würde (müde) sein.
er hat (gerufen).	er habe (gerufen.)	er hätte (gerufen).	er würde (gerufen) haben.
er kann (kommen).	er könne (kommen).	er könnte (kommen).	er würde (kommen) können.
er bittet (darum).	er bitte (darum).	er bäte (darum.)	er würde (darum) bitten.
er steht (zeitig) auf.	er stehe (zeitig) auf.	er stünde (zeitig) auf.	er würde (zeitig) aufstehen.
↓	↓	↓	↓
Der **Indikativ**, die **bestimmte Aussageweise (Wirklichkeitsform)**	Der **1. Konjunktiv** die **unbestimmte Aussageweise** (Möglichkeitsform)	Der **2. Konjunktiv**	Der **Konditional**, die **Bedingungsform**, darf in manchen Fällen an Stelle des Konjunktivs verwendet werden.

Der 1. Konjunktiv wird verwendet,

● wenn man indirekt einen Wunsch, eine Bitte, einen Befehl ausdrücken will:
>   Er **lebe** hoch! Man **nehme** drei Esslöffel Zucker!
>   Das **sei** für heute genug!

● wenn man sagen möchte, dass etwas nur möglich, angenommen, ungewiss ist:
>   Er meint, es **schmerze** ihn der Kopf.

● wenn man die Rede anderer indirekt (ohne Gewähr für die Richtigkeit) wiedergeben will:
>   Hans berichtet, Walter **sei** verunglückt und habe sich ein Bein gebrochen.

Der 2. Konjunktiv wird verwendet,

● wenn man Nichtwirkliches, nur Denkbares, Unwahrscheinliches ausdrücken will:

Wenn diese Gefahr **bestünde, hätte** ich Ihnen das längst mitgeteilt.
Wenn ich allwissend **wäre, hätte** ich es zu verhindern gewusst.

● in der abhängigen Rede, wenn die Formen des 1. Konjunktivs die gleichen sind wie jene der bestimmten Aussageweise:

Falsch: Sie behauptet, ich habe Magenschmerzen (habe = Indikativ oder 1. Konjunktiv)

Richtig: Sie behauptet, ich **hätte** Magenschmerzen.

Die Bedingungsform (der Konditional, gebildet durch die Umschreibung der Nennform mit „würde") dient als Ersatz für den 1. und 2. Konjunktiv,

● wenn die Formen der unbestimmten Aussageweise und die Formen der bestimmten Aussageweise übereinstimmen, also bei schwach gebeugten Zeitwörtern:

Falsch: Er glaubte, der Hund bellte.

Richtig: Er glaubte, der Hund **würde bellen.**

● wenn die Formen des Konjunktivs nicht mehr gebräuchlich sind:

Veraltet: Ich **flöhe,** wenn ich könnte. Sie **beföhle** ihm zu schweigen. Er **schösse** ihn nieder.

Besser: Ich würde fliehen, wenn ich könnte. Sie würde ihm befehlen zu schweigen. Er würde ihn niederschießen.

In allen anderen Fällen ist die Umschreibung mit „würde" anstelle des Konjunktivs zu vermeiden.

Vergleich einiger Formen des Indikativs mit jenen des Konjunktivs:

bestimmte
Aussageweise: unbestimmte Aussageweise:

Indikativ	1. Konjunktiv	2. Konjunktiv
(Er sagt,)	(Er sagt,)	(Er sagt,)
er hat gerufen.	er habe gerufen.	er hätte gerufen.
er kommt.	er komme.	er käme.
er ist müde.	er sei müde.	er wäre müde.
er steht zeitig auf.	er stehe zeitig auf.	er stünde zeitig auf.
er kann nicht kommen.	er könne nicht kommen.	er könnte nicht kommen.
er bittet darum,	er bitte darum.	er bäte darum.
er wird siegen.	er werde siegen.	er würde siegen.
er muss weggehen.	er müsse weggehen.	er müsste weggehen.
er darf mitkommen.	er dürfe mitkommen.	er dürfte mitkommen.
er soll herkommen.	er solle herkommen.	er sollte herkommen.
er bringt das Buch.	er bringe das Buch.	er brächte das Buch.
das gibt es nicht.	das gebe es nicht.	das gäbe es nicht.
er lässt sich nichts vorschreiben.	er lasse sich nichts vorschreiben.	er ließe sich nichts vorschreiben.
er heißt Richard.	er heiße Richard.	er hieße Richard.

Die Formen des (2.) Konjunktivs sind aus der Tabelle (S. 152) zu ersehen.

Wenn die Konjunktivform als altertümlich empfunden wird, darf auch bei starken Verben mit „würde" umschrieben werden. So sind u. a. schon folgende Konjunktivformen ungebräuchlich:

böte, gölte, gewönne, flöhe, hülfe, verlöre, flöchte, sprösse, stähle, söge, beföhle, bärste, drösche, göre, genösse, höbe/hübe, kröche, lüde, mölke, mäße, ränge, schölle, schränke, sänne/sönne, tröffe, wränge, empföhle/empfähle

Statt dessen wird gesagt:

Er **würde** ihm Geld **anbieten**. Das **würde** für ihn nicht **gelten**. Sie **würde gewinnen**. Sie **würde fliehen**, helfen, verlieren usw.

Als nicht geziert werden jedoch die Konjunktivformen der Hilfs- und Modalverben empfunden!

In der Umgangssprache wird immer häufiger die Umschreibung der Nennform mit „würde" an Stelle des Konjunktivs verwendet.
Manchmal kann die Ungewissheit auch durch den Konjunktiv eines **Modalverbs** ausgedrückt werden:

Das **möge** Gott verhüten!
Möge kommen, was da will!
Könnten wir dich doch nur besuchen!
Dürfte ich doch mitkommen!
Es **dürfte** bald schneien.
Sollte ich mich irren?
Sollte er wirklich schon fort sein!

Drücke den Inhalt der folgenden Sätze in der indirekten Rede aus! **185**

Erwin behauptet: „Ich habe die Fensterscheibe nicht eingeschlagen." – Die Buben versicherten: „Wir haben davon nichts gewusst." – Meine Freunde behaupteten: „Wir machen keine Fehler." – Irene schwört: „Ich bin nicht im Kino gewesen!" – Der Verletzte erklärt: „Ich kann auch ohne Hilfe aufstehen!" → **L 185**

Schreib auf, was gestern in der Zeitung berichtet wurde! **186**

Es wurde berichtet (gemeldet, bekannt gegeben), dass in Italien ein Erdbeben gewesen sei.
. . . , dass im Nachbardorf eine Scheune abgebrannt **sei**. . . . , dass ein Ärztekongress stattgefunden **habe** . . . , dass . . .

187 **Allerlei Wünsche:** Wenn ich Geld hätte, könnte ich eine Weltreise machen.

Bilde 10 ähnliche Wunschsätze!

188 *Schreib den (2.) Konjunktiv der folgenden Zeitwörter auf:*

beginnen, bieten, bitten, bringen, dürfen, finden, fliegen, geben, gelingen, kommen, können, liegen, misslingen, müssen, nehmen, schlagen, sehen, stehen, tragen, verstehen, werden, wissen, ziehen, sein, haben, werden. → **L 188**

189 *Ein Gespräch mit dem Berufsberater. Setze die richtigen Formen des Konjunktivs ein!*

. . . dir nicht das Schlosserhandwerk? (gefallen)
Ich . . . dich gern an der Drehbank. (sehen)
Der Meister . . . mit meiner Arbeit doch nicht zufrieden. (sein)
Ich . . . es auch nicht aus, Tag für Tag in der Werkstatt zu arbeiten. (aushalten)
Mir . . . viel eher eine Tätigkeit im Freien. (entsprechen)
. . . dich der Beruf eines Installateurs mehr an? (anziehen)
Er . . . freilich noch größere Aussichten. (versprechen)
Die Firma Obermüller . . . dich gern als Lehrling auf. (aufnehmen) → **L 189**

190 *Verschiedene Wünsche eines Schülers. Ergänze die Formen des Konjunktivs!*

. . . ich doch bei der Bahn unter! (unterkommen)
. . . ich doch die Eignungsprüfung! (bestehen)
. . . ich doch ein besseres Zeugnis! (besitzen)
. . . ich in Mathematik nur bessere Noten! (haben)
. . . ich bloß eine Zusage von der Post! (bekommen) → **L 190**

Verbessere und verwende die richtige Form des Konjunktivs! **191**

Der Meister behauptet, der Lehrling würde jeden Tag zu spät kommen. Der Abgeordnete erklärte, seine Partei hätte das Schicksal des Landes in die Hand genommen. Der Minister hat eine Erklärung abgegeben, in der es heißt, die Demonstration hätte Protestvergeltung zum Ziel. Der Rundfunk berichtet über eine unbestätigte Meldung, dass sich die Terroristen ergeben haben. Der Reporter berichtet, die Deiche wären nicht eingebrochen, auch gäbe es keinen Hinweis dafür, dass Menschen umgekommen sind. Die Polizei glaubt, dass als Täter nur ein Geistesgestörter in Frage kommt. → **L 191**

Drücke den folgenden Text in der unbestimmten Aussageweise aus! **193**

Aus einer Gemeinderatssitzung
In der Gerberstraße versinkt man bei nassem Wetter im Schlamm. Die Klagen der Anrainer sind daher berechtigt, die Gemeinde hat aber vorher dringendere Aufgaben zu lösen. Erst soll der neue Sportplatz angelegt werden. Auch ist es notwendig, die veralteten Straßenlaternen zu ersetzen. Bei dem Mangel an Arbeitskräften muss auch eine Kehrmaschine angeschafft werden. Außerdem sind vier Schulen mit neuen Möbeln auszustatten. Auch der Bau eines Hallenbades ist seit einem Jahr beschlossen. Die Siedler müssen daher noch ein Jahr warten, bis der Antrag bewilligt werden kann. → **L 192** **193**

Setze die richtigen Formen des 1. Konjunktivs ein!

Herr Lampel ist der Meinung, die ganze Angelegenheit . . . zu sehr aufgebauscht. (werden)
Erich hat uns mitgeteilt, er . . . morgen kommen. (werden)
Man . . . dreimal täglich einen Esslöffel voll von dieser Medizin. (nehmen)
. . . wir doch ehrlich! (sein)

Man . . . doch einmal den Gesetzestext. (lesen)
Eugen hat uns eben mitgeteilt, er . . . nicht nach Innsbruck reisen. (müssen)
Wenn du meinst, das . . . sich von selbst geben, dann täuscht du dich. (werden)
Der Friede . . . mit euch! (sein) → **L 193**

194 *Setze die richtigen Formen des 2. Konjunktivs ein!*

1. Wir . . . bestimmt gekommen, wenn wir es früher gewusst . . . . (sein, haben)
2. Ich . . . es nicht behaupten, wenn es nicht wahr . . . . (werden, sein)
3. Der Lastwagen . . . bald entladen, wenn sie genügend Arbeitskräfte . . . . (sein, haben)
4. Ich . . . dir gerne bei, wenn ich das Geld . . . . (beistehen, haben)
5. Wenn ich im Toto . . . , schaffe ich mir einen neuen Wagen an. (gewinnen)
6. Wenn das Kind doch . . . ! (schlafen)
7. Wenn die Sonne . . . ich mit. (scheinen, kommen)
8. Ich . . . gern mit. (gehen)
9. . . . der Fahrer in diese Straße ein, würde er sich strafbar machen. (einbiegen)
10. . . . das Spiel am Sonntag statt, man mit mehr Zuschauern rechnen. (stattfinden, können)
11. . . . ich das große Los, . . . mir alle Wünsche offen. (gewinnen, offen stehen) → **L 194**

195 *Verbessere den falschen Sprachgebrauch:*

Der Abgeordnete C. hatte Freitag im Parlament erklärt, eine Untersuchung hätte stattgefunden. Wenn ihm das hülfe, grübe ich die Stelle um. Wenn er nach Salzburg kommen würde, würde ich mich darüber freuen. Wenn er mich anrufen würde, könnte ich ihn rechtzeitig warnen. Wenn ich Herrn Berger begegnete, sagte ich ihm gewiss meine Meinung. Herr Müller erklärte, wenn er zum Obmann gewählt werden würde, würde er bereit sein, dem Antrag zuzustimmen. Er glaubt, dass wir das Auto reparieren hätten lassen können.

→ **L 195**

Verwende die unbestimmte Aussageweise!　　**196**

1. anrufen: Peter sagte mir, er . . . heute Morgen schon einmal . . . .

2. lernen: Sagtest du nicht, dass Gerlinde Französisch . . . ?

3. spielen dürfen: Hat dir mein Freund auch gesagt, dass die Kinder im Garten . . . ?

4. kaufen wollen: Ich hörte, Sie . . . sich einen neuen Fernsehapparat . . . ?

5. wandern: Dein Bruder sagte, er . . . gestern um den ganzen See . . . .

6. kennen lernen: Wie mir Lieselotte erzählt hat, . . . Sie sich während des Studiums . . . .

7. abholen: Wie mir berichtet wurde . . . ihr Schofför die Gäste vom Flugplatz . . . .

8. verkaufen: Man hat mir berichtet, dass unsere Nachbarn ihr Haus . . . .

9. lesen: Seine Schwester sagte, ihr Bruder . . . überhaupt keine Bücher.

10. zurückkommen: Ich hörte, dass seine Frau morgen aus dem Urlaub . . . .

11. fahren: Hast du mir nicht erzählt, dass Erich immer sehr waghalsig Motorrad . . . ?

12. gehen: Ilse sagte, Hans und Peter . . . morgen ins Theater.

13. bleiben: Walter habe ihm auch gesagt, dass sie über das Wochenende dort . . . .

14. sammeln: Karl erzählte mir, er . . . österreichische Sonderbriefmarken.   → **L 196**

197 *Drücke die Ungewissheit mit der unbestimmten Aussageweise aus!*

1. kommen: Ich dachte, sie . . . aus Graz.
2. fahren: Meine Eltern meinen, wir . . . mit dem Zug, dabei fahren wir mit dem Autobus.
3. bleiben: Wir glaubten, dass die Gäste länger . . . , aber sie reisten schon gestern ab.
4. bekommen: Sie meinten, sie . . . heute frei.
5. verstehen: Ich nahm an, der Mann . . . Tschechisch.
6. schließen: Du sagtest, die Tür . . . von selbst.
7. ansehen: Die Eltern dachten, Ilse . . . sich einen Film an, dabei war sie bei ihrem Freund.   → **L 197**

Bilde Sätze mit den Formen des 2. Konjunktivs (Vergangen- **198**
heit)!

1. annehmen: Ich an deiner Stelle . . . das Geld nicht . . . .
2. leihen können: . . . du mir das Geld . . .?
3. rufen: Mir kam es vor, als . . . mich jemand.
4. hinausfliegen: Die Leute erzählten, du . . . aus deiner
   Firma . . . .
5. verschlafen, erreichen: Wenn ich gestern nicht . . . . . . ,
   . . . ich den Zug noch . . . .
6. gewinnen: Lili hat geträumt, sie . . . im Toto viel Geld . . . .
7. sein: Mein Bruder behauptet, du . . . ein fauler Schüler
   gewesen. → **L 198**

Ergänze die Konjunktivformen von „sein", „haben", „werden"! **199**

1. Die Nachbarn meinen, sie . . . reich.
2. Die Leute glauben, ihr . . . verheiratet.
3. . . . Sie bereit, uns zu helfen?
4. Wie . . . es, wenn wir noch einige Tage hier blieben?
5. Wenn wir jetzt nicht im Schutzhaus . . . , . . . die Kinder
   bei diesem Gewitter Angst.
6. Ich . . . gern ein Glas Bier.
7. Wer . . . Lust, mit mir ins Theater zu gehen?
8. Wenn unser Vater damals nicht so reich . . . . . . , . . . er
   das Haus nicht kaufen können.
9. Erich behauptet, er . . . immer sehr schnell seekrank.
10. Was . . . , wenn unsere Mutter plötzlich sterben . . . ?

Drücke das folgende Märchen in der unbestimmten Aus- **200**
sageweise aus:

Wer die Springwurzel findet, der sieht alles Gold und Silber
unter der Erde und wird ein reicher Mann. Wer sie finden will,
muss ein Spechtnest aufsuchen. Das muss er mit einem Keil
verschließen. Kommt dann der Specht und findet sein Heim
verschlossen, fliegt er weg und kehrt mit der Springwurzel

im Schnabel zurück. Wenn er damit den Keil berührt, springt dieser sofort heraus. In diesem Augenblick muss man in die Hände klatschen, dann lässt der Specht die Wurzel fallen. Die beste Springwurzel – so erzählt das Märchen – ist freilich Arbeit und Sparsamkeit.   → **L 200**

201 *Drücke in abhängiger Rede aus:*

(Eine Salzburger Sage erzählt, das Geschlecht der Weitmoser sei durch die Goldbergwerke im Gasteiner Tal reich geworden.) Als die Weitmoserin eines Tages durch die Klamm im Gasteiner Tal ritt, begegnete ihr ein armes Weib mit einem kleinen Kind im Arm. „Habt Erbarmen mit mir und meinem Kind!", flehte es und bat um Almosen. Die reiche, stolze Frau aber verweigerte der Armen eine Gabe und schalt sie eine unverschämte Bettlerin. „Ach", seufzte die Bettlerin, „es weiß kein Mensch, ob er nicht auch einmal betteln muss."
Da zog die Weitmoserin einen kostbaren Ring vom Finger, warf ihn in die Ache und rief: „Eher findet sich dieser Ring wieder, als dass eine Weitmoserin betteln muss!" Aber – wer sollte es für möglich halten? – am nächsten Tag brachte ein Fischer der Weitmoserin einen Fisch, in dessen Bauch sich der Ring befand.
In der Tat geriet das Geschlecht der Weitmoser bald darauf in Verfall. Wer heute im Gasteiner Tal wandert, der sieht zwar noch das Haus, in dem die Weitmoserin gewohnt hat, von ihrem Reichtum aber „erzählt" man nur noch, zu sehen ist davon nichts mehr. Das ganze Geschlecht ist schon lange ausgestorben.   → **L 201**

202 *Drücke mit der unbestimmten Aussageweise aus:*

Ein Reporter berichtet: Gestern ereignete sich auf dem Martinsplatz ein schwerer Unfall. Aus der Felberstraße ist ein Auto schnell herangefahren. Ein alter Mann ging gerade über die Fahrbahn. Als er den Kraftwagen bemerkte, wollte er ausweichen, aber es war schon zu spät. Der Lenker konnte

den Wagen nicht mehr zum Stehen bringen und überfuhr den
Alten. Dieser war auf der Stelle tot. → L 202

Das Namenwort □
(Das Substantiv oder Nomen)

- **Namenwörter (Substantive, Nomen)** sind Namen
  für Personen, Lebewesen, Pflanzen, Gegenstände
  (konkrete Namenwörter) oder für Denkbares wie
  Begriffe, Eigenschaften, Zustände, Tätigkeiten **(abstrakte Namenwörter).**

- Vor jedes Namenwort kann man als Begleiter einen
  Artikel (ein Geschlechtswort) setzen:
  **der, die, das, des, dem, den;
  ein, eine, einer, eines, einem, einen.**

- Da der Artikel das sprachliche **Geschlecht** angibt,
  kennt man

  männliche Namenwörter – der Doktor,
  weibliche Namenwörter – die Sonne,
  neutrale Namenwörter – das Wasser.

- Beim Namenwort lassen sich unterscheiden:
  die Art, das Geschlecht, die Zahl, der Fall, die
  Beugungsklasse.

- Alle Wörter können als Namenwörter gebraucht
  werden und müssen in diesem Fall mit einem
  großen Anfangsbuchstaben geschrieben werden.

Ergänze den Artikel der folgenden Namenwörter: **203**

Benzin, Zettel, Zwiebel, Teller, Monat, Dotter, Lexikon, Brezel,
Blei, Meter, Schnecke, Tunnel, Gas, Teer, Schotter, Magistrat,

Eiter, Polster, Knäuel, Butter, Wachs, Ziegel, Zehe, Beton, Kartoffel, Schokolade. → **L 203**

204 *Schreib fünf konkrete und fünf abstrakte Hauptwörter auf!*

1. Die Arten des Namenwortes

a) **Gegenstandsnamen oder Dingnamen** (Konkreta) bezeichnen Dinge oder Lebewesen:

Menschen, Tiere, Länder, Städte, Straßen, Berge, Flüsse, Seen, Meere, Schiffe, Sterne, Gegenstände, geistige Schöpfungen.

Man unterscheidet hierbei:

Eigennamen:
Karl, Österreich, Alpen, Mond, Firma Müller, „Lohengrin", Schweiz, Huflattich, Mai u. a.

Gattungsnamen:
Mensch, Österreicher, Europäer, Lehrer, Paarhufer, Blume, Möbel u. a.
(Auch Eigennamen können zu Gattungsnamen werden: Duden, Zeppelin u. a.)

Sammelnamen:
Herde, Wald, Flotte, Dutzend, Haufen u. a.

Stoffnamen:
Leder, Wasser, Wein, Wolle u. a.

b) **Begriffsnamen** (Abstrakta) bezeichnen nur Denkbares:

Seele, Sterben, Schwimmen, Reise, Friede, Liebe, Jugend, Ehrlichkeit, Freundschaft, Physik, Kunst, April, Meter u. a.

2. Das Geschlecht des Namenwortes (Genus)

a) **Das natürliche Geschlecht:**
   männlich – der Vater
   weiblich – die Mutter

b) **Das grammatische Geschlecht:**
   männlich (masculinum)   – der Apfel
   weiblich (femininum)   – die Blume
   sächlich oder neutral
   (neutrum = keines von beiden) – das Blatt

Namenwörter mit schwankendem Geschlecht:

der/das Meter (Kilometer)
der/das Liter
der/das Barock
der/das Keks
der/das Kiefer (Knochen)
der/das Knödel
der/das Monat
der/das Quargel
der/das Radar
die/das Soda

der/das Gehalt
(Entlohnung)
die/das Brezel
der/das Knäuel
der Tunnel (in Österreich
auch: das Tunnell)
der Scherben/die Scherbe
der Zacken/die Zacke
der/das Raster
der/das Bereich

Wörter, bei denen Unsicherheit besteht:

falsch	**richtig**
der Abszess	das Abszess
der Benzin	das Benzin
die Versäumnis	das Versäumnis
der Radio	das Radio
	(der Rundfunk)
das Teller	der Teller
die Pauschale	das Pauschale
die Gas	das Gas
der Zwiebel	die Zwiebel

falsch	**richtig**
das Zettel	der Zettel
das Polster	der Polster
das Eiter	der Eiter

Namenwörter gleicher oder ähnlicher Bedeutung mit verschiedenem Geschlecht:

Einzahl	**Mehrzahl**
das Eck	die Ecken
die Ecke	die Ecken
der Knollen	die Knollen
die Knolle	die Knollen
der Ritz	die Ritze
die Ritze	die Ritzen
das Rohr	die Rohre
die Röhre	die Röhren
der Socken	die Socken
die Socke	die Socken
der Spalt	die Spalten
die Spalte	die Spalten

Namenwörter mit verschiedenem Geschlecht und verschiedener Bedeutung:

Einzahl	**Mehrzahl**
der Chor (Lied, Sängergruppe)	die Chöre
das Chor (Platz in der Kirche)	die Chore
die Erkenntnis (Einsicht)	die Erkenntnisse
das Erkenntnis (richterliche Entscheidung)	die Erkenntnisse

Einzahl	Mehrzahl
der Junge (Bub)	die Jungen
das Junge (Tierjunges)	die Jungen
der See (Binnensee)	die Seen
die See (Meer)	–
der Weise (kluger Mensch)	die Weisen
die Weise (Melodie)	die Weisen
der Erbe (erbende Person)	die Erben
das Erbe (Erbschaft)	–
der Gehalt (Wert, Inhalt)	–
der/das Gehalt (Entlohnung)	die Gehälter
der Kunde (Käufer)	die Kunden
die Kunde (Nachricht)	–
der Tau (Witterungserscheinung)	–
das Tau (Seil)	die Taue
der Verdienst (Einkommen)	–
das Verdienst (rühmliche Tat)	die Verdienste
der Band (Buch)	die Bände
das Band (im Haar)	die Bänder
die Band (Musikgruppe)	die Bands
der/das Kiefer (Knochen)	die Kiefer
die Kiefer (Nadelbaum)	die Kiefern

Einzahl	Mehrzahl

| die Leiter (Gerät) | die Leitern |
| der Leiter (Vorstand) | die Leiter |

| der Wappenschild | zwei Wappenschilde |

das Schild (Geschäftsschild)	zwei Geschäftsschilder
die Steuer (Abgabe)	die Steuern
das Steuer (Lenkvorrichtung)	

Bei Eigennamen fällt der Artikel weg:

Grete ist gekommen. Erich wird morgen abreisen. Herr Berger hat angerufen.

In der Standardsprache darf ferner vor Begriffsnamen oder Gattungsnamen kein Artikel stehen:

falsch	richtig
Ich hole mir ein Wasser.	Ich hole mir Wasser.
Ich habe einen Hunger.	Ich habe Hunger.

falsch	**richtig**
Er streicht sich eine Butter auf das Brot.	Er streicht sich Butter auf das Brot.

Das Geschlecht der Fremdwörter

Nicht immer stimmt das Geschlecht des Fremdwortes mit dem Geschlecht des Wortes in jener Sprache überein, aus der es kommt. So heißt es etwa im Französischen

le (der) bouillon – im Deutschen **die** Bouillon,
le (der) malheur – im Deutschen **das** Malheur.

Männliches Geschlecht haben die Fremdwörter auf die Nachsilben -us, -mus, -an, -ent, -ant:

der Realismus, der Virus, der Nimbus, der Proviant, der Kontinent, der Akzent, der Vulkan, der Ozean.

Weiblich sind im Allgemeinen Fremdwörter, die auf -e, -ion, -tion, -ät, -ie, -ur, -ik, -isse, -anz, -enz, -a enden:

die Zigarre, die Mission, die Diät, die Prämie, die Figur, die Physik, die Kulisse, die Differenz, die Villa (Ausnahme: das Thema).

Neutral sind im Allgemeinen Fremdwörter, die auf -ment, -um, -tum, -ett, -al, -all, -ell, -at, -är enden:

das Ornament, das Experiment, das Zentrum, das Quartett, das Lineal, das Kastell, das Diktat, das Militär u. a.

Schwankendes Geschlecht findet man bei folgenden Fremdwörtern:

der / (in Österreich) das Biskuit
der / die / das Dschungel

der / (in Österreich) das Bonbon
der / (in Österreich) das Ischias
das / (in Österreich) der Katheder
der / das Mannequin
der / das Meteor
der / das Aquädukt
der / (in Österreich) das Viadukt
die / das Joghurt
das / der Mezzanin
der / das Barock
der / das Thermometer
der / das Prospekt
der / das Kompromiss
der / das Pyjama
der / das Zölibat

Zweifel bestehen häufig bei den nachstehenden Fremdwörtern. Es muss richtig heißen:

der Apostroph
das Dynamit
das Etikett (Schildchen)
die Etikette (Förmlichkeit)
der Kamin
der Kristall
der Gummi (Gegenstand aus Gummi)
das Gummi (vulkanisierter Kautschuk)
das Omelett
die Omelette
das Lexikon
der Magistrat (Verwaltungsbehörde)

205 *Setze den Artikel vor folgende Hauptwörter!*

Altar, Asche, Bottich, Brotlaib, Bleistift, Fahne, Fräulein, Gips,
Lokomotive, Maß, Messing, Husten, Lack, Pfirsich, Rahmen,

Schinken, Schraube, Schleppe, Schnecke, Wappen, Werkzeug, Winkel, Knödel, Kristall, Ananas, Muskel, Prospekt, Terpentin, Viadukt, Segel. → **L 205**

Verbessere! **206**

Was kostet der Kilo von die Ananas? Aus der Wunde floss das Eiter. Der Lexikon gibt darüber Auskunft. Der Schokolade schmeckt gut. Leg deinen Kopf auf das Polster!

→ **L 206**

Die Zahlformen des Namenwortes ☐

Man unterscheidet zwei Zahlformen (Numeri) bei den Namenwörtern (Nomen):
die Einzahl (der Singular) und
die Mehrzahl (der Plural).

Es gibt **fünf Arten der Pluralbildung:**

1. die Mehrzahl ist endungslos:

   der Lehrer / die Lehrer, der Hobel / die Hobel,
   der Wagen / die Wagen

2. Mehrzahlbildung durch Hinzufügung von -e, -er, -n, -en:

   der Hund / die Hund**e,** das Gedicht / die Gedicht**e,** das Kind / die Kind**er,** die Schwester / die Schwester**n,** der Mensch / die Mensch**en**

3. Mehrzahlbildung durch einen Umlaut:

> der Apfel / die Äpfel, der Vater / die Väter,
> der Boden / die Böden

4. Mehrzahlbildung durch einen Umlaut und durch Anfügen von Endungen:

> der Lohn / die Löhne, die Hand / die Hände,
> das Haus / die Häuser

5. Mehrzahlbildung durch die Endung „s":

> der Uhu / die Uhus, die Mutti / die Muttis,
> der Dreh / die Drehs

Mehrzahlbildungen mit einem Umlaut werden als **stark** bezeichnet (die Männer, die Böden), Mehrzahlbildungen auf -e, -n, -en, -s, -er ohne Umlaut werden als **schwach** bezeichnet (die Schwestern, die Gedichte).

Mehrzahlbildung der Fremdwörter

Die meisten Fremdwörter bilden die Mehrzahl auf -e, -n, -en oder -er:

> die Direktoren, die Tenöre.

Bei vielen Fremdwörtern wird in der Mehrzahl die Endung der Einzahl weggelassen und durch -en bzw. -ien ersetzt, z. B.:

> das Museum / die Museen, das Gymnasium / die Gymnasien, das Laboratorium / die Laboratorien, der Organismus / die Organismen, die Villa / die Villen, das Datum / die Daten.

Manche Fremdwörter bilden die Mehrzahl auf -s:

> die Hotels, die Genies, die Cafés, die Kinos.

Monatsnamen haben keine Mehrzahlform.

Doppelformen findet man bei folgenden Fremdwörtern:

die Generale / die Generäle, die Balkone / die Balkons,
die Kontos / die Konten, die Schi / die Schier.

Zweifel bestehen bei folgenden Mehrzahlformen der Fremdwörter:

das Album	die Alben
das Aroma	die Aromen, Aromas, Aromata
der Atlas	die Atlasse (Seidenstoffe) die Atlanten (Kartenwerke)
das Baby	die Babys
der Balkon	die Balkone, Balkons
der Ballon	die Ballone, Ballons
das Cello	die Cellos, Celli (Kniegeigen)
der Charakter	die Charaktere
das Delta	die Delten, Deltas (mehrarmige Flussmündungen und ihr Schwemmland)
das Detail	die Details
das Dilemma	die Dilemmas (Zwangslagen)
das Dogma	die Dogmen (festgelegte Lehrmeinungen)
der Doktor	die Doktoren
das Drama	die Dramen
das Faktum	die Fakten (Tatsachen, Tatbestände)
der Generator	die Generatoren (Erzeuger von Dampf, Gasen, Elektrizität)
der Globus	die Globen, Globusse
das Hobby	die Hobbys
das Hospital	die Hospitale, Hospitäler
der Index	die Indexe, Indizes (Namen- und Sachverzeichnisse)
das Individuum	die Individuen (Einzelwesen)
das Jubiläum	die Jubiläen

der Kaktus	die Kakteen (österr. auch Kaktusse)
der Kanton	die Kantone (Bundesland in der Schweiz)
die Kartoffel	die Kartoffeln (nicht Kartoffel)
das Klima	die Klimas, Klimata
der Kompass	die Kompasse
das Konzil	die Konzile, Konzilien (Versammlung von Würdenträgern der Kirche)
der Kursus	die Kurse
das Kuvert	die Kuverts
das Lexikon	die Lexiken, Lexika
der Magnet	die Magnete, Magneten
der Meteor	die Meteore
der Motor	die Motoren, Motore
das Parkett	die Parkette
der Pavillon	die Pavillons
das Pensum	die Pensen, Pensa (Arbeitsmengen für eine bestimmte Zeit)
das Porto	die Portos, Porti
die Praktik	die Praktiken (abwertend: üble Praktiken = listige Streiche)
das Praktikum	die Praktika (praktische Ausbildung in bestimmten Berufen)
die Praxis	die Praxen (z. B. Kassenpraxen)
das Prisma	die Prismen
der Professor	die Professoren
das Programm	die Programme
der Pudding	die Puddinge, Puddings
das Quantum	die Quanten
der Radius	die Radien
das Reagenz	die Reagenzien (Prüfmittel; Stoffe, die die Anwesenheit eines anderen anzeigen)
der Rhombus	die Rhomben (Rauten)
der Schal	die Schale, Schals
der Spargel	die Spargel (nicht: Spargeln!)
das Spektrum	die Spektren
das Taxi (Mietauto)	die Taxi, Taxis

die Taxe (Gebühr)	die Taxen
das Thema	die Themen, Themata
der Thermostat	die Thermostate, Thermostaten
der Tumor	die Tumoren (Geschwülste)
der Virus	die Viren
das Zentrum	die Zentren
der Zirkus	die Zirkusse
der Mechanismus	die Mechanismen
der Amerikanismus	die Amerikanismen (aus dem Amerikanischen übernommene Sprachgewohnheiten)
der Aphorismus	die Aphorismen (geistreiche Bemerkungen)
der Sophismus	die Sophismen (Spitzfindigkeiten)

Von manchen Wörtern gibt es **keine Mehrzahl:**

Wien, Honig, Seide, Polizei, Hass, Kälte u. a.

von anderen **keine Einzahl:**

Eltern, Alpen, Einkünfte, Lebensmittel u. a.

In einigen Fällen wird die **Mehrzahl durch Zusammensetzungen** oder **durch Worterweiterungen** gebildet:

die Fleischsorten, die Holzarten, die Unglücksfälle, die Streitigkeiten, die Betrügereien u. dgl.

Doppelformen in der Mehrzahl sind:

die Kasten / die Kästen
die Magen / die Mägen
die Fensterladen / die Fensterläden

die Bogen / die Bögen
die Krane / die Kräne
die Schachte / die Schächte
die Denkmale / die Denkmäler
die Geschäftsmänner / die Geschäfts**leute**
die Polster / die Pölster

Manche Doppelformen sind bedeutungsdifferenziert:

die Mutter – die Mütter
die Mutter (der Schraube) – die Muttern

der Strauß (Blumen)
– die Sträuße

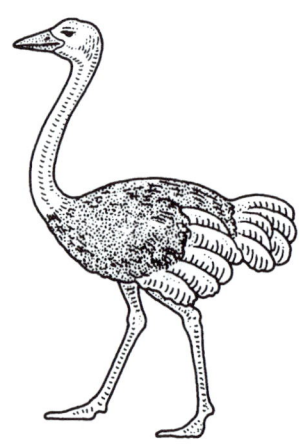

der Strauß (Vogel)
– die Strauße

das Tuch (Stoffart) – die Tuche
das Tuch (Lappen) – die Tücher

das Wort – die Worte (des Redners)
das Wort – die Wörter (im Register)

Manche Namenwörter haben zwei verschiedene Einzahl-formen, die Verschiedenes bedeuten:

die Gläubige (jemand, der an Gott glaubt)
der Gläubiger (jemand, der Anspruch auf Begleichung einer Schuldforderung hat)

der Muff (Handwärmer)
die Muffe (Verbindungsstück zweier Rohre)

das Rohr (z. B. Leitungsrohr)
die Röhre (z. B. Speiseröhre)

die Sprosse (Querholz an der Leiter)
der Spross (Nachkomme, Pflanzentrieb)

die Streife (z. B. die Polizeistreife)
der Streifen (z. B. der Filmstreifen)

Männliche und neutrale Namenwörter auf -el bilden die Mehrzahl im Allgemeinen ohne eine Endung:

der Stiefel – die Stiefel
das Rätsel – die Rätsel
das Würstel – die Würstel

Ausnahmen von dieser Regel sind:

der Pantoffel – die Pantoffel(n)
der Muskel – die Muskeln
der Stachel – die Stacheln

Sonst nehmen nur weibliche Namenwörter auf -el in der Mehrzahl ein -n an:

die Amsel – die Amseln
die Gabel – die Gabeln
die Nudel – die Nudeln
die Kartoffel – die Kartoffeln

211

Sind Namenwörter für Mengen, Maße, Gewichte und Währungen männlich oder neutral, so werden sie in der Einzahl gebraucht:

das Glas — zwei Glas Bier
das Paar — drei Paar Schuhe
das Dutzend — drei Dutzend Eier

Sind **Mengenbezeichnungen, Maße und Gewichte** weiblich, steht die Mehrzahl:

die Tasse — zwei Tassen Tee
die Flasche — drei Flaschen Wein
die Seemeile — fünf Seemeilen

207 *Verbessere die Mehrzahlformen der folgenden Hauptwörter:*

die Mädels, die Jungens, die Fräuleins, die Onkels, zwei Seideln, die Bösewichter, die Hefter, die Kerner, die Stiefeln, die Möbeln, die Ziegeln, die Mitteln, die Hirschen.

→ **L 207**

Setze in die Mehrzahl: **208**

Aal, Saal, Tag, Arzt, Boot, Schneeball, Ross, Stein, Bein, Geschäft, Fuchs, Krebs, Hengst, Hecht, Hahn, Storch, Nuss, Bauer, Nachbar, Papagei, Nerv, Pudel, Schimmel, Pinsel, Säbel, Spiegel, Sessel, Nagel, Schlüssel, Kübel, Löffel, Flügel, Ziegel, Zug, Stiefel, Pantoffel, Mantel, Zettel, Rätsel, Schüssel, Fessel, Distel, Erdapfel, Kartoffel, Stachel, Vetter, Kerl, Kran, Magen, Kasten. → **L 208**

Setze in die Mehrzahl: **209**

Fass, Gebiss, Schloss, Fluss, Guss, Kuss, Geiß, Spieß, Gefäß, Maß, Fuß, Gruß, Zeugnis, Begräbnis, Kenntnis, Erzeugnis, Versäumnis, Iltis, Kürbis, Autobus, Zirkus, Lehrerin, Näherin, Schaffnerin, Bäuerin, Geschäftsmann, Schneemann, Seemann, Edelmann, Denkmal, Grabmal, Zins, Dorn, Wort (Ausspruch). → **L 209**

Bilde die Mehrzahlform von: **210**

Bündel, Muskel, Stachel, Ärztin, Gefängnis, Kaufmann, Staatsmann, Kleinod, Erlass, Schacht, Anwalt, Kragen, Wagen, Fensterladen, Brückenbogen, Papierbogen, Fasan, Pfau, Beamtengehalt, Merkmal. → **L 210**

Schreib die Mehrzahlform der folgenden Wörter auf: **211**

ein Blumenstrauß – der afrikanische Strauß, ein Gesicht (Erscheinung) haben – ein lachendes Gesicht, Ritterschild – Geschäftsschild, Dichterwort – Fremdwort, Schimpfwort – Namenwort, Gartenbank – Spielbank, Großmacht – Vollmacht, Großmutter – Schraubenmutter, Fettsau – Wildsau. → **L 211**

Wie lautet die Mehrzahl? **212**

1 Glas Wasser – ein zerbrochenes Glas; 1 Fass Wein – ein leeres Fass, 1 Paar Stiefel – ein Brautpaar; 1 Stück Seife – ein

Theaterstück; 1 Schritt lang – ein kurzer Schritt; 1 Dutzend Knöpfe – Dutzend Enten.

213 *Bilde die Mehrzahlform der folgenden Fremdwörter und schreib sie auf:*

Offizier, Kassier, Ingenieur, Notar, Major, General, Mineral, Seminar, Telefon, Sakrament, Medikament, Kiosk, Balkon, Schal, Streik, Park, Kardinal, Kanal, Spital, Schi, Doktor, Motor, Drama, Thema, Album, Datum, Gymnasium, Studium, Epos, Rhythmus, Firma, Villa, Konto, Atlas (Kartenwerk), Moschee, Chance, Hotel, Restaurant, Auto, Kino, Baby, Sandwich, Tempo, Porto, Ananas. → **L 213**

214 *Setze in die Mehrzahl!*

Er machte große (Wort). Ist das Lexikon eine Sammlung von (Wort)? Man überreichte der Künstlerin viele Blumen(strauß). Von der Gitarre hingen bunte (Band) herab. Diese (Tuch) kommen aus England. Er zahlte dafür 300 (Euro). Verlange drei (Liter) Milch! Wohin legt er die (Buch)? Vergiss nicht(,) die Fenster(laden) zu schließen! Alle (Tabak) waren unverwendbar. Die (Muskel) waren nicht verletzt. Bitte drei Kilogramm (Apfel). Die (Nachbar) meinen es gut mit ihm. Vier (Sack) (Kartoffel) trug er in den Keller. Alle (Junge) und (Mädel) freuten sich über den freien Tag. Wo stellten sie die (Wagen) ab? Man vernahm deutlich das Rattern der (Motor). Die (Auto) parkten weiter unten. Die (Direktor) betraten die (Büro) um neun Uhr. Meine (Onkel) ließen ihre (Dollar) in mehreren (Bank) des Landes umwechseln. Die (Bauer) mussten ihre (Ross) um wenige (Mark) verkaufen. Es war eine Mauer von zwei (Meter) Höhe. Diese (Bengel) hatten die Tür von innen versperrt. Im Westen der Stadt gibt es viele (Villa). → **L 214**

Die Beugung (Deklination) des Namenwortes ⊗

Namenwörter (Substantive, Nomen) verändern beim Gebrauch in jedem **Fall** (Kasus) ihre **Form**.

Man unterscheidet:

	Einzahl (Singular)	Mehrzahl (Plural)
1. Fall: Werfall (Nominativ):	der Mann die Tochter das Kind	die Männer die Töchter die Kinder
2. Fall: Wessenfall (Genitiv):	des Mannes der Tochter des Kindes	der Männer der Töchter der Kinder
3. Fall: Wemfall (Dativ):	dem Mann(e) der Tochter dem Kind(e)	den Männern den Töchtern den Kindern
4. Fall: Wenfall (Akkusativ):	den Mann die Tochter das Kind	die Männer die Töchter die Kinder

Diese Veränderung des Namenwortes wird als **Beugung (Deklination)** bezeichnet. Nach dem Grad der Veränderung kennt man **drei Beugungsklassen:**

stark beugende,

schwach beugende und

gemischt beugende Namenwörter.

Beispiele für die Beugung des Namenwortes:

männlich	starke Beugung	schwache Beugung	gemischte Beugung
Merkmale	2. Fall Einzahl endet auf -s oder -es; 1. Fall Mehrzahl auf -e, -er, -s oder endungslos; 3. Fall Mehrzahl auf -n oder -en; einzelne Namenwörter haben in der Mehrzahl einen Umlaut	Endung in allen Fällen außer dem 1. Fall der Einzahl -n oder -en.	Gemischt beugen Namenwörter männlichen oder sächlichen Geschlechtes, die in der Einzahl die Merkmale der starken, in der Mehrzahl die Merkmale der schwachen Beugung aufweisen.
Beispiele	Ez. der Wald des Waldes dem Wald(e) den Wald Mz. die Wälder der Wälder den Wäldern die Wälder	der Mensch des Menschen dem Menschen den Menschen die Menschen der Menschen den Menschen die Menschen	der Staat des Staates dem Staat(e) den Staat die Staaten der Staaten den Staaten die Staaten
weiblich	starke Beugung	schwache Beugung	gemischte Beugung
Merkmale	Keine Endung in der Einzahl, dagegen ein -e in den meisten Fällen der Mehrzahl; der 3. Fall der Mehrzahl endet auf -(e)n; Umlaut möglich.	Keine Endung in der Einzahl; in der Mehrzahl Endung -n oder -en.	Weibliche Namenwörter, die gemischt gebeugt werden, gibt es nicht.
Beispiele	Ez. die Mutter der Mutter der Mutter die Mutter Mz. die Mütter der Mütter den Müttern die Mütter	die Frau der Frau der Frau die Frau die Frauen der Frauen den Frauen die Frauen	

neutral	starke Beugung	schwache Beugung	gemischte Beugung
Merkmale	2. Fall Einzahl endet auf -es oder -s; 3. Fall Einzahl endet auf -e, oder er ist endungslos; der 1. Fall der Mehrzahl endet auf -e, -er, oder er ist endungslos. Umlaut möglich.	Sächliche Namenwörter, die schwach gebeugt werden, gibt es nicht.	Gemischt beugen Namenwörter männlichen oder sächlichen Geschlechtes, die in der Einzahl die Merkmale der starken, in der Mehrzahl die Merkmale der schwachen Beugung aufweisen.
Beispiele	Ez. das Haus des Hauses dem Haus(e) das Haus Mz. die Häuser der Häuser den Häusern die Häuser		das Bett des Bettes dem Bett(e) das Bett die Betten der Betten den Betten die Betten

Stark beugen die Namenwörter Feind, Brot, Gefäß, Gift, Kopf, Sprung, Jahr, Haus u. a.

Schwach beugen die Namenwörter Rabe, Knabe, Mensch, Herr, Soldat, Lump u. a.

Gemischt beugen die Namenwörter Bett, Hemd, Auge, Ohr u. a.

Bei einigen Wörtern **schwankt** heute noch die Beugung, es sind beide Formen möglich:

der Bauer – des Bauer**n** oder des Bauer**s** – die Bauer**n**;
der Nachbar – des Nachbar**n** oder des Nachbar**s** – die Nachbar**n**;

der Untertan – des Untertan**en** oder des Untertan**s** – die Untertan**en**.

215 *Bilde den Wesfall der folgenden Namenwörter und schreib sie in Fügungen auf:*

Laub, Stroh, Schüssel, Garten, Monat, Abend, König, Tag, Jahr, Birnbaum, Edelstein, Vollmond, Handwerk, März, Mai, Bauer, Nachbar, Vetter, Greis, Hahn, Schwan, Star, Wille, Funken, Haufen, Samen, Schaden, Herz, Bär, Fink, Held, Onkel.

Beispiele:
die Farbe des Laubes, das Gewicht des Strohs

216 *Bestimme die Fallformen des Namenwortes „Fisch"!*

In der Fernsehsendung sah ich ei**nen** großen Fisch. Der Leib **des** Fisch**es** war farbig. Hinter **dem** Fisch bemerkte ich eine dunkle Höhle. Ein Taucher versuchte, **den** Fisch zu fangen. Daneben sah man **die** anderen Fische. Die Farben dies**er** Fisch**e** waren ebenfalls bunt. Außer **den** Fisch**en** gab es noch Korallen zu sehen. Die Taucher konnten **die** Fisch**e** nicht erwischen.

Bist du im Zweifel, welche Fallform anzuwenden ist, mache die Ersatzprobe:

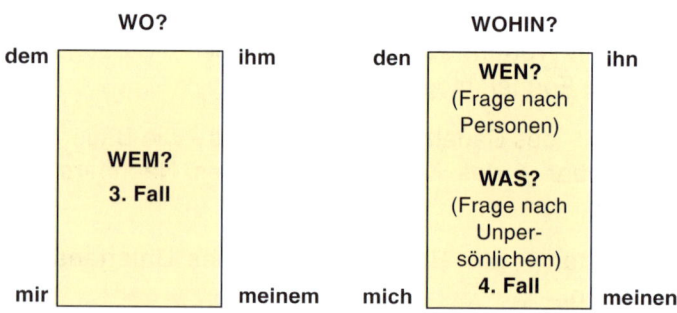

Ergänze den folgenden Text! **217**

Was das Fernsehen alles kann. Es tröstet . . . Einsame . . . . Es belehrt . . . Schüler. Es stillt d . . . Bildungshunger. Es zeigt uns bekannte Männer. Es vermehrt uns . . . Wissen. Es bringt Freude ins Haus. Es ersetzt d . . . Zeitungsartikel. Wir bewundern . . . Sportsmann. Wir hören . . . Sängerin. Das Fernsehen hilft . . . Suchenden. Es gefällt . . . Zuschauer. Es gibt . . . Nachdenklich . . . Rätsel auf. Wir sehen . . . Künstler zu. Wir lauschen . . . Vortrag. → **L 217**

Ergänze die Beugungsendungen der Namenwörter, Für- **218** *wörter und Artikel:*

Die Farbe des Rabe_, die Länge ihr_ Haare, der Geschmack d_ Brot_, die Öffnungszeiten d_ Geschäft_, das Einkommen d_ Bauer_, der Beruf d_ Nachbar_, die Mähne d_ Löwe_, die Lebensdauer d_ Mensch_, die Uniform d_ Soldat_, das Erscheinen d_ Arzt_, die Größe d_ Kreis_. → **L 218**

Ergänze die Endungen! **219**

Die Uhr Newtons
Der englische Gelehrte Newton war ein_ Tag_ ganz in sein_ Gedank_ vertieft, als die Köchin ins Zimmer trat. Sie brachte ein_ Topf und ein frisch_ Ei mit, um es in Gegenwart ihr_ Dienstgeber_ zu kochen. Es war das üblich_ Frühstück des Gelehrt_. Da Newton mitten in sein_ Arbeit war, hieß er sie gehen, er wolle das Ei selbst kochen.
Die Köchin empfahl ihr_ Herr_ noch beim Weggehen, das Ei, das neben der Taschenuhr lag, nicht länger als drei Minuten in d_ kochend_ Wasser zu lassen. Wie groß war ihr Erstaunen, als sie eine halbe Stunde später zurückkam(,) um d_ Tisch abzuräumen: Sie sah ihr_ Herr_ vor d_ Ofen stehen, d_ starr_ Blick auf das Ei gerichtet, das er in der Hand hielt, während die Taschenuhr in d_ Topf kochte. → **L 219**

220 *Stelle richtig:*

Der Hut von meinem Vatern, das
Fell des Löwens, der Obmann des
Gesangverein, Spinat mit Eier,
der Verkauf von Kartoffel, den
Empfang von Ihren Schreiben be-
stätigen, ich habe ihm gesehen, das
Buch liegt auf den Tisch, gegen den
Wind gehen, er lässt ihm grüßen.

→ **L 220**

221 *Ergänze die Endungen:*

Werkstoff Ton:
Die Verarbeitung d_ Ton_ gehört zu d_ ältesten Kulturtätigkeiten d_ Mensch_. Man hat Bruchstücke von Töpfe_
gefunden, von d_ unsere Forscher behaupten, dass sie d_
Eiszeit angehören. Eigentümlich ist, dass alle Funde, auch
die aus neuer_ Zeit, ein_ auffallend_ Ähnlichkeit in Form und
Herstellungsverfahren aufweisen, ganz gleich, aus welch_
Teil_ d_ Erde oder von welch_ Völker_ sie stammen. Das
Verformen geschah in vorgeschichtlich_ Zeit ausschließlich
mit d_ Hand. Erst später wurde die Töpferscheibe erfunden,
wahrscheinlich in d_ alt_ Kulturländer_ Kleinasien_.

→ **L 221**

222 Ein Verkehrspolizist berichtet: Heute ist ein Motorradfahrer
tödlich verunglückt. Ein Lastwagen ist einen Abhang
hinuntergerollt. Ein Personenkraftwagen ist in den Inn
gestürzt. Ein Radfahrer ist von einem Zug erfasst worden. Ein

Mann hat sich beim Abspringen von der Straßenbahn ein Bein gebrochen. Ein Mopedfahrer ist gegen einen Baum gerast. Zwei Wagen sind frontal zusammengestoßen.

(Nach Martin Ibler)

Frage, wo sich der Verkehrsunfall ereignet hat:

innerhalb des Ortes (Bezirkes, Bereiches, Rayons), diesseits oder jenseits der Autobahn (des Flusses, des Bahnüberganges, der Grenze . . .) ist ein Motorradfahrer tödlich verunglückt, . . . ist ein Lastwagen den Abhang hinuntergerollt, . . . ist ein Personenkraftwagen . . .

Stelle fest, weswegen ein Motorradfahrer tödlich verunglückt ist (den Abhang hinuntergerollt ist) . . .

Schreibe so: Der Motorradfahrer ist wegen überhöhter Geschwindigkeit tödlich verunglückt. Ein Lastwagen ist wegen . . . (Trunkenheit des Fahrers) . . . Ein Radfahrer ist wegen . . . . (Nichtbeachtung der Verkehrsregeln) . . . Ein Personenkraftwagen ist wegen (dichter Nebel . . .) . . .

Sage, wann die Unfälle geschehen sind:

Während des Sonntags ist ein Motorradfahrer tödlich verunglückt. Während des . . . (heutiger Tag, Abend, Autorennen . . .) ist der Lastwagen den Abhang hinuntergerollt . . .

Wir wundern uns,

dass trotz der Verkehrsregelung ein Motorradfahrer tödlich verunglückt ist; dass trotz des Warnsignals . . . (geschlossener Bahnschranken, Rotlicht, Haltezeichen . . .)

Bilde Sätze und verwende dabei die Angaben des ersten Absatzes!

Ergänze die Beugungsendungen: **223**

Eine Filiale des Wiener Bankverein_; auf Empfehlung ein_

gut_ Bekannt_, d_ Herr_ Berger; trotz sein_ gut_ Geschmack_; die Felder d_ Bauer_; der Umfang d_ Fass_; die Länge d_ Mantel_; das Fell d_ Löwen; gegenüber d_ Eingang; binnen ein_ Stunde; entgegen d_ Anordnung; mit d_ Erfolg; nach d_ Theaterbesuch; samt sein_ Eltern; seit dies_ Tag; von d_ Buch; sich an d_ Wagen lehnen; in d_ groß_ Zimmer warten; aus ganz_ Herz_ Glück wünschen; mit scharf_ Blicken mustern; mit groß_ Aug_ anstarren; seit viel_ Jahr_; von manch_ Nachbar_ gehört haben; Hände zu Fäust_ ballen; Gänse mit lang_ Häls_; zwischen d_ hoh_ Bäume_ stehen. → **L 223**

224 *Ergänze die Beugungsendungen:*

Am Rande d_ ewig_ Eis: in dem nördlichst_ Land Amerika_ hat der Schneehase in Felsspalten und zwischen Steinen sein_ Unterschlupf. Der genaue Name dies_ Tier_ ist Polarhase. Es hausen meist viele dicht beieinander. Der erwachsen_ Polarhase ist so groß wie unser Feldhase. Sein Fell ist das ganz_ Jahr über schneeweiß, nur die Ohrenspitzen sind schwarz. Im Felsversteck bringt die Häsin jährlich etwas sieben Junge zur Welt. Das Fell der Klein_ ist in der erst_ Zeit grau. Nahe Verwandte d_ Polarhase_ leben auch in d_ Alpen: der Alpenschneehase. Dieser ist jedoch nur im Winter weiß. Zu Beginn des Sommer_ färbt sich sein Fell braun.

→ **L 224**

225 *Verbessere:*

Die Rente des Invalidens; die Wohnung von dem Arzt; die Worte von meinem Vorredner, das Geweih des Hirschen; das Alter des Knabens; das Fell des Hasens; die Spiele der Jungens; meinem Mann seine Meinung; mangels Beweise; meiner Schwester ihre Freundin; der Kollege von meinem Bruder; wegen Urlaub geschlossen; Waren aus allen Länder.

→ **L 225**

Bilde mit den Angaben vollständige Sätze! **226**

1. Student: Meine Schwester ist mit einem . . . verlobt.
2. Fotograf: Ich gehe zum . . ., um mir Passbilder machen zu lassen.
3. Experte: An seiner Stelle würde ich einen . . . fragen.
4. Patient: Ich werde den . . . für Donnerstag bestellen.
5. Elefant: An der Form der Ohren kann man erkennen, ob es sich um einen indischen oder um einen afrikanischen . . . handelt.
6. Professor: Die Berufung des . . . erfolgte durch den Wissenschaftsminister.
7. Hemd: Die Ärmel dieses . . . sind zu lang.
8. neue Autotype: Die Entwicklung einer . . . nimmt viel Zeit in Anspruch.
9. Arzt: Die Adresse des . . . war ihm nicht bekannt.

→ **L 226**

Besondere Schwierigkeiten bereitet die **Beugung von Eigennamen.** Dabei sollte Folgendes beachtet werden:

1. Wie alle stark beugenden Namenwörter bekommt der Name im 2. Fall (Genitiv) ein -s angefügt:

Goethes Werke, Erichs Schule, Helgas Alter.

Dasselbe gilt auch, wenn der Genitiv nachgestellt wird:

die Werke Goethes, die Schuhe Erichs, das Alter Helgas.

2. Der Name bleibt jedoch ungebeugt, wenn er mit einem Artikel verbunden ist:

die Schuhe **des** Erich,
die Streiche **des** Till Eulenspiegel,
die Gedichte **eines** Josef Weinheber.

3. Der Name bleibt auch ungebeugt, wenn ihm eine Beifügung (ein Attribut) vorangeht:

die Werke **des** bedeutenden Dichters Goethe,
Die Märchen **der** Brüder Grimm,
der Anblick seiner Kusine Erna.

4. Wird eine Person mit mehreren Namen bezeichnet und fehlt der Artikel, erhält nur der letzte Name die Genitivendung:

die Amtszeit Doktor Schärf**s,**
die Novellen Theodor Storm**s,**
die Krönung Franz Josef**s des** Ersten.

5. Familien- und Vornamen sowie erdkundliche Namen, die mit Zischlauten (s, sch, ß, x, z, tz) enden, können den Wesfall auf verschiedene Weise bilden:

Franzen**s** Brille, Hans Sachs**ens** Fastnachtspiele
oder
die Brille **des** Franz, die Fastnachtspiele **des** Hans Sachs
oder
die Brille von Franz, die Fastnachtspiele von Hans Sachs.

6. Folgt einem Eigennamen ein Beiname, werden beide gebeugt:

am Hofe Ludwig**s** des Vierzehnten,
ein Freund Josef**s** des Zweiten.

7. Wenn zum Namen ein Titel ohne Artikel tritt, wird nur der Name gebeugt:

> die Vorlesung Professor Berger**s**,
> die Worte Außenminister Figl**s**,
> die Kanzlei Doktor Müller**s**.

8. Tritt zum Namen ein Titel mit Artikel, wird der Titel gebeugt, aber nicht der Name:

> die Erinnerung des Amtsrat**es** Bieger,
> die Praxis des Professor**s** Müller.

9. Wenn zum Namen mehrere Titel ohne Artikel treten, wird nur der Name gebeugt:

> der Vortrag Medizinalrat Doktor Hauser**s**,
> das Haus Regierungsrat Professor Albrecht**s**.

10. Treten zum Namen mehrere Titel mit einem Artikel, wird nur der erste Titel gebeugt:

> der Vortrag des Museumsdirektor**s** Hofrat Doktor Sandtner,
> die Aufgabe des Abteilungsvorstand**es** Regierungsrat Groß.

11. Akademische Titel (Doktor, Magister, Ingenieur u. dgl.) bleiben, vor den Namen stehend, immer ungebeugt:

> die Sprechstunde Doktor Moser**s**,
> die Dienstzeit Magister Fellinger**s**.

12. Die Anredewörter (Herr, Frau, Fräulein) werden immer gebeugt, auch wenn ein Artikel vorangeht.

Herrn Hubers Wohnung,
Herrn Professor Doktor Schneiders Villa,
die Meinung **des** Herr**n** Hausner,
die Kleider **der** Frau Professor Berger.

Auf Briefumschlägen ist zu schreiben:
(An) Herrn Dr. Müller, Präsidenten des Landes-
gerichts,
(An) Herrn Architekten Ingenieur Berger,
(An) Herrn Dr. Franz Sames, Professor an der
Akademie der bildenden Künste.

227 *Setze in Beziehung und beuge (mit und ohne Artikel):*

Lieder – Franz Schubert (die Lieder Franz Schuberts);
Kompositionen – Mozart; Regierungszeit – Maria Theresia;
Hauptstadt – Oberösterreich; Villa – Minister Pfaffstättner;
Lieferant – Bäckermeister Mendel; Erfindung – Peter Mitter-
hofer; Verdienste – Napoleon; Bilder – Maler Moritz Schwind;
Einwohnerzahl – Wien; Quelle – Rhein; Länge – Donau;
Ordination – Doktor Stein; Hut – Hofrat Hauser; Zitat – Drama
„Die Räuber"; Rede – Regierungsrat Siebert; Ansprache –
Professor Doktor Mayer. → **L 227**

228 *Wie muss es richtig heißen?*

1. (Heinrich von Kleist) Dramen werden heute noch
aufgeführt.
2. Ich schätze (Johann Wolfgang Goethe) Gedichte.
3. Alle lachten über (Onkel Egon) Witze.
4. Die Rede des (Oberstudienrat Professor Berger) fand
viel Beifall.
5. Wo findet (Doktor Neumann) Sprechstunde statt?
6. Kennst du (Herr Lehmann) noch nicht?
7. (Herr Professor Doktor Kluge) neuestes Buch ist sehr
lehrreich.

8. Die Sprache des („Götz") ist sehr volkstümlich.
9. Ich habe das Bild aus der („Bunte Illustrierte") ausgeschnitten.
10. Wer kennt schon alle Nebenflüsse des (Kongo)?

→ **L 228**

**Mit Namenwörtern (Nomen) sollte man keine Hand-
lungen ausdrücken, dafür gibt es Zeitwörter (Verben).**

Man sage nicht:	**sondern:**
Abänderungen vornehmen	ändern
zur Absendung kommen	absenden
in Absetzung bringen	absetzen
Andeutungen machen	andeuten
in Angriff nehmen	beginnen
in Anregung bringen	anregen
seinem Bedauern Ausdruck geben	bedauern
zum Ausgleich bringen	ausgleichen
seinen Dank abstatten	danken
mit der Durchführung beginnen	anfangen
zur Einsicht gelangen	einsehen
eine Eintragung vornehmen	eintragen
die Erkenntnis gewinnen, dass . . .	erkennen, dass . . .
in Erwägung ziehen	erwägen
zur Feststellung gelangen	bemerken
Folge leisten	folgen
mit allem Nachdruck die Frage aufwerfen	nachdrücklich fragen
etwas einer Prüfung unterziehen	etwas prüfen
für etwas Sorge tragen	für etwas sorgen
Geld zur Überweisung bringen	Geld überweisen

227

Man sage nicht:	sondern:
zur Verabschiedung bringen	verabschieden
eine Veranstaltung durchführen	veranstalten
Verzicht leisten	verzichten
Vorbereitungen treffen	vorbereiten
in Vormerkung halten	vormerken
in Wegfall kommen	entfallen, wegfallen
unter Außerachtlassung der Vorschriften . . .	wenn man die Vorschriften außer Acht lässt, . . .
Die Zurverfügungstellung des Geldes wird zum gegebenen Zeitpunkt erfolgen	Das Geld wird zum gegebenen Zeitpunkt zur Verfügung gestellt.

Das Geschlechtswort □
(Der Artikel)

Arten des Artikels:

Es gibt zwei Arten des Artikels,

den **bestimmten Artikel** (der, die das) und
den **unbestimmten Artikel** (ein).

Der bestimmte Artikel verdeutlicht das Geschlecht, die
Zahl, den Fall des Namenwortes, das er begleitet.
Der unbestimmte Artikel verdeutlicht ebenfalls Geschlecht, Zahl und Fall des folgenden Namenwortes
und bezeichnet Einzelwesen, ein Einzelding als
unbestimmt, unbekannt: Ein Mann steht vor der Tür.

Die Beugung (Deklination) des Artikels

Der bestimmte Artikel wird **stark,** der unbestimmte
gemischt gebeugt.

Deklination des bestimmten Artikels:

| Fall | Einzahl | | | Mehrzahl |
	männ- lich	weib- lich	neu- tral	für alle Ge- schlechter
1. F. (Nominativ)	der	die	das	die
2. F. (Genitiv)	des	der	des	der
3. F. (Dativ)	dem	der	dem	den
4. F. (Akkusativ)	den	die	das	die

Deklination des unbestimmten Artikels:

| Fall | Einzahl | | | Mehrzahl |
	männ- lich	weib- lich	neu- tral	für alle Ge- schlechter
1. F. (Nominativ)	ein	eine	ein	(Hier wird
2. F. (Genitiv)	eines	einer	eines	der Plural
3. F. (Dativ)	einem	einer	einem	des Namen-
4. F. (Akkusativ)	einen	eine	ein	wortes ohne Artikel verwendet)

Der Gebrauch des Artikels

Der Artikel steht meist unmittelbar vor einem
Namenwort. Zwischen den Artikel und das Namenwort,
das er begleitet, können sich auch Beifügungen
schieben:

der Mann, der alte Mann,

die inzwischen berühmt gewordenen Stummfilme,

ein leuchtendes Gelb.

In **Aufzählungen** steht der Artikel meist vor jedem
Namenwort, vor allem dann, wenn die Namenwörter
verschiedenes Geschlecht haben:

229

Wir haben das Haus gemietet und den Garten gepachtet.
Das Haus und der Garten sind nicht unser Eigentum.

Bei gleichgeschlechtlichen Namenwörtern braucht bei Aufzählungen der Artikel nur einmal zu stehen:

Die Bäume, Sträucher und Büsche beginnen zu blühen.

Oft werden Vorwörter (Präpositionen) mit dem Artikel verschmolzen:

von dem	= vom	in dem	= im
an dem	= am	vor das	= vors
zu dem	= zum	auf das	= aufs
bei dem	= beim	für das	= fürs

Die **verneinende Form** des unbestimmten Artikels „ein" ist „kein":

Ich habe **keine** Milch bekommen. Er hat **keinen** Fehler gemacht.

Kein Artikel steht

1. wenn ein Namenwort verallgemeinernd verwendet wird:

   Meine Schwester war erst Rechtsanwältin, dann Richterin.
   Ihr Mann ist Schweizer.

2. bei Eigennamen, die ohne Beifügung stehen:

   Bei einer Reise durch Österreich hat er auch Graz besucht.
   Erich ist ein braver Bub.

Einige Ländernamen, Berg- und Gewässernamen werden jedoch immer mit einem Artikel gebraucht:

die Nordsee, der Großglockner, die Donau, die Schweiz, die Niederlande, die Adria u. a.

3. bei Stoffnamen, die allgemein gebraucht werden:

Butter und Brot sind wieder teurer geworden.

4. bei Gattungsnamen, die für eine unbestimmte Menge stehen:

Der Ballon wird mit Gas gefüllt.

5. in Fügungen und Redewendungen:

Er trägt Sommer und Winter keinen Hut.
Das wird ihn Kopf und Kragen kosten.
Sie haben sich in bestem Einvernehmen getrennt.

6. bei Kommandos und Aufforderungen:

Durchgang verboten! Gewehr ab!

Bei Verwandtschaftsbezeichnungen steht in der Standardsprache immer der Artikel:

Der Vater ist nicht zu Hause.
Die Mutter ist einkaufen gegangen.

Verbessere die folgenden Sätze:

1. Hermann war mit Frau und Tochter seines Bruders in Kärnten. – 2. Bei dem Festakt waren der Unterrichts- und Finanzminister anwesend. – 3. Den Besuchern ist das Rauchen und Mitnehmen von Hunden verboten. – 4. Das Fischen und Baden von Hunden ist hier verboten. – 5. Ein junges Mädchen oder Frau wird als Verkäuferin gesucht. – 6. Für die Verkaufsausstellung herrscht ein großes Interesse. – 7. Sie sammelten Kleider, um den Armen eine Freude

zu bereiten. – 8. Ich wünsche Ihnen eine unfallfreie und eine angenehme Reise. – 9. Die Pelzmäntel können hier zu einem Paletot oder Jacke umgearbeitet werden. → **L 229**

Das Fürwort ○
(Das Pronomen)

● **Fürwörter** vertreten oder begleiten die Namenwörter:

Ilse ist in der Stadt.
Sie ist in der Stadt.
Meine Schwester ist in der Stadt.

● Manche Fürwörter geben an, wem etwas gehört, weisen auf etwas hin, bezeichnen unbestimmte Personen, bringen Teilsätze mit anderen in Beziehung, fragen nach einer Person oder Sache.

● Die meisten Fürwörter werden gebeugt:
Manche können nicht gebeugt werden (z. B. „man").

230 *Ersetze in dem folgenden Text den Namen Konrad durch Fürwörter (er, ihn)!*

Konrad sucht eine Lehrstelle. Aus einem Zeitungsinserat ersieht Konrad, dass die Druckerei Berger einen Lehrling einstellt. Da Konrad die Absicht hat(,) Buchdrucker zu werden, bewirbt sich Konrad schriftlich um die Lehrstelle. Nach einigen Tagen bekommt Konrad eine Aufforderung(,) sich vorzustellen. Man empfängt Konrad sehr freundlich und lädt Konrad ein(,) bestimmte Fragen zu beantworten. → **L 230**

Nach ihrer Aufgabe teilt man die Fürwörter in folgende Arten ein:

persönliche Fürwörter (Personal-pronomen)	Sie vertreten ein Namenwort, das eine Person oder Sache nennt.	ich, meiner, mir mich; du, deiner, dir, dich; er, seiner, ihm, ihn; sie, ihrer, ihr, sie; es, seiner, ihm, es; wir, unser, uns; ihr, euer, euch; sie, ihrer, ihnen, sie.
besitzanzeigende Fürwörter (Possessiv-pronomen)	Sie geben an, wem etwas gehört oder wo etwas dazu-gehört.	mein, dein, sein, unser, euer, ihr . . . meine, deine, seine, uns(e)re, eu(e)re, ihre . . .
hinweisende Fürwörter (Demonstrativ-pronomen)	Sie weisen auf eine Person, eine Sache oder auf eine Art hin.	der, die, das, dieser, jener, derjenige, die-jenige, dasjenige, selber, selbst, der-selbe, dieselbe, das-selbe, solcher, solche, solches . . .
bezügliche Fürwörter (Relativpronomen)	Sie beziehen sich auf ein vorher-gehendes Namen-wort, kennzeichnen die Zugehörigkeit zu einem Namen-wort.	der, die, das, welcher, welche, welches, wer, was . . .
fragende Fürwörter (Interrogativ-pronomen)	Sie fragen nach einer Person oder Sache.	wer, was, welcher, was für ein, wessen, wem, wen . . .
unbestimmte Fürwörter (Indefinit-pronomen)	Sie bezeichnen eine oder mehrere unbestimmte Per-sonen oder Sachen.	man, jemand, niemand, jedermann, irgendwer, irgendein, kein, jeder, jegliche, viele, wenige, einige, mehrere, alle, sämt-liche, beide, nichts . . .

231 *Unterstreiche alle Fürwörter in dem folgenden Text:*

Die Sonne soll heiraten

Eines Tages hielten die Tiere eine Versammlung ab. Der Hahn sagte: „Brüder, hört mich an, uns allen geht es gut, weil uns die Sonne bescheint und wärmt und weil sie die Nahrung für alle Tiere hat sprießen und gedeihen lassen. Denkt daher darüber nach, wie wir der Sonne danken können!"

Die Tiere hatten dem Hahn aufmerksam zugehört. Und als er endete, versagte ihm keiner seine Zustimmung. Sofort dachten alle nach, lange und gründlich. Schließlich erhob sich der kleine Igel und sagte: „Etwas haben wir nie bedacht. Wir alle heiraten und bekommen Kinder. Die arme Sonne ist aber immer allein. Wir wollen sie verheiraten, Brüder, damit sie endlich erfährt, wie schön es ist, Kinderchen an der Hand zu führen und aufzuziehen!"

Beifällig nickten die Tiere zu den Worten des Igels; sein Vorschlag gefiel ihnen. Nur der König der Tiere, der Löwe, schüttelte verneinend seine Mähne. Er rief: „Ich kann verstehen, Brüder, dass euch die Worte des Igels gefallen, aber mich überzeugen sie nicht. Mir scheint dieser Vorschlag des Igels gefährlich. Denn habt ihr nicht bedacht, dass die Sonne viele Sonnenkinder bekommen wird? Kleine Sonnen, die nach und nach so groß werden wie ihre Mutter? Dann entsteht eine solche Hitze, dass wir alle bei lebendigem Leibe gebraten werden. Können wir es doch jetzt schon in vollem Sonnenlicht nicht aushalten!"

Bei diesen Worten des Löwen erschraken alle Tiere(,) und sie riefen einstimmig: „Ja, du hast Recht, Bruder Löwe! Wir sind für deine Warnung dankbar. Denn mehr als eine Sonne könnten wir in der Tat nicht ertragen. Das wäre unser Untergang. Wir dürfen also die Sonne nicht verheiraten – leider, leider!"

→ **L 231**

Setze die fehlenden persönlichen Fürwörter in der richtigen **232**
Beugungsform ein:

Eulenspiegel hat Durst

Einmal kam der berühmte Schalk nach Leiden. . . . hatte keinen Kreuzer in der Tasche, dafür aber einen Riesendurst. Es gelang . . . zwar schließlich(,) zwei Flaschen aufzutreiben, aber beide waren leer. Doch Eulenspiegel wusste Rat, . . . füllte die eine Flasche mit Wasser, versteckte . . . unter seinem Rock, nahm die zweite Flasche in die Hand und ging in eine Schankstube. . . . reichte dem Schankwirt die leere Flasche und sprach: „Fülle diese Flasche mit dem besten Wein, den . . . hast!" Der Schankwirt schenkte . . . ein. Eulenspiegel versteckte die Flasche ebenfalls unter seinem Rock und ging. „Und wer wird zahlen?", schrie . . . der Wirt an. „. . . werde ein andermal zahlen, heute habe . . . kein Geld." „Das kenne . . . schon, . . . willst . . . betrügen. . . . gebe . . . den Wein auf Borg(,) und dann sehe . . . . . . nie wieder." „Hab nur keine Angst!", beruhigte . . . Eulenspiegel. „. . . will . . . morgen das Geld bringen." „Nichts da! . . . zahlst auf der Stelle, oder . . . gibst den Wein zurück!" „Wenn . . . es nicht anders haben willst", sagte Eulenspiegel und zog unter seinem Rock die Flasche hervor, doch nicht jene mit dem Wein, sondern die mit Wasser. Der Schankwirt nahm . . . und schüttete das Wasser in das Fass. Und jene Flasche leerte Eulenspiegel dann auf das Wohl des Schankwirts. → **L 232**

Ergänze die Fürwörter! **233**

1. Der Freund, nach . . . Aufenthalt ich mich erkundigt habe, ist inzwischen eingetroffen. – 2. Der Baum, in . . . Schatten wir oft ausruhten, ist nun gefällt worden. – 3. Der Vater, seit . . . Tod es seiner Familie sehr schlecht geht, war Beamter. – 4. Das ist ein Tag, . . . ich stets gedenken werde. – 5. Das sind im Wesentlichen die Fragen, . . . Beantwortung aussteht. – 6. Das ist der Zeuge, auf . . . Aussage es besonders ankommt. – 7. Das ist die Ärztin, auf . . . Rat ich nach Gastein zur Kur fahre. → **L 233**

234 *Ergänze die Fürwörter mit „ihm" oder „ihn", im Zweifelsfall mache die Ersatzprobe mit „mir" oder „mich"!*

Warst du bei . . . ? Wo hast du . . . gesehen? Sie fragt . . . was er ihr mitgebracht habe. Unterbrich . . . nicht immer! Wir wollen . . . bitten(,) bald wiederzukommen. Was fehlt . . . denn? Hast du . . . auf die Fehler aufmerksam gemacht? Was fällt . . . denn ein? → **L 234**

> Unterscheide:
> Mit **„Welcher?"** wird nach einem Einzelstück oder einer bestimmten Person gefragt, mit **„Was für ein?"** nach der Beschaffenheit.

235 *Verbessere:*

Das ist meiner Mutter ihr Geschäft. Hast du meiner Schwester ihre Schuhe gesehen? Dem Radfahrer seine Pumpe ist gestohlen worden. Der Nachbarin ihr Kind schreit sehr laut. → **L 235**

> In der Umgangssprache werden **fragende Fürwörter** oft an Stelle von **fragenden Umstandwörtern** verwendet:

falsch:	richtig:
Durch was ist der Kurzschluss entstanden?	**Wodurch** . . .
Auf was wartest du?	**Worauf** . . .
An was denkst du?	**Woran** . . .

236 *Verbessere:*

Gegen was ist dieses Mittel?
Aus was wird Porzellan erzeugt?
Zu was hast du das Geld gebraucht?

Auf was hättest du Appetit?
Wegen was ist er beleidigt?
Über was habt ihr geredet?

→ **L 236**

- Das fragende Fürwort „**wer**" darf nicht an Stelle des unbestimmten Fürwortes „**jemand**" verwendet werden.

- Das Fürwort „**alle**" darf nicht verwechselt werden mit dem Umstandswort „**ganz**".

Verbessere: **237**

Hat wer geklopft? War wer von euch schon in Italien? Ist wer in deiner Familie krank? Spricht hier wer Französisch? Will wer dieses Fahrrad kaufen? Die ganzen Häuser wurden gestrichen. Meine ganzen Freunde sind verreist. → **L 237**

Ergänze die bezüglichen Fürwörter und die fehlenden Bei- **238**
striche!

Menschen mit . . . du umgehst üben einen gewissen Einfluss auf dich aus. – Das meiste Eisen . . . in Österreich verarbeitet wird stammt vom Erzberg. – Die Arbeit . . . du heute verrichten kannst sollst du nicht aufschieben. – Menschen . . . nicht zu raten ist ist auch nicht zu helfen. – Die Mutter . . . Kind schwer krank ist macht sich Sorgen. – In Gewässern . . . Gefahr man nicht kennt sollte man nicht baden. → **L 238**

Setze die Fürwörter „ihm" oder „ihn" ein! Im Zweifelsfall **239**
mache die Ersatzprobe mit „mir" oder „mich!" Das Fürwort
„mir" kann „ihm" ersetzen, das Fürwort „mich" „ihn".

Wann hast du . . . das letzte Mal gesehen? Geht es . . . gut? Lass . . . doch ihn Ruhe! Gib . . . das Buch zurück! Woran hast du . . . wiedererkannt? Frage . . . nach dem Weg! Man kann . . . einfach nicht böse sein. Willst du . . . bei der Arbeit helfen! Wer hat . . . gerufen? Du sollst . . . nicht nachlaufen. Sie ist . . . heute auf der Straße begegnet. Man spricht viel über . . . . Sie wird noch lange an . . . denken. So hilf . . . doch! Du hast . . . also das Rad verkauft? Verrate . . . nicht! Sage es . . . doch selbst!   → **L 239**

> **„Das"** bezieht sich nur auf das vorhergehende Substantiv, **„was"** auf den Inhalt des ganzen Satzes oder auf ein unbestimmtes Fürwort.

240 *Setze „das" oder „was" ein!*

Es liegt noch vieles vor, . . . erledigt werden muss. – Ich habe das Verkehrsschild übersehen, . . . üble Folgen haben kann. – Es gab in der Ausstellung so manches zu sehen, . . . ich gerne kaufen würde. – Es gibt so gut wie nichts, . . . ihn zu erschüttern vermag. – Es war nur das Geld, . . . ihn nach Amerika gelockt hat. – Sagen Sie alles, . . . Sie von dem Einbruch wissen! – Wollen Sie wissen, . . . vorgefallen ist? – Das Fahrzeug, . . . den Verkehrsunfall verursacht hat, wurde am wenigsten beschädigt. – Es ist nicht alles Gold, . . . glänzt.

→ **L 240**

241 *Ergänze die Sätze durch persönliche Fürwörter:*
Sie erinnert sich (meiner, deiner, seiner, ihrer, unser, euer). Er gedenkt . . . . Sie schämt sich . . . . Die alte Frau bedarf . . . Hilfe. Er nimmt sich . . . an. Sie konnte sich . . . nicht erwehren.

242 *Vervollständige die folgenden Sätze:*

Der Freund (Mann, Arbeiter), der . . .
                    dessen . . .
                    dem . . .
                    den . . .

Die Frau (Verkäuferin, Hausbesorgerin), die   . . .
                    deren . . .

Das Mädchen (Kind, Fräulein), das . . .
                    dessen . . .
                    dem . . .

Die Leute (Menschen, Verunglückten), die . . .
                    deren . . .
                    denen . . .

Beachte: Manche **Fürwörter der Anrede** werden in Briefen und bei der direkten Rede mit einem großen Anfangsbuchstaben geschrieben:

*Sie, Ihr, Ihre, Ihrem, Ihren,
Ihnen, Ihretwegen, Ihrethalben.*

Klein schreibt man dagegen sowohl in Briefen als auch bei der direkten Rede: du, dir, dein, deine, deines, deiner, dich, euer, eure, euch, eurethalben!

Ergänze die Fürwörter im richtigen Fall!   **243**

Wild ist nicht (jedermann) Geschmack. – (Mancher) fällt das Glück in den Schoß. – (Wer) vieles bringt, wird (mancher) etwas bringen. – (Jeder) das Seine! – (Wer) Kind ist das? –

Wir wollen (niemand) etwas zuleide tun. – (Welcher) Edelstein magst du am liebsten? – Das kann (jemand) den Kragen kosten. → **L 243**

Das Eigenschaftswort ☐ (Das Adjektiv)

Eigenschaftswörter (auch Artwörter oder **Adjektive** genannt) geben die Eigenschaft eines Namenwortes, auf das sie sich im Satz beziehen, an.

Eigenschaftswörter werden im Satz **auf drei Arten gebraucht:**
als Beifügung: Ich wohne in einem **alten** Haus;
als Gleichsetzungsglied: Dieser ist der **Beste;**
als Umstandsergänzung: Er lernt **fleißig.**

Wenn das Eigenschaftswort **als Beifügung (Attribut) verwendet** wird, richtet es sich in Geschlecht, Zahl und Fall nach dem Wort, auf das es sich bezieht. Es wird also stark, schwach oder gemischt **gebeugt** (dekliniert) und verändert dabei seine Form.

Zu den Eigenschaftswörtern können auch die meisten „Zahlwörter" (Zahladjektive) gerechnet werden.

Unterstreiche alle Eigenschaftswörter in dem folgenden Text!

Zwei Clowns
Der große Clown ist weiß gekleidet. Glänzend weiß sind die seidene Kniehose und die glitzernde Bluse mit den Puffärmeln, weiß und schwarz getupft ist die steife Halskrause, schneeweiß sind Strümpfe und Schuhe und der hohe, spitze Hut. In seinem ovalen, weiß geschminkten Gesicht brennen die roten Lip-

pen und die schwarzen Augen. Er ist der vornehme, der überlegene Clown.

Sein kleiner Gegenspieler steckt in einem ausgefransten, rot-weiß gestreiften Leibchen, in schlottrigen Hosen und in viel zu großen Schuhen mit riesigen, runden Kappen. Der verbeulte Zylinder sitzt schief auf seinem großen Kopf. Aus seinem grell bemalten Gesicht leuchtet eine rote Knollennase. Er ist der unbeholfene, dumme Clown.

Das ungleiche Paar tritt in jeder Zirkusvorstellung auf.

$\rightarrow$ **L 244**

Wenn ein **Artikel** oder ein besitzanzeigendes **Fürwort** vor einem Eigenschaftswort steht, wird dieses **schwach gebeugt.**

Beispiele:

Nach gutem, altem Brauch besuchten wir die Mette.
Nach einem guten, alten Brauch besuchten wir die Mette.

Mehrere als Beifügung gebrauchte Eigenschaftswörter werden in gleicher Weise gebeugt.

Beispiele:

Er starb nach langem, schwerem Leiden.
Erst nach langem, vergeblichem Warten ging sie weg.
Bei mildem, freundlichem Wetter reiste sie ab.
Bei der Lagerung guten, alten Weines ist viel zu beachten.

Nach dem Grad der Veränderung der Form des Eigenschaftswortes bei Gebrauch als Beifügung ohne vorausgehenden Artikel unterscheidet man eine **starke Beugung,** eine **schwache Beugung** oder eine **gemischte Beugung.**

241

Starke Beugung (wenn **kein** Artikel vorangeht):

männlich	weiblich	neutral
guter Mann	gute Mutter	gutes Mädchen
guten Mannes	guter Mutter	guten Mädchens
gutem Mann(e)	guter Mutter	gutem Mädchen
guten Mann	gute Mutter	gutes Mädchen
gute Männer	gute Mütter	gute Mädchen
guter Männer	guter Mütter	guter Mädchen
guten Männern	guten Müttern	guten Mädchen
gute Männer	gute Mütter	gute Mädchen

Schwache Beugung (wenn ein Artikel vorangeht):

männlich	weiblich	neutral
der gute Mann	die gute Mutter	das gute Mädchen
des guten Mannes	der guten Mutter	des guten Mädchens
dem guten Mann	der guten Mutter	dem guten Mädchen
den guten Mann	die gute Mutter	das gute Mädchen
die guten Männer	die guten Mütter	die guten Mädchen
der guten Männer	der guten Mütter	der guten Mädchen
den guten Männern	den guten Müttern	den guten Mädchen
die guten Männer	die guten Mütter	die guten Mädchen

Gemischte Beugung (wenn Adjektive nach einem besitzanzeigenden Fürwort oder nach dem Wörtern „ein" und „kein" stehen):

männlich	weiblich	neutral
ein langer Abend (stark)		ein braves Kind (stark)
(während) eines langen Abends (schwach)	keine gemischte Beugung	eines braven Kindes (schwach)
(an) einem langen Abend (schwach)		einem braven Kind(e) (schwach)
einen langen Abend (schwach)		ein braves Kind (stark)

245 *Schreib ab und beuge die Eigenschaftswörter:*

Das können wir nicht brauchen:
Schüler mit (schmutzige Finger), Aufsätze mit (unzählige Fehler), eine Bibliothek mit (zerrissene Bücher), Strümpfe mit

(riesige Löcher), eine Schachtel mit (zerschlagene Eier), eine Maschine mit (rostige Zahnräder), eine Mähmaschine mit (stumpfe Messer), Krüge mit (abgebrochene Henkel), einen Kopfsalat mit (welke Blätter). → **L 245**

Verbessere: **246**

Er schreibt auf gutem, holzfreien Papier. Das Haus wurde mit erheblichem finanziellen Auf-wand erbaut. Er raucht Zigarren aus reinen überseeischen Tabak. Nach langem, vergeblichen Suchen kehrte man um. Er wurde mit lauten, schallenden Gelächter empfangen. Der Mantel wurde aus echtem steirischen Loden angefertigt. Bei diesem schönem Wetter solltest du den Schirm nicht mitnehmen.

→ **L 246**

Ergänze die Endungen! **247**

Trotz größt_ Vorsicht lassen sich Betriebsunfälle nicht vermeiden. _ Trotz schärfst_ Postestes von Seiten der Regierung wurden die im Ausland verhafteten Urlauber nicht freigelassen. _ Der Flugplatz musste wegen dicht_ Nebels gesperrt werden. _ Er hat es aus zuverlässig_ Quelle erfahren. _ Bei ausgefahren_ Antenne ist der Empfang wesentlich besser. _ Zum größt_ Erstaunen der Zuseher

machte der Artist einen Dreifachsalto. – Bei anhaltend_
Regen bleiben wie eben zu Hause. – Bei solch schön_ Wetter
muss man einfach ins Grüne fahren. – In dem baufällig_ Haus
hatten sich die Verbrecher versteckt. – Bei schlecht_ Erfolg
muss er aus der Schule. – Bei normal_ Verlauf kommt er um
fünf nach Hause. → **L 247**

248 *Setze die richtige Beugungsendung ein:*

Sie starb nach ein_ lang_, schwer_ Leiden. – Aus dein_
letzt_ Brief ersehe ich, dass du mit ihr_ schlecht_ Verhalten
nicht einverstanden bist. – Bei ein_ solch_ schlecht_
Wetter willst du starten? – In finst_ Nacht zog er los. –
Wir waren in höchst_ Eile. – De_ ärmst_ Mann musste so
etwas zustoßen. – Es war ein gut_ und treu_ Tier. – Sie trug
ein Kleid neuest_ Schnitt_. – Wegen d_ schwer_ Verlust_
kam er nicht. – Die Säulen waren aus weiß_ salzburgisch_
Marmor. – Vom blau_ Himmel merkte man allerdings nicht
viel. – Nach lang_ vergeblich_ Warten vermählte sie sich mit
ein_ jung_ Gastwirt. – Auf jene_ hohe_ Berge stand eine
Aussichtswarte. – Bei ernst_, rastlos_ Streben wird er Erfolg
haben. – Die Vorstellung findet nur bei schön_ Wetter statt.
– Wegen des schlecht_ Wetter_ mussten sie die Fahrt verschieben. – Wankend_ Schritt_ trat er den Heimweg an.
→ **L 248**

249 *Ergänze die Endungen:*

Im Stahlwerk

Ein nah_ Gongschlag überdröhnte den Lärm, das hohl_
Pfeifen des Gebläsewindes in den Winderhitzern verstummte.
Der erste Mann knöpfte die Arbeitsjacke zu und stülpte die
Drahthaube über den Kopf. Abstich! Mit einer lang_, dick_
Eisenstange, mit wuchtig_, rhythmisch_ Stößen, unter laut_
Kommandorufen zerstießen die Leute die verhärtete Stopf-
masse im Abstichloch, bis ein dünn_, goldgelb_ Rinnsal
hervorbrach, das rasch zu einem faustdick_ Bächlein

anschwoll, durch die Sandrinnen der Bühne lief, sich nach Eisen und Schlacke schied und in zwei Strömen in die bereitstehend_, mit feuerfest_ Gestein ausgemauert_ Pfannen floss. Die Bühne lag in gleißend_ Licht, unter einer höllisch_ Glut. Dreizehnhundert Grad Celsius heiß, trieb die Lava durch den Sand. Mit abgewandt_, verzerrt_ Gesichtern standen die Männer daneben, beobachteten die Rinnen und warfen von Zeit zu Zeit mit groß_ Schaufeln Erde hinunter in die brodelnde Glut der Pfanne.   *(Werner Oellers)*

→ **L 249**

Ergänze die Endung der Eigenschaftswörter!   **250**

Trotz tatkräftig_ Unterstützung; welch herrlich_ Tag; auf einem eng_, hindernisreich_ Weg wandern; bei klar_ Himmel; trotz eurer rasch_ Hilfe; einer plötzlich_ Eingebung folgend; trotz des Widerstandes viel_ alt_ Leute; mit ein_ heftig_ Knall explodieren; wegen seiner schlecht_ Gesundheit; er entsann sich drei_ merkwürdig_ Ereignisse; sein sonderbar_ Benehmen; viel unnütz_ Drum und Dran; bei schön_ Wetter wandern; trotz des hoh_ Preises.   → **L 250**

Ergänze die Fallendungen: **250**

In ein_ größere_ Reisebüro habe ich mir Prospekte für unsere Ferienreise besorgt. Eine Reise soll ja erst nach eingehend_, genau_ Studium des Ziel_ und der Umgebung angetreten werden. Drei Nachmittage habe ich mich mit jed_ verlockend_ Angebot befasst, die Preise der Hotels und Gasthöfe verglichen, bis ich zu ein_ fest_ Entschluss gekommen bin. Den bekannt_ Ort meiner Wahl werde ich aber nicht nennen; er soll durch folgende Beschreibung erraten werden: Er liegt an ein_ Alpensee in Salzburg und ist nach d_ See benannt.

→ **L 251**

252 *Ergänze die fehlenden Endungen:*

Er hat eine Schwester mit lang_, blond_ Haar. Nach einstündig_ Suchen fanden sie endlich die Armbanduhr im Gras. Bei d_ anhaltend_ Regen wollten sie nicht länger bleiben. Sie vermählte sich mit ein_ jung_ Lehrer. Der Kranke starrte sie mit weitgeöffnet_ Augen an. Sie besaß eine Halskette von hoh_ Wert. Ein Mann mit ein_ lang_ Bart stand vor der Tür. → **L 252**

253 *Forme den folgenden Text um, indem du die fett gedruckten Satzteile als Beifügungen zu den vorausgehenden Haupt-wörtern verwendest!*

Bei einem Wetter, **kalt** und **windig,** brachen wir auf. In der Frühe fror ich in meinem Anorak sehr, der **leicht** und **ungefüttert** war. Erst nach einem Marsch von zwei Stunden wurde mir wärmer. Mit meinen Schuhen, **fest** und **gut besohlt,** hatte ich auf dem Boden, der **steinig** und **felsig** war, festen Halt. Dafür drückte mich auf dem Pfad, der **steil** und **gewunden** nach oben führte, der Rucksack, **voll gefüllt** und **schwer.** Am Schweigen meiner Kameraden merkte ich, dass wir bei dem Aufstieg, **hart** und **anstrengend,** eine Rast einschalten mussten.

Schreibe so: Bei kaltem und windigem Wetter brachen wir auf. In der Frühe fror ich in meinem leichten und ungefütterten Anorak sehr. → **L 253**

254 *Schreib die Fügungen ohne das Geschlechtswort auf:*

Aus eine**m** armen Hause stammen (aus arme**m** Hause stammen); außer de**m** guten Lohn noch volle Verpflegung bekommen; bei eine**m** solchen Wetter lieber zu Hause bleiben; ein geliehenes Buch mit de**m** besten Dank zurückstellen; nach de**m** langen Marschieren müde sein; seit de**r** frühesten Kindheit verwaist sein; trotz des (de**m**) Wind(es) ausgehen; von de**m** schweren Arbeiten früh altern; eine Sache zu eine**m** guten Ende führen; sich hinter jenem dichten Gebüsch verstecken; neben diesem alten Gemäuer ausruhen; unter dem feuchten Laub liegen; infolge des raschen Laufens atemlos sein; statt des frischen Obstes faules erhalten.

→ **L 254**

Wie kann der Stoff unserer Kleider sein? **255**

schwer oder . . . , dick oder . . . , rau oder . . . , billig oder . . . , hell oder . . . , gestreift oder gemustert.

Schreib so:
Es gibt Kleider aus schwerem oder leichtem Stoff, . . . u. dgl.

Wie kann das Gesicht eines Menschen sein? **256**
(rund oder länglich), die Haare . . . , die Stirn . . . , die Augen . . . , die Nase . . . , die Wangen . . . , der Mund . . . , die Zähne . . . , das Kinn . . .

Schreib so:
Es gibt Menschen mit rundem oder länglichem Gesicht, mit schwarzen oder blauen Augen, mit weißen oder . . . Haaren u. dgl.

Ergänze die Fügungen durch ein passendes Eigenschafts- **257**
wort:

aus . . . Halse lachen; aus . . . Willen handeln; jemandem auf . . . Wege entgegenkommen; bei . . . Appetit sein; in . . . Glauben handeln; im . . . Alter von 80 Jahren sterben; in (hoch) Maße; sich in (höchst) Maße verantwortlich fühlen. → **L 257**

● Zum Vergleich verschiedener Grade einer Eigenschaft können manche Eigenschaftswörter gesteigert werden. Dabei ergeben sich drei **Vergleichsformen:**

die **Grundstufe** (Positiv) – gleicher Grad:
  teuer, reich
die **Mehrstufe** (Komparativ) – ungleicher Grad:
  teurer, reicher
die **Meiststufe** (Superlativ) – höchster Grad:
  am teuersten, am reichsten

● Werden verschiedene Gegenstände oder Personen miteinander verglichen, wird **bei Gleichheit** „wie" verwendet, **bei Ungleichheit „als":**

Beispiele:

am höchsten

Meiststufe

höher

Mehrstufe

hoch

Grundstufe

Karl ist ebenso groß **wie** Hans.
Erich ist größer **als** Karl.
Mir geht es besser **als** ihm.
Ich verdiene so viel **wie** er.
Nach dem Unfall war ich mehr tot **als** lebendig.

Unterstreiche in dem folgenden Text die Eigenschaftswörter und stelle fest, welche Vergleichsformen verwendet werden!

Vergleich der festen Brennstoffe
Wir kennen vier verschiedene feste Brennstoffe: Holz, Torf, Braunkohle und Steinkohle. Holz ist der jüngste, Steinkohle der älteste von ihnen. Je älter ein Brennstoff ist, desto dunkler ist seine Farbe. Mit dem Alter verändert er seine Zusammensetzung, denn sein Gehalt an schwarzem Kohlenstoff wird

größer. Holz enthält weniger Kohlenstoff als Braunkohle, Braunkohle aber weniger als Steinkohle. Je mehr Kohlenstoff vorhanden ist, um so wertvoller ist der Brennstoff und umso mehr Wärme gibt er ab, wenn er verbrannt wird. Der Heizwert von trockenem Holz ist am geringsten, von Steinkohle am besten.

Je älter der Brennstoff ist, umso tiefer liegt er in der Erde. Holz und Torf wachsen uns auf der Erdoberfläche ständig neu zu. Tiefer unter einer Deckschicht liegt die Braunkohle. Aber sie wird noch im Tagebau gewonnen. Sie ist vor etwa 30 Millionen Jahren gebildet worden. Aus noch größerer Tiefe wird die Steinkohle gefördert, sie hat ein viel größeres Alter und den höchsten Kohlenstoffgehalt. → **L 258**

259

Schreib von den folgenden Eigenschaftswörtern die Meist-stufe auf:

eine zartfühlende Frau, wohlhabende Leute, schwerwiegende Einwände, weitreichende Beziehungen, eine hoch gelegene Ortschaft, ein viel beschäftigter Arzt. → **L 259**

260

Setze „wie" oder „als" ein!

1. Der Spatz in der Hand ist besser . . . die Taube auf dem Dach. – 2. Der Sohn ist der Mutter genau so lieb . . . die Tochter. – 3. Der Hehler ist ebenso schlecht . . . der Stehler. – 4. Der schnellste Reiter ist der Tod, er reitet schneller . . . das Morgenrot. – 5. Er ist verschwiegen . . . der Tod. – 6. Böse Zungen sind schärfer . . . das Schwert. – 7. Ein Haus ist eher niedergerissen . . . wieder aufgebaut. – 8. Das Ei soll nicht klüger sein . . . die Henne. → **L 260**

261

Schreib die Formen der Meiststufe in Verbindung mit einem Namenwort auf:

fest, bunt, süß, leise, dunkel, eitel, fromm, grob, klug, brav, mager, schlank, fröhlich.   → **L 261**

Der Gebrauch des gebeugten Eigenschaftswortes als Gleichsetzungsglied ist stilistisch unschön und daher zu vermeiden.

unschön	**besser**
Sein Zustand ist ein besorgniserregender.	Sein Zustand ist besorgniserregend.
Die diesjährige Ernte war eine gute.	Die diesjährige Ernte war gut.
Der Erfolg war ein bemerkenswerter.	Der Erfolg war bemerkenswert.
Die Ausstattung war eine glänzende.	Die Ausstattung war glänzend.
Das Ergebnis war ein befriedigendes.	Das Ergebnis war befriedigend.
Seine Leistung war eine überdurchschnittliche.	Seine Leistung war überdurchschnittlich.
Dieser Fehler ist ein häufiger.	Dieser Fehler wird häufig gemacht.

Nicht verwechseln darf man die folgenden Eigenschaftswörter:

alle / ganz / halb

„Alle" bedeutet sämtliche,
„ganz" bedeutet vollständig, ungeteilt, unzerbrochen,
„halb" bedeutet die Hälfte vom Ganzen.

falsch
Er hat die ganzen Knödel
aufgegessen.
Die Diebe haben die halben
Forellen aus dem Teich
gefischt.

richtig
Er hat alle Knödel
aufgegessen.
Die Diebe haben die Hälfte
der Forellen aus dem Teich
gefischt.

gut / schön

falsch
Die Rose riecht schön.
Der Kuchen schmeckt
schön.
Er hat einen schönen Erfolg
gehabt.

richtig
Die Rose riecht gut.
Der Kuchen schmeckt gut.

Er hat einen guten Erfolg
gehabt.
(Er war recht erfolgreich.)

nötig / benötigen / notwendig

Etwas „nötig haben" heißt etwas brauchen; „benötigen"
heißt einer Sache bedürfen. Das Wort „notwendig" darf nicht
mit „haben" verknüpft werden.

falsch
Sie hat einen Erholungs-
urlaub dringend notwendig.
Er hat es nicht notwendig(,)
mit seinem Wissen zu
prahlen.

richtig
Sie hat einen Erholungs-
urlaub dringend nötig.
Er hat es nicht nötig(,) mit
seinem Wissen zu prahlen.

Aber: Es ist **notwendig,** dass das Haus renoviert wird.

schief / schräg

„Schräg" bezeichnet die beabsichtigte, „schief" die ungewollte
Abweichung von der Geraden.

falsch
Er schreibt schief.
Die Wand steht schräg.

richtig
Er schreibt schräg.
Die Wand steht schief.

251

schwer / schwierig

Was „schwer" ist, lässt sich mit der Waage bestimmen. Um schwere Arbeit zu leisten, braucht man Körperkraft. „Schwierig" bedeutet kompliziert, schwer zu behandeln.

falsch	**richtig**
eine schwere Rechen-aufgabe	eine schwierige Rechen-aufgabe
Der Bauer muss während der Erntezeit schwierige Arbeit leisten.	Der Bauer muss während der Erntezeit schwere Arbeit leisten.

Ein Mensch kann dagegen sowohl schwer (dem Gewicht nach) als auch schwierig (zu behandeln) sein.

völlig / vollkommen

„Völlig" bedeutet ganz und gar, sehr, durchaus, genau, vollständig; „vollkommen" bedeutet soviel wie vollendet, in höchstem Grad.

falsch	**richtig**
Es ist mir vollkommen egal, ob er kommt oder nicht.	Es ist mir völlig egal, ob er kommt oder nicht.
Ich war vollkommen betrunken.	Ich war völlig betrunken.

Aber: Kein Mensch ist vollkommen.

zeitig / zeitlich

falsch	**richtig**
Ich werde zeitlich aufstehen, um rechtzeitig dort zu sein.	Ich werde zeitig (früh) aufstehen, um rechtzeitig dort zu sein.

Unterscheide auch die Nachsilbe -ig von der Nachsilbe -lich.

Die Nachsilbe **-ig** drückt die **Dauer** aus
(ein mehrwöchiger Urlaub);
die Nachsilbe **-lich** eine **Wiederholung**
(die monat**liche** Zahlung).

Verbessere: **262**

Eine dreiwöchentliche Kur, ein
dreimonatiges Wiedersehen,
der eisernste Wille, der leicht
laufendste Motor, die meistge-
lesenste Zeitschrift, der bestge-
meinteste Rat, ein vierstöckiger
Hausherr, das aufe Fenster, der
laufende Leser der Zeitschrift,
unsere neuliche Versammlung,
das dick genuge Fell, mein das
Geschäft nicht übernommener
Sohn, der lilane Hut, das rosane
Kleid.

→ **L 262**

Das Zahlwort O
(Das Numerale)

Zahlwörter geben eine Zahl, eine Größe oder eine Menge an. Als Wortart lassen sich Zahlwörter nicht eindeutig abgrenzen.*

Man unterscheidet **zwei Hauptgruppen von Zahlwörtern:**

a) **Bestimmte Zahlwörter** sind Wörter für die

Grundzahlen (Kardinalzahlwörter): eins, zwei, drei u. dgl.
Ordnungszahlen (Ordinalzahlwörter): der erste, zweite, dritte u. dgl.)
Wiederholungszahlen (Iterativzahlwörter): zweimal, dreimal, viermal u. dgl.
Vervielfältigungszahlen (Multiplikativzahlwörter): einfach, zweifach, mehrfach u. dgl.
Aufzählungszahlen und Verteilungszahlen (Distributivzahlwörter): erstens, zweitens, drittens u. dgl.
Gattungszahlen (Variativzahlwörter): zweierlei, dreierlei u. dgl.
Bruchzahlen (Partitivzahlwörter): ein Drittel, ein Fünftel u. dgl.

b) **Unbestimmte Zahlwörter**

drücken eine unbestimmte Menge aus:
alle, gesamt, sämtliche, ganz, jeder, jeglicher, kein, nichts, einige, etliche, manche, viele, mehrere, wenige, ein paar, mehr, genug, etwas, manchmal, niemals, mehrmals, vielmals, mannigfach, vielfach, mehrfach, keinerlei, einerlei, mancherlei, vielerlei u. a.

Eine unbestimmte Menge kann aber auch dadurch

In manchen Grammatiken werden Zahlwörter daher nicht als eigene Wortart angesehen und vor allem zu den Eigenschaftswörtern gezählt (Zahladjektive). Manche Zahlwörter können auch den Pronomen, den Adverbien oder den Nomen zugeordnet werden. S. a. Anmerkung Seite 146!

ausgedrückt werden, dass vor ein Grundzahlwort ein Umstandswort (Adverb) gestellt wird:

annähernd fünf, etwa zwei, fast hundert, ungefähr zwei u. dgl.

Nur wenige Zahlwörter werden **gebeugt** (vorwiegend schwach). Schwankender Gebrauch: „zu zweien" oder „zu zweit", „zu dreien" oder „zu dritt".

Schreib die Zahlwörter aus: **263**
Es waren (2), die den Einbruch verübten. (3) ist mehr zu glauben als (2). Er hat alle (9) getroffen. Erst durch die Einvernahme (2) Zeugen konnte der Beschuldigte der Tat überführt werden. Der Direktor ist schon ein (60), während seine Frau gestern (51) Jahre alt wurde. In den (80er) Jahren des (19.) Jahrhunderts. → **L 263**

Das Umstandswort ○
(Das Adverb)

Mit Umstandswörtern werden die Umstände des Geschehens ausgedrückt: der Ort bzw. die Lage, die Zeit, die Art und Weise, der Grund.

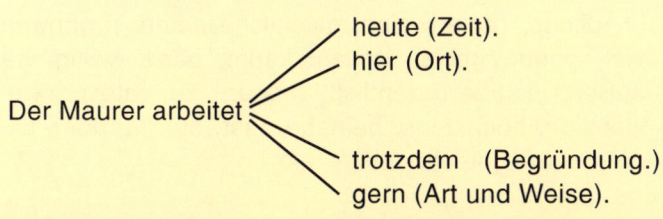

Der Maurer arbeitet
- heute (Zeit).
- hier (Ort).
- trotzdem (Begründung.)
- gern (Art und Weise).

Umstandswörter lassen sich nicht beugen, sie verändern beim Gebrauch in Sätzen ihre Form nicht.

Auf Grund ihrer Funktion lassen sich vier **Arten der Umstandswörter** unterscheiden:

Umstandswörter des Ortes (Lokaladverbien) bezeichnen die Lage, die Richtung, die Herkunft, die Bewegung. Sie antworten auf die Fragen **Wo?, Wohin?, Woher?**

da, dort, hier, oben, drinnen, links, rechts, überall, außen, aufwärts, abwärts, hinauf, hinab, weg, hin, her, daher, herunter, herab, entlang u. a.

Umstandswörter der Zeit (Temporaladverbien) bezeichnen den Zeitpunkt, die Dauer, die Wiederholung. Sie antworten auf die Fragen **Wann?, Wie lange?, Wie oft?**

jetzt, nie, bald, heute, morgen, schon, endlich, nachher, nachmittags, immer, stets, lange, zeitlebens, weiterhin, seitdem, oft, zeitweise, zuweilen, manchmal, selten, wieder u. a.

Umstandswörter der Art und Weise (Modaladverbien) bezeichnen die Beschaffenheit, die Menge, den Grad. Sie antworten auf die Fragen **Wie?, Wie viel?, Wie sehr?**

so, wie, also, dergestalt, geradezu, absichtlich, ebenfalls, zusammen, gleichfalls, umsonst, vergebens, zufällig, blindlings, reihenweise, glücklicherweise, probeweise, viel, genug, meist, etwas, kaum, ganz, völlig, sehr, äußerst, außerordentlich, sogar, zu, allzu, wenig, ziemlich, höchstens, beinahe, fast, nur, ja, nein, nicht, durchaus, schlechterdings u. a.

Umstandswörter des Grundes (Kausaladverbien) bezeichnen Grund, Ursache, Mittel oder Zweck eines

Geschehens, eines Zustandes oder einer Eigenschaft. Sie antworten auf die Fragen **Warum?**, **Weshalb?**, **Wozu?**

daher, demnach, deshalb, dafür, dazu, warum, darum, weswegen, deswegen, meinetwegen, ihretwegen, um euretwillen, darunter, danach, folglich, sonst, schlimmstenfalls, nötigenfalls, gleichwohl, somit, dennoch, nichtsdestoweniger u. a.

Von den eigentlichen Umstandswörtern gibt es nur wenige, die sich steigern lassen und **Vergleichsformen** bilden:

gern – lieber – am liebsten
wohl- wohler – am wohlsten
bald – eher – am ehesten
oft – öfter – am öftesten (am häufigsten)
sehr – mehr – am meisten
wenig – weniger – am wenigsten

Ansonsten können nur eigenschaftswörtliche Umstandswörter, also als Umstandswort verwendete Eigenschaftswörter (sogenannte Adjektiv-Adverbien), gesteigert werden, denn im Deutschen kann fast jedes Adjektiv (Eigenschaftswort) unverändert und endungslos als Adverb stehen:

Er ist ein **gewissenhafter** Schüler.Er arbeitet **gewissenhaft**.

      Eigenschaftswort   Umstandswort

Als nähere Bestimmung zu einem Zeitwort steht das Umstandswort

a) **nach dem Zeitwort,** aber nur in Sätzen, die mit dem Subjekt beginnen:

Ich wartete **sehr lange** auf ihn.

257

b) **nach dem Subjekt** oder am Satzende:

Ihm traue ich **daher nicht** über den Weg.
Dir leihe ich die Maschine **wirklich sehr gern.**

c) **vor einem Zeitwort** in Sätzen mit einem zusammengesetzten Prädikat:

Konnte er **denn nicht sofort** anrufen?

Beim Gebrauch als Beifügung steht das Adverb gewöhnlich nach dem übergeordneten Namenwort (Nomen):

Das Wetter **draußen** ist schlecht.

Ein häufiger Fehler beim Gebrauch des Adverbs ist die doppelte Verneinung:

falsch	**richtig**
Er ist **niemals nicht** dort gewesen.	Er ist **niemals** dort gewesen.
Wenn **niemand nichts** davon weiß, kann die Polizei nicht eingreifen.	Wenn **niemand** etwas davon weiß, kann . . .

Manche Umstandswörter verbinden sich mit Fürwörtern (Pronomen) oder Vorwörtern (Präpositionen) und werden dann ähnlich wie Fürwörter gebraucht. Man nennt solche Adverbien daher auch **Umstandsfürwörter** (Pronominaladverbien). Zu ihnen zählen Wörter wie

dafür, daran, davor, davon, darüber, wofür, woran, worin, wovor, deshalb, weshalb, weswegen u. a.

Umstandsfürwörter können soweit sie sich auf Sachen beziehen, ein Satzglied bilden:

Ich denke oft **an diesen Vorfall**. (Vorwortergänzung)
Ich denke oft **daran**. (Umstandsfürwort)
Ich denke oft **an sie**. (Fürwort)

Umstandsfürwörter (Pronominaladverbien) können auch als Bindewörter verwendet werden.

Er hat den Rasen gemäht, **danach** hat er das Gras zusammengerecht.

Adverbien, die für Fragen Verwendung finden, bezeichnet man im besonderen als **fragende Umstandswörter** (Interrogativadverbien):

Wohin?, Woher?, Wo?, Wann?, Wie?, Warum? u. a.

Nach Vorwortergänzungen wird mit Umstandsfürwörtern (Pronominaladverbien) gefragt:

Woraus?, Wobei?, Womit?, Wonach?, Wovon?, Wozu?, Wodurch?, Wofür?, Wogegen?, Woran?, Worauf?, Worüber?, Wovor? u. a.

Dagegen wird häufig verstoßen:

falsch	richtig
Wo gehst du **hin?**	**Wohin** gehst du?
Hier hat er nichts **hingelegt.**	**Hierhin** hat er nichts gelegt.
Durch was ist das passiert?	**Wodurch** ist das passiert?
Um was geht es?	**Worum** geht es?
Auf was wartest du?	**Worauf** wartest du?
Vor was fürchtet er sich?	**Wovor** fürchtet er sich?

Die **abgleiteten Umstandswörter mittags, abends, morgens** werden häufig falsch gebraucht, denn die Formen mit -s am Wortende drücken eine Wiederholung aus.

falsch	richtig
Gestern **abends** gingen wir spazieren.	Gestern **Abend** gingen wir spazieren.
Der Minister ist heute **mittags** eingetroffen.	Der Minister ist heute **Mittag** eingetroffen.
Das Geschäft ist **Mittag** geschlossen.	Das Geschäft ist **mittags** geschlossen.

Umstandswörter, die häufig verwechselt werden:

auf / offen:

„Auf" bezeichnet eine Bewegung, „offen" bezeichnet die Ruhelage.

> Die Tür ist offen. Mach bitte die Tür auf!

außen / draußen:

„Draußen" bedeutet außerhalb eines Raumes, „außen" ist das Gegenteil von „innen".

> Draußen ist es kalt, drinnen warm.
> Das Rohr ist außen und innen verzinkt.

bisher / seither:
„Seither" bedeutet von einem bestimmten Zeitpunkt an bis jetzt. Bei „bisher" spielt der Ausgangspunkt keine Rolle, hier zählt nur der Endpunkt.

> **Bisher** hat er alle Spiele gewonnen.
> Ilse ist vor vier Tagen spazieren gegangen, **seither** wird sie vermisst.

her / hin:
„Her" bedeutet in Richtung auf den Sprechenden zu.
„Hin" bedeutet vom Sprechenden weg.

> Komm zu mir **her**!
> Geh doch **hin**!

rückwärts / hinten:

„Rückwärts" drückt eine Bewegung aus, „hinten" die Lage.

Hinten einsteigen! Das Auto fährt **rückwärts.**

selten / außerordentlich:

„Selten" bedeutet „nicht oft", „außerordentlich" bedeutet „besonders".

falsch

. . . ein selten schönes Bild

richtig

. . . ein außerordentlich schönes Bild.
Er kommt nur selten.

261

umher / herum:

„Umher" bedeutet „nach verschiedenen Richtungen", „herum" bedeutet „im Kreis um ein Ding oder eine Person".

> Hans läuft im Garten umher.
> Ilse läuft um den Baum herum.

ungefähr / beiläufig:

„Ungefähr" bedeutet etwa; „beiläufig" nebenbei, im Vorübergehen.

falsch	richtig
Ich hatte beiläufig zweihundert Euro bei mir.	Ich hatte ungefähr zweihundert Euro bei mir. „Er war zwei Jahre in Berlin", bemerkt sie beiläufig.

anscheinend / scheinbar:

„Anscheinend" bedeutet „dem Anschein nach"; „scheinbar" bedeutet „nur zum Schein".

> Sie hat die Stadt anscheinend verlassen.
> Sie hat scheinbar (nicht wirklich) aus dem Glas getrunken.

öfter / öfters:

„Öfter" ist die Steigerung von oft; „öfters" (des Öfteren) bedeutet „wiederholt".

> Ich war schon öfters (wiederholt) dort.
> Erich war zweimal dort, Fritz öfter.

fort / weg:

„Fort" bedeutet weiter arbeiten, erzählen, gehen . . . ; „weg" bedeutet, etwas an einen anderen Ort legen, zu einem anderen Ort fahren u. dgl.

Wir setzen unseren Weg **fort.** (Wir gehen weiter.)
Wir setzen uns von dem zugigen Fenster **weg.** (Wir setzen uns an einen anderen Ort.)

zeitlich / zeitig:

Das Wort „zeitlich" betrifft die verfügbare Zeit, das Wort „zeitig" den Zeitpunkt.

Der Besuch des Museums war **zeitlich** (aus Zeitgründen) nicht möglich.
Es wird jetzt schon **zeitig** (früh) dunkel.

natürlich / naturgemäß:

Das Wort „natürlich" ist ersetzbar durch „selbstverständlich", es bedeutet nicht künstlich, von der Natur hervorgebracht. Das Wort „naturgemäß" bedeutet der Natur entsprechend.

Es war **natürlich** (selbstverständlich) nur ein Spaß.
Sie benahm sich ganz **natürlich** (ungezwungen).
Durch **naturgemäße** Ernährung werden Erkrankungen vermieden.

Schreib ab und setze das richtige Umstandswort ein: **264**

Gestern (abends, Abend) war er im Theater. Warum steht die Tür (auf, offen)? Fritz ist (anscheinend, scheinbar) beleidigt. Bitte (rückwärts, hinten), einzusteigen! Sie geht schon (zeitig, zeitlich) zu Bett. Die Kleine irrte im Wald (herum, umher). Wir schauten vom Turm (herab, hinab). Hans hat (öfter, öfters) gefehlt als Erich. Vor einem Jahr hatte er einen Malariaanfall (seither, bisher), ist er jedoch fieberfrei. Es war ein (selten, außerordentlich) schönes Theaterstück. Das ist (natürlich, naturgemäß) wieder Fritz gewesen. Durch seine (natürliche, naturgemäße) Lebensweise erreichte er ein hohes Alter. Kurz vor dem Weggehen meinte er (beiläufig, ungefähr): „Heute (abends, Abend) erwarte ich Theodor." → **L 264**

265 *Verbessere die folgenden Sätze:*

Er hat das Geschäft scheinbar zusperren müssen. Sie hat ihn herausgeworfen. Er verdient beiläufig 6000 Schilling im Monat. Komm hinunter zu mir! Heute abends werde ich zeitlich schlafen gehen. Er geht Mittag öfter in das Gasthaus essen. Er hat kein Geld nicht.

→ **L 265**

266 *Verbessere!*

Am Sonntag war ein selten schönes Wetter. Es war ein selten schöner Urlaub. Er hat naturgemäß viel Geld dafür ausgegeben. Sie sind scheinbar nach Italien verreist. Sie sind anfangs Mai fortgefahren. Sie kletterten auf den Berg herauf. Ilse spazierte im Schlosspark herum. Der Schaffner forderte die Leute auf(,) rückwärts einzusteigen. Ich bin schon gestern abends in Wien angekommen. Der Koffer war auf. So eine schöne Reise! Ich war noch nie nicht in der Schweiz. Während des Urlaubs gingen wir immer schon zeitlich schlafen. → **L 266**

Das Vorwort ○
(Die Präposition)

Durch das **Vorwort** (auch Verhältniswort oder **Präposition** genannt) wird das Verhältnis zwischen dem Wort, dem das Vorwort im Satz folgt, und jenem Wort, vor dem es steht, gekennzeichnet.

Ilse steht **neben** der Tür.

Ihre Freude **wegen** des Erfolges ist groß.

Sie ist froh **über** seine Rückkehr.

Im Satz bestimmen Vorwörter immer den Fall des Wortes, vor dem sie stehen. Diese Eigenschaft, bestimmte Fälle hervorzurufen, wird als **„Rektion"** bezeichnet.

... auf de**m** Dach ...
... hinter de**n** Baum legen ...
... außerhalb **des** Dorf**es** ...
... neben de**m** Tisch stehen ...

Demnach teilt man die Vorwörter ein in

Vorwörter, die den 2. Fall (Genitiv) verlangen,
Vorwörter, die den 3. Fall (Dativ) verlangen,
Vorwörter, die den 4. Fall (Akkusativ) verlangen,
Vorwörter, die den 3. oder 4. Fall verlangen,
Vorwörter, die den 2. oder 3. Fall verlangen.

Vorwörter (Präpositionen) **mit dem 2. Fall** (Genitiv) sind:

außerhalb, unterhalb, oberhalb, innerhalb, diesseits, jenseits, halber, unweit, unfern, ungeachtet, kraft, mittels, laut, vermöge, um – willen, hinsichtlich, betreffs, zwecks, bezüglich, angesichts, anlässlich, anhand, anstelle, auf Grund, infolge, inmitten, seitens, während.

> **Innerhalb** eines Jahres konnte der Absatz verdoppelt werden.
> Erich plauderte **während** des Vortrages.

Vorwörter (Präpositionen) **mit dem 3. Fall** (Dativ) sind:

aus, bei, von, nach, nächst, nebst, außer, zu, seit, mit, samt, binnen, zufolge, gemäß, entgegen, gegenüber, zuwider.

> Ich unterhalte mich **mit** dem Fremden. **Seit** diesem Tag hat er sich gewandelt. **Aus** diesem Grund möchte ich nicht sprechen.

Vorwörter (Präpositionen) **mit dem 4. Fall** (Akkusativ) sind:

für, durch, um, ohne, gegen, wider.

> Dieser Apfel ist **für** dich. **Ohne** ihn möchte ich diese Entscheidung nicht treffen. Er schwimmt **gegen** den Strom.

Vorwörter (Präpositionen) **mit dem 3. oder 4. Fall** (Dativ oder Akkusativ) sind:

an, auf, hinter, neben, in, über, unter, vor, zwischen.

Bist du im Zweifel, ob der Wemfall oder der Wenfall zu gebrauchen ist, helfen die Fragen „Wo?" und „Wohin?"
Die Antwort auf die **Frage „Wo?"** verlangt den **Wemfall (3. Fall)**;
die Antwort auf die **Frage „Wohin?"** verlangt den **Wenfall (4. Fall).**

Wo?	**Wohin?**
Wemfall	**Wenfall**
3. Fall	**4. Fall**

Das Mädchen steht
vor dem Zaun.
Wo? vor dem
(3. Fall) Dativ

Sie stellt sich
hinter den Zaun.
Wohin? hinter den
(4. Fall) Akkusativ

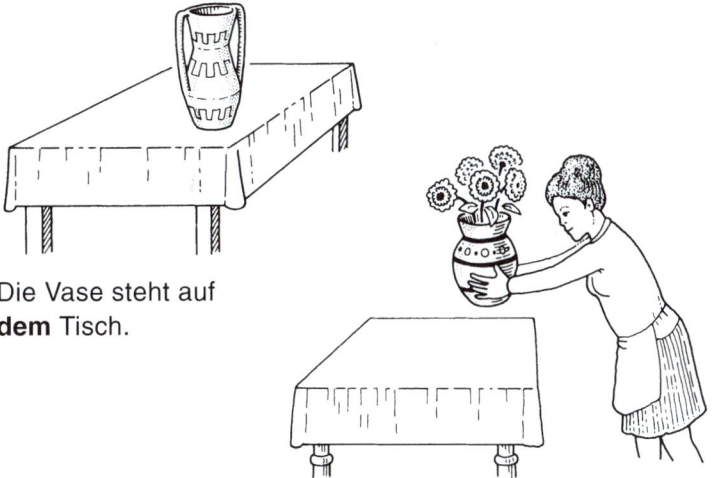

Die Vase steht auf
dem Tisch.

Sie stellt die Vase auf **den**
Tisch.

Ich stehe an **dem** See.
Ich sitze auf **dem** Sessel.

Der Mantel hängt hinter der
Tür.
Die Butter liegt im Kühl-
schrank.
Die Wolke schwebt über
der Stadt.

Ich gehe an **den** See.
Ich setze mich auf **den**
Sessel.
Ich hänge den Mantel
hinter die Tür.
Ich lege die Butter in **den**
Kühlschrank.
Die Wolke zieht über die
Stadt.

Er hält zwischen **den** Häusern.	Er fährt zwischen die Häuser.

Vorwörter (Präpositionen) **mit dem 2. oder 3. Fall** (Genitiv oder Dativ) sind:

entlang, längs, laut, trotz, statt, wegen, während.

In der Standardsprache werden diese Wörter allerdings nur mit dem Genitiv verwendet.

> Sie gingen trotz des Regens fort.
> Sie gingen trotz dem Regen fort.

Bei einer nachgestellten Beifügung wird gewöhnlich der 3. Fall statt des 2. Falles gewählt:

> . . . laut **dem** Bericht des Direktors . . .

Manche Vorwörter werden mit dem Artikel verschmolzen. Sie stehen häufig vor namenwörtlich gebrauchten Wörtern und bedingen die Großschreibung.

am = an dem	**fürs** = für das
im = in dem	**vors** = vor das
vom = von dem	**aufs** = auf das
beim = bei dem	**ins** = in das
zum = zu dem	**ans** = an das

In der gehobenen Sprache sollte auch vermieden werden, **mehrere** Vorwörter **nebeneinander** zu setzen:

falsch	**richtig**
. . . **mit vor** Zorn funkelnden Augen . . .	mit Augen, die vor Zorn funkeln.
in mit allem Luxus ausgestatteten Wohnräumen . . .	in Wohnräumen, die mit allem Luxus ausgestattet waren . . .

bei zum Tode verurteilten Verbrechern	bei Verbrechern, die zum Tode verurteilt sind, . . .

Unterstreiche die Vorwörter in dem folgenden Text: **267**

Beim Schwimmenlernen gewöhnt man sich zuerst ans Wasser, indem man in seichten Stellen spielt. Eines Tages erlebt man den „Auftrieb" und gewinnt dadurch zum Wasser Vertrauen. Als Vorübung stößt sich der Lernende von der Wand ab und legt sich flach auf das Wasser. Dann kann er bereits mit den Beinbewegungen des Brustschwimmens beginnen.   → **L 267**

Ordne die Vorwörter nach dem Fall, den sie verlangen: **268**

außerhalb des Hauses, mit ihrem Bruder, nach dem Mittagessen, auf dem Tisch, den Bleistift neben das Buch legen, ohne ihn fortgehen, während des Schreibens, innerhalb einer Stunde, nicht in den Kot treten, für mich, bei dem Lehrer, wegen der schlechten Noten, seit dem Regen, für das Kind, über dem Dach.

Unterstreiche in dem folgenden Text die Vorwörter und setze **269** *die Fallendungen ein:*

Der Föhn bricht ein
Draußen setzt ein seltsam_ Singen ein. Ein schwer_ Wind kommt über d_ Berg, der Föhn. Er zerfasert das Gewölk am Himmel und wirft sich ungestüm ins Tal. Wütend rüttelt er hier an d_ Fenstern, deckt Hütten und Ställe ab und stürzt sich in die Seen, die er bis in die Tiefe aufwühlt. Rauschend zieht er durch d_ Wald und lockt durch sein_ warm_ Atem mit einem Mal das hundertfältige Geläut der Schmelzwässer hervor. Bald taucht das faltige Gesicht der Erde hervor, zuerst die Maulwurfshügel, dann Stoppeln und Halme auf de_ Äckern.
→ **L 269**

270 *Bilde Sätze und verbinde das Vorwort*

wegen *mit dem Wesfall von:* Gewitter, Unfall, Krankheit;
während *mit dem Wesfall von:* Unterricht, Vortrag, Ferien;
statt *mit dem Wesfall von:* Koffer, Mantel, Messer;
trotz *mit dem Wesfall von:* Nebel, dünnes Kleid, kaltes Wasser.

271 *Bilde Sätze und verbinde das Vorwort*

für *mit dem Wenfall von:* Vater, Bruder, Lehrer;
durch *mit dem Wenfall von:* Unfall, Freund, ich;
ohne *mit dem Wenfall von:* Wagen, Hilfe, Vater;
gegen *mit dem Wenfall von:* Sturm, Wille der Eltern, Polizei.

272 *Verbessere den falschen Gebrauch des Vorwortes:*

Sie schaut beim Fenster hinaus.
Das Bild hängt auf der Wand.
Die Frau gab dem Hund zum
Fressen. Über Wunsch der Eltern
nimmt er Klavierunterricht.
Gestern habe ich ober mir einen
Storch fliegen sehen. Das Beet
war von Unkraut übersät. Ich
brauche ein Mittel für meinen
Husten. Ich schreibe das Wort
auf die Tafel.

→ **L 272**

Wo steckt hier der Fehler? Verbessere die Sätze: **273**

Fahren Sie in den Urlaub mit oder ohne Haustieren? – Ab
1. Oktober zeigen wir Ihnen die neuen Waren. – Er ist eben
am Weggehen. – Er hat eine größere Geldforderung gegen
ihn. – Auf dem Rathaus haben sie mir gesagt, dass . . . –
Warst du auf der Hochzeit? – Durch eine längere Diskussion
musste das Referat gekürzt werden. – Auf Grund der vorgefundenen Spuren haben Bandenmitglieder einige Zeit in dem
Versteck verbracht. → **L 273**

Bilde Sätze und verbinde **274**

seit *mit dem Wemfall von:* Namenstag, dieser Abend, Besuch,
Anlass . . .
aus *mit dem Wemfall von:* dieser Anlass, dieser Grund, diese
Entfernung . . .
außer *mit dem Wemfall von:* ich, du, Professor, Vater, Bruder,
Freund . . .
zu *mit dem Wemfall von:* hoher Baum, altes Haus, Freund,
späte Stunde . . .
auf *mit dem Wemfall von:* Paket, Koffer, Schachtel, Baum,
Berg . . .

Bilde Sätze und verbinde **275**

für *mit dem Wenfall von:* Freund, Mitschüler, Professor,
Nachbar . . .
durch *mit dem Wenfall von:* Lärm, Anblick, Zufall, Kaufmann . . .
ohne *mit dem Wenfall von:* ich, er, Einsatz, Hausbesorger . . .
gegen *mit dem Wenfall von:* Orkan, sein Wille, das bestehende
Verbot, Feind . . .

Ergänze den Artikel und die Fallendung: **276**

Während . . . Sommer . . . hat es nur wenig geregnet. – Der
Vogel sitzt auf . . . Ast neben . . . Fenster d . . . Haus . . . . – Die

Henne hockt hinter . . . Verschlag auf . . . Eier . . . . – Du stehst
vor . . . Baum, außerhalb . . . Garten . . . – Er stellt sein Auto auf
. . . Parkplatz neben . . . Haus ab. – Er wartet auf sein . . .
Freund und geht dann nach Hause. – Die bedeutendsten
Nebenflüsse der Donau kommen aus . . . Alpen und aus . . .
Karpaten. – Während . . . Sommer . . . sinkt der Wasserstand.
– Unterhalb . . . Hafen . . . befinden sich die Bootshäuser der
Rudervereine. – Ungeachtet . . . stark . . . Strömung schwamm
er über . . . Strom. – Er dachte nicht an . . . Gefahr. – Über . . .
Steinsarg wurde ein Erdhügel aufgeschüttet.

→ **L 276**

277 *Verbessere die folgenden Sätze:*

Mein Bruder begleitete mich auf
den Bahnhof. Sie gaben die Speisereste dem Hund zum Fressen.
Das Feld war von den Trümmern
übersät. Trag das Geld auf die
Bank! Von wegen dem kalten
Wetter ging sie nicht fort. Über
Wunsch seiner Eltern musste er
die Klasse wiederholen.

→ **L 277**

278 *Bilde mit den folgenden Aussagen Sätze!*

a) **Weswegen** das Postauto nicht weiterfahren konnte:
   (Erdrutsch, Benzinmangel, geplatzter Reifen, schadhafte
   Zündkerzen, Schneewehen, tiefer Schnee, . . .)
b) **Weswegen** die Fremden nach Österreich kommen:
   (gute Luft, prachtvolle Wälder, herrliche Berge, . . .)
c) Schreib auf, was du gemacht hast **während** . . .
   (Ferien, Gewitter, Regen, Pause, Lehrausgang, Nacht, . . .)

d) **Statt** des Autos benützte man früher . . . :
(Postkutsche, Pferdebahn, Fiaker, Segelschiff, Dampf-tramway . . .)

e) **Gegenüber** von Linz liegt Urfahr, gegenüber der Rax der Schneeberg, . . .
Schreib auf, was sich **gegenüber** dem Mönchsberg (Kapuzinerberg), dem Patscherkofel (Hafelekar) befindet!

f) Schreib auf, **woher** die Leute nach Österreich kommen!

h) Gib an, **mit wem (womit)** die Kinder der Fremden spielen!

i) Berichte, **von wem** die Fremden gegrüßt werden,
      wofür sie zahlen, eintreten,
      wogegen sie protestieren,
      worüber sie schimpfen,
      um wen sie sich Sorgen machen,
      an wen sie Karten senden,
      wohin sie wandern, reisen, fahren,
      wo sie warten, rasten, sitzen, ausruhen.

Stelle die folgenden Sätze richtig: **279**

Von wegen dem Glatteis geriet er ins Schleudern. Entlang von dieser Straße ist das Parken verboten. Wegen mir brauchst du nicht zu gehen. Die Gäste kamen bei der Tür herein. Sie ist auf der Gemeinde beschäftigt. Die Fremden fuhren wieder zu Hause. Von was hat er geschrieben? Der Bürgermeister war herausgekommen, um sich für das Wohl

der Touristen zu kümmern.
Der Händler verkaufte die Reise-
andenken für viel Geld.

→ **L 279**

280 *Ergänze die passenden Vorwörter:*

Sich . . . etwas erinnern; eine Sache . . . erledigt betrachten; einen Sachverhalt . . . wahrscheinlich halten; eine Neigung . . . jemandem fassen; . . . einige Tage verreisen; der Raubvogel schwebt . . . dem Hühnerhof; das geschieht . . . Beschluss der Versammlung; . . . Antrag bewilligen wir Ihnen den Vorschuss; er kommt . . . Auftrag seines Vaters; man schicke . . . einem Arzt. → **L 280**

Ergänze die Endungen:

281

Trotz mein_ Warnung setzte er den Weg fort. Er ging zunächst entlang d_ Parkmauer, dann entlang d_ Bach_. Gegenüber d_ Wegkreuz machte er Halt. Ich handle gemäß d_ Vorschriften. Zufolge d_ Auftrag_ nahm er eine Hausdurchsuchung vor. Während d_ Lehrausgang_ kam es zu einem Unfall. Bei weit_ nicht alle waren gekommen. Er verkaufte das Geschäft mit all_ Warenvorrat, das Wohnhaus mit all_ Nebengebäuden. Auf d_ rechten Ufer d_ Fluss_ steht eine alte Kirche. Er ist erst seit kurz_ hier. Sie grüßte schon von weit_. Er begann von neu_ zu lernen. Ilse kam zu mein_ Vater um Rat. Man kann nicht gegen d_ Strom schwimmen. Er lehnte sich an d_ Baum, saß auf d_ Baum. Er trat unbefangen vor d_ Direktor hin. Der Unfall geschah während d_ Überholen_. Sie geriet wegen d_ nassen Fahrbahn ins Schleudern. → **L 281**

282 *Vervollständige den folgenden Text durch Vorwörter:*

Gestern Nachmittag hätte ich . . . Mödling fahren sollen, um mich . . . Spital durchleuchten zu lassen. Der Arzt hatte mich

... vier Uhr bestellt. Mein Autobus fuhr ... halb drei. Etwa zehn Minuten ... zwei Uhr machte ich mich gemütlich ... den Weg. Aber als ich zur Autobushaltestelle kam, fuhr mir der Autobus ... der Nase weg. Erst jetzt merkte ich, dass meine Uhr fünf Minuten nachging. Einen Augenblick stand ich da wie ... den Kopf gestoßen. Was sollte ich tun? Ich musste mich doch ... die Abmachung halten. Ich studierte den Fahrplan und stellte fest, dass der nächste Autobus erst ... vier Uhr fahren würde. Daher trat ich ... eine Telefonkabine, rief im Spital an und verlangte die Röntgenabteilung. Ein Fräulein fragte mich ... meinem Namen und stellte die Verbindung ... dem Arzt her. Der hatte glücklicherweise Verständnis.

→ **L 282**

Das Bindewort ○
(Die Konjunktion)

Wörter wie **und, oder, aber, dass, weil, denn daher** u. dgl. sind **Bindewörter (Konjunktionen):** Bindewörter verbinden Satzglieder und Sätze.

Man unterscheidet **zwei Gruppen von Bindewörtern:** Die **nebenordnenden (koordinierenden) Bindewörter** verbinden gleichartige Satzteile oder Sätze gleichen Grades miteinander. Die **unterordnenden (subordinierenden) Bindewörter** verbinden übergeordnete Sätze mit untergeordneten zu einem Satzgefüge.

Beispiele:

Es kamen Uferstürze(,) **und** der Hochwald unter dem Fluss schwankte, das Wasser bohrte in den Boden, legte die Riesenbäume frei(,) **und** die Bäume stürzten in den trüben Schwall.

Der Astronaut muss, **wenn** er die Erde verlässt, seine eigene kleine Welt mitnehmen.

Nach ihrer Verwendung teilt man die Bindewörter ein in

	nebenordnend (koordinierend) gebraucht	unterordnend (subordinierend) gebraucht
1. **anreihende Bindewörter** (kopulative Konjunktionen)	und auch, wie, sowie, außerdem, zudem, überdies, desgleichen, dann, ferner, sowohl – als auch, weder – noch, nicht nur – sondern auch, bald – bald, teils – teils, halb – halb, zum einen – zum anderen	
2. **ausschließende Bindewörter** (disjunktive Konjunktionen)	oder, entweder – oder, sonst, andernfalls	
3. **entgegensetzende Bindewörter** (adversative Konjunktionen)	aber, allein, doch, jedoch, dennoch, dagegen, hingegen, indes(sen), gleichwohl, nur, sondern, (nach negiertem Satzteil)	während
4. **zeitliche Bindewörter** (temporale Konjunktionen)		während, indem, indessen, solange, sooft als, wie, wenn, nun, nachdem, sobald, seit(dem), bis, bevor, ehe
5. **die Art und Weise bestimmende Bindewörter** (modale Konjunktionen)	so – wie, wie, als, also, ebenso, genauso, um so, desto, insofern, insoweit, geschweige (denn), ja, geradezu	indem, wie gleichwie, sowie, so – wie, als, als ob, als wenn, wie wenn, je – desto, je nachdem, inwiefern, sofern, soweit, soviel, ohne dass, kaum dass, statt dass

	nebenordnend (koordinierend) gebraucht	unterordnend (subordinierend) gebraucht
6. begründende und einräumende Bindewörter (kausale und konzessive Konjunktionen)	denn, doch, also, folglich, infolgedessen, mithin, somit, demnach, daher, darum, deswegen, deshalb, dazu, sonst, andernfalls, zwar – aber, trotzdem, dessen ungeachtet	weil, da, zumal, wo, doch, dass, sodass, als dass, damit, um zu, wenn, falls, sofern, obgleich, obzwar, obschon, wenngleich, wenn auch, wennschon, wiewohl, indem; dadurch, dass

Unterstreiche die Bindewörter in dem folgenden Text!　　**283**

Der Kirschzweig

Meine Eltern waren mit uns Kindern überaus milde und nachsichtig; ihren vollsten Zorn ließen sie uns aber fühlen, wenn sie uns bei irgendeiner Unwahrheit ertappt hatten.

Nun kam ich einmal an einem Sommertag mit einem üppig mit schwarzen Kirschen beladenen Zweig nach Hause. Ich hatte ihn im Hintergarten des Nachbarn heimlich vom Baum gebrochen. – Meine Mutter fragte mich sofort, woher ich den Kirschbaumzweig hätte. Ich antwortete im ersten Schreck: „Von unserem Baum." Kaum war das erste Wort heraus, so fiel mir ein, dass unser Baum keine schwarzen Kirschen trage, sondern rote. Ich war auf Herbes gefasst, aber meine Mutter schwieg. Sie schwieg und ging hinaus in die Futterkammer. Ich schlich ihr nach und fand sie bitterlich weinen. Da fiel ich vor meiner Mutter auf die Knie, gestand alles und bat um Verzeihung. „Steh auf!", sagte sie, „trag den Kirschbaumzweig zum Nachbarn und sag ihm, was du getan hast!" Ich tat's. Der Nachbar lachte und meinte: „Wegen einer Handvoll Kirschen da! Sie sind dir wohl vergönnt. Sie werden mir von dem Baume da unten immer gestohlen!"

(Peter Rosegger)

→ **L 283**

284 *In den folgenden Sätzen wurden die Bindewörter falsch verwendet. Verbessere die Sätze!*

Nachdem es schon spät ist, brechen wir auf. – Die Großmutter wird schimpfen, bis du nach Hause kommst. – Bis du die Aufgabe geschrieben hast, darfst du in den Hof. – Ich bitte dich, dass du, wenn du Erika schreibst, ihr mitteilst, dass ich gehört hätte, dass damit zu rechnen sei, dass die Firma Gruber eine neue Buchhalterin einstellen will. – Indem ich diesen Brief schreibe, klingelt das Telefon. – Er fuhr aufs Land, um dort krank zu werden. – Es ist kaum zu verstehen, wenn er damals die Lage nicht für sich ausnützte. – Ich bemerkte, wie in der hintersten Reihe ein hübsches Mädchen saß. – Trotzdem es regnete, gingen sie spazieren. → **L 284**

285 *Setze die fehlenden Bindewörter (Konjunktionen) ein!*

Gute Nerven

Ein voll besetztes Flugzeug flog über Indien hinweg . . . hatte eine Stundengeschwindigkeit von 500 km erreicht. Ein Amerikaner war auf seinem Sitzplatz eingeschlafen . . . schlief so fest, . . . sich unmittelbar neben ihm etwas Schreckliches ereignete, ohne . . . er etwas davon merkte: Der Notausstieg hatte sich auf einmal geöffnet! Im selben Augenblick . . . erfasste den Schlafenden auch schon der gewaltige Sog . . . riss ihn vom Sitz. Dadurch erwachte er . . . schrie auf, . . . er sah sich mit dem Kopf nach unten zwischen Himmel . . . Erde hängen. Ihn hielt nur noch der Sicherheitsgürtel, der sich um seine Beine gewickelt hatte.

Jäh durchschoss ihn der Gedanke, mit der Maschine sei etwas nicht in Ordnung. . . . sie stürzte nicht ab, . . . flog unbeirrt weiter. . . . war mit ihm etwas nicht in Ordnung. Er versuchte zurückzuklettern, . . . er brachte es nicht fertig. . . . fühlte er, . . . er an den Beinen wieder in das Flugzeug gezogen wurde: Passagiere brachten ihn in Sicherheit.

Er hatte nicht länger . . . zwei Minuten in dem rasenden Fahrtwind gegangen. „Mir schien es . . . eine Ewigkeit, eine furchtbare Ewigkeit", sagte er später im Krankenhaus, wo er sich von der Schockwirkung erholen sollte. „. . . mir fehlt nichts", erklärte er weiter, „ich bin gesund . . . ein Fisch im Wasser, . . . wie ein Vogel in der Luft." *(Herbert Kranz)*

→ **L 285**

Das Empfindungswort ○
(Die Interjektion)

> **Empfindungswörter (Ausrufwörter, Interjektionen)** drücken **Gefühle** aus oder ahmen **Tierlaute** oder den **Schall** nach. Sie stehen zumeist außerhalb des Satzverbandes.

au, auweh, oh, hu, ah, brr, ph, äh, pfui, juhu, hurra, hei, heissa, juche, haha, hihi, ei ei, eia, ach, o weh, oje, ätsch, ach was, topp, aha, hm, na na, heda, hallo, pst, husch, muh, mäh, wau wau, kikeriki, tirili, tick tack, trara, krach, schwups, plumps, klirr, trapp trapp, miau u. a. m.

Unterstreiche in den folgenden Sätzen die Empfindungswörter: **286**

Knack, war die Nuss entzwei. – Da kommt, plitsch platsch, etwas die Treppe heraufgekrochen. – Ritzeratz, raspeln die Nagezähne der Erdmaus ein Loch in die Schale der Eichel. – Platsch! tuts einen Knall, und zu ist die Fall'. – Platsch! der Hecht macht einen Satz, dass der Schlamm quatscht. – Da machte eine leise Stimme: „Pst! Pst!", und meine Schwester bekam Angst. – Zs, geht es, und die Kreuzotter fährt gegen den Stachelpanzer des Igels. – Klatsch! schlägt er mit der Hand aufs Wasser.

→ **L 286**

Lösungen der Übungsaufgaben

L1 Gib auf den Verkehr Acht! Achtung, ein Auto! Auf der Straße lauert der Tod. Morgen fahre ich auf Urlaub. In drei Wochen bin ich zurück.

L 2 Es ist ein Märztag. Die Sonne sticht. Hummeln brummen in den Espenblüten. Fliegen surren um die Weidenkätzchen. Der Haselstrauch schwenkt gelbe Troddeln. Weiße Märzglöckchen und blaue Leberblümchen leuchten aus dem Falllaub. Alle Vögel singen dem goldenen Tag ein Loblied. Das ist ein Tirilieren, ein Flöten und Zwitschern, ein Jubeln und Pfeifen aus Hunderten von Kehlen. Das Ohr kennt erst langsam die einzelnen Stimmen heraus. Gurrend schwirrt ein Feldhuhnpaar in der Schonung auf. Meister Lampe durchhoppelt eilig das Unterholz.

(Hermann Löns)

L 4 1. Aussagesatz, 2. Fragesatz, 3. Aussagesatz, 4. Fragesatz, 5. Aussagesatz, 6. Ausrufsatz, 7. Aussagesatz, 8. Aufforderungssatz, 8. Aufforderungssatz (Wunschsatz).

L 5 Beim Kochen hilft Irma ihrer Mutter.
Ihrer Mutter hilft Irma beim Kochen.
Hilft Irma ihrer Mutter beim Kochen?
Hilf deiner Mutter beim Kochen!
In Frage- und Aufforderungssätzen steht das Zeitwort an der Spitze des Satzes. Im Aussagesatz steht das Zeitwort an zweiter Stelle.

L 6 **Rauchen verboten**
Vor etlicher Zeit fuhr ein Bäuerlein mit dem Zug von Lambach nach Wels.[1] Gern hätte er eine Zigarette geraucht, doch seine Frau fauchte ihn an: „Xaver, das ist ein Nichtraucherabteil.[1] Hier ist das Rauchen verboten.[1] Und außerdem schadet es deiner Gesundheit."[1] Brummend fügte sich der Mann ihren Worten und steckte die Zigarette wieder ein.[1]

Nach einiger Zeit kam der Schaffner, um die Fahrkarten zu kontrollieren.[1] „Sie, Herr Schaffner", fragte der Bauer, „darf man in dem Abteil rauchen?"[4] „Nein", meinte der Schaffner streng.[1] „Sie sitzen hier in einem Nichtraucherabteil(,) und da ist das Rauchen verboten!"[3] Er zeigte energisch auf das Schild „Nichtraucher".[1] „Sie haben schon Recht", antwortete das Bäuerlein ganz verzagt, „aber eine Frage habe ich noch."[1] „Ja, was wollen Sie denn noch?"[4], fragte der Schaffner unwillig.[1] „Wo kommen denn die vielen Zigarettenstummel her?"[4], meinte das Bäuerlein und zeigte auf den überfüllten Aschenbecher im Abteil.[1]

„Ja, von denen, mein Herr, die nicht zuerst gefragt haben!"[2]

[1] Aussagesatz	[3] Aufforderungssatz
[2] Ausrufsatz	[4] Fragesatz

L 7

Die Straße ist kein Spielplatz.
Dort darf man nicht Fußball spielen und Rollschuh laufen.
Das weiß heute jeder.
Beim Überqueren der Straße muss man Acht geben.
Es gibt aber auch andere gefährliche Spielplätze.
Sie laden zum Spielen und Herumstöbern besonders ein.
Ich meine die Müllhalden der Städte und Wohnsiedlungen.

L 8

Der Verkehr auf den Straßen wird durch Verkehrsvorschriften geregelt. Dadurch werden viele Unfälle vermieden. Es gibt aber auch ungeschriebene Gesetze. Sie heißen Höflichkeit und Hilfsbereitschaft. Unzählige Male hat jeder von uns täglich Gelegenheit, diese Gesetze zu beachten. Da steht eine alte Frau an der Straßenkreuzung und ist ganz verwirrt von dem starken Verkehr. Hier heißt es hilfreich einspringen und die Behinderte sicher auf die andere Straßenseite geleiten.

L 9

Unsere Straßen folgen zum Teil alten Römerstraßen und mittelalterlichen Handelswegen. Viele Straßen sind zu schmal und zu kurvenreich. Der Zustand ihrer Decke, der Straßenzustand, wird laufend überprüft. Auf vierspurigen Autobahnen fährt man zügig über große Strecken hinweg zu den wichtigsten Industriestädten unseres Landes. Sie vermeiden Ortsdurchfahrten. Ihre Steigungen und Kurven sind gut ausgebaut. Das Netz dieser Fernstraßen wird ständig erweitert.

L 10 Scheint die Sonne warm vom Himmel herunter? Ist das Wetter heute sehr schön? Ist der Rasen schon grün? Blühen die Schlüsselblumen auf den Beeten? Sitzt der Star vor seinem Kasten? Pfeift er sein lustiges Lied? Schlägt er dabei mit den Flügeln? Läuft die Amsel über den Rasen? Hat sie einen Regenwurm gefunden? Gräbt mein Vater das Gemüsebeet um? Harkt meine Mutter die Wege?

L 11 Der Fuchs ist ein äußerst vorsichtiges und gewandtes Raubtier. Seine Schnauze ist spitz, seine Pupillen sind senkrecht gestellt. Sein Pelz ist dicht und weich, oben rosarot, seitlich weiß überlaufen. Brust und Bauch sind weißlich. Die Rückseite des Ohres ist schwarz. Der Schwanz ist lang und buschig und hat eine weiße Spitze.

L 12 **Reisende haben viele Wünsche**
Bitte lüften Sie doch das Zimmer länger! Bitte bringen Sie mir einen Bogen Briefpapier! Bitte begleiten Sie mich beim Besteigen des hohen Berges, Herr . . . ! Bitte wecken Sie mich morgen um 6 Uhr! Bitte bringen Sie das Telegramm noch heute zur Post!

L 13 Fritz | trägt | seine Ersparnisse | regelmäßig | zur Sparkasse.
Richard | spart | seit zwei Jahren.
Erich | spart | auf ein neues Fahrrad.
In der Sparkasse | erhalten | die Sparer | jährlich | für ihr Geld | Zinsen.
Über die Zinsen | kann | jeder | frei | verfügen.
Man | kann | auch auf andere Weise | sparen.
Seit langem | spart | mein älterer Bruder | auf ein Motorrad.

L 14

In der Bank	erhalten	die Sparer	jährlich	Zinsen	für ihr Geld.
Hier	bekommen	die Leute	jedes Jahr	Geld	für ihre Ersparnisse.
Dort	bekommen	sie	immer	Geld	für ihre Einlagen.

Manche Leute	leben	verschwenderisch.
Viele Menschen	leben	in Saus und Braus.
Sie	leben	nicht sparsam.

Dadurch	verbrauchen	sie	mehr Güter	als andere.
Auf diese Weise	verbrauchen	diese Leute	mehr Geld	als Sparsame.

L 15

Erich | möchte | gern | einen Kassettenrecorder | kaufen.
Meiner Freundin Erika | gefällt | das neue Kleid ihre Mutter | sehr gut.
Onkel Fritz | braucht | dringend | Winterreifen.
Der Wind | reißt | dem alten Mann | den Hut | vom Kopf.
Im Jänner | feiern | wir | den Todestag des bedeutenden österreichischen Dichters Franz Grillparzer.

L 16

Im Jahre 1506 | legten | die Spanier | die ersten Zuckerrohrpflanzungen | in Westindien | an. Bald | konnten | die Reichen der ganzen Welt | mit westindischem Rohrzucker | versorgt werden. Rohrzucker | verlangt | eine mittlere Jahrestemperatur von mindestens 20 Grad Celsius. Er | gedeiht | nur in tropischen und subtropischen Gebieten. Der Anbau von Rohrzucker | ist | sehr wirtschaftlich. Die Pflanzen | sind | bis zu dreißig Jahre | nutzbar. Längeres Lagern | mindert | allerdings | den Zuckergehalt. Das Zuckerrohr | muss | nach der Ernte | sehr schnell | verarbeitet werden. Zuckerrohranbau | erfordert | zahlreiche Arbeitskräfte. Heute | werden | für die Zuckerrohrernte | allerdings | moderne Maschinen | eingesetzt.

L 17

Spätherbst auf dem Bergbauerngut

Spät | reift | oben | das Korn | auf kargem Hubengrund. Der herbstkühle Wind | zerrt | an den kurzbündigen Garben. Jetzt | sind | die Schwalben | fort. Es | kommen | bald | die Herbstnächte mit den über bergigem Horizont auftauchenden Wintergestirnen. Flammend | ziehen | die Sternschnuppen | durch die klare Mitternacht. In nebeligen Nächten | röhrt | der Hirsch | aus der Lichtung. Das Vieh | hat | die Alm | verlassen(,) | und die Hube | steht | wiederum | einsam | am Ende der dörflichen Welt.

Dann | bleiben | die Wandernden | aus. Die Äcker | liegen | braun | mit nackten Schollen, | olivgrau | rasten | die Wiesen. Die Tage des Vorwinters | tauchen | die Hube | noch einmal | in goldenen Glanz, | aus den Nebeln der Täler | heben sich | die Bergzüge | mit leicht beschneiten Kuppen. Die Hänge | liegen | ohne Schnee, | aber starrer Reif | umkleidet | schon winterlich | Baum und Strauch.

Niedrig | steht | die Sonne | im Mittag. Mit stumpfem Grün | hebt sich | der Fichtenwald | vom kahlen Berghang | ab. Bronzefarben | leuchten | darin | die nackten Lärchen. *(Nach Hans Leifhelm)*

L 18 Ich habe Ihren Brief erhalten. Ich bin wohlauf. Ich bestätige den Empfang Ihres Schreibens. Ich teile Ihnen mit, dass ich nicht kommen kann. Ich habe viel gelernt. Ich will morgen abreisen.

L 19 <u>Erich</u> ist noch nicht wahlberechtigt. – <u>Sein Auto</u> parkt vor der Schule. – <u>Irren</u> ist menschlich. – Ihrer Freundin übergibt <u>Monika</u> ein Geschenk. – Mit heulendem Motor hat <u>der Rennwagen</u> die Kurve genommen. – <u>Franzi</u> kann wegen des gebrochenen Beines am Schikurs nicht teilnehmen. – <u>Er</u> wird aber bald wieder gesund sein.

L 20 <u>Not und Hunger</u> erzeugen Hass und Krieg. <u>Die Not zu bekämpfen und den Hunger zu stillen</u>(,) bedeutet in unserer Zeit den Frieden sichern. <u>Helfen</u> ist mehr als Almosen geben. <u>Helfen</u> heißt den Nächsten lieben, weil er ein Mensch ist mit gleichen Bedürfnissen und gleichen Rechten wie wir. <u>Helfen</u> heißt(,) ihm in der Not beistehen. <u>Es</u> heißt(,) seine Angst und Not selbst zu überwinden. <u>Helfen</u> sollte eine selbstverständliche Aufgabe für jeden sein, denn <u>Not und Hunger</u> erzeugen Hass und Krieg.

L 21 Die Gesundheit vieler Leute ist in den Großstädten heute durch Lärm gefährdet. Der Krach auf den Straßen beträgt durchschnittlich 60–80 Phon. Der Autoverkehr trägt zu diesem Lärm viel bei. Durch den Lärm wird sogar die Gesundheit vieler Menschen geschädigt. Besonders lärmanfällig sind die Bürohäuser mit großen Fensterfronten. Hier könnte die lärmdämmende Wirkung von Vorhängen genutzt werden. Aber auch in den Wohnhäusern sind die Menschen vor dem Lärm nicht sicher.

Wie wir unseren Klassensprecher wählen L 23

Zuerst <u>fertigen</u> wir die Stimmzettel <u>an</u>. Dann <u>errichten</u> wir in einer Ecke des Klassenzimmers eine Wahlkabine. Der Reihe nach <u>geht</u> jeder in die Kabine. Dort <u>schreibt</u> jeder Wähler auf den Stimmzettel den Namen seines Kandidaten. Dann <u>geht</u> er zum Tisch des Wahlleiters. Hier <u>wirft</u> er den Stimmzettel in die Wahlurne. Der Wahlleiter <u>streicht</u> gleichzeitig den Namen des Wählers im Wählerverzeichnis <u>aus</u>. Der Kandidat mit der größten Stimmenzahl <u>wird</u> unser Klassensprecher.

L 24

Fritz muss das Auto seines Vaters waschen.

Er kann daher nicht zum Fußballspiel kommen.

Für seine Arbeit wird er vom Vater eine Belohnung bekommen.

Erika hilft im Geschäft ihrer Mutter aus.

Auf diese Weise kann auch sie ihr Taschengeld verdienen.

Renate will sich von ihrer Freundin ein Buch ausleihen.

Sie holt es sich bei ihr ab.

In einer Woche wird sie es ihr zurückbringen.

Der Betriebsrat L 25

In einer Demokratie <u>haben</u> alle Menschen Rechte. Diese Rechte <u>sind</u> in den Gesetzen <u>festgelegt</u>. Auch die Vorgesetzten <u>müssen</u> sich an diese Gesetze <u>halten</u>. Sie <u>dürfen</u> von den Untergebenen nicht Unmögliches <u>verlangen</u>. Deshalb <u>gibt</u> es in allen Betrieben mit über 20 Beschäftigten einen Betriebsrat. Der Betriebsrat <u>muss</u> die Arbeitnehmer gegenüber dem Arbeitgeber <u>vertreten</u>. Er <u>verhilft</u> den Arbeitern und Angestellten zu ihrem Recht.

In der Fabrik L 26

Ich <u>stehe</u> an der Maschine. Mein linker Arm <u>dreht</u> an dem Rad, der Stahl <u>frisst</u> sich ins Rohr, meine rechte Hand <u>packt zu</u> und <u>legt</u> das geschnittene Rohr auf den Stapel. Meine beiden Hände <u>arbeiten</u> losgelöst von mir, sie <u>werden</u> kaum müde dabei, müde <u>wird</u> mein Kopf. Rot- und blauglühende Eisenspäne <u>rollen</u> sich vom Rohr <u>ab</u>

und <u>springen</u> auf meine Hände. Ich <u>sehe</u> dabei <u>zu</u>. Der Schmerz <u>geht</u> nicht bis zum Kopf, und der Reflex <u>bleibt aus</u>. Bei der nächsten Bewegung <u>fällt</u> der Span wieder <u>ab</u>. Auf den Händen <u>wachsen</u> Blasen. *(Günter Wallraff)*

L 27 Du <u>steigst</u> früh aus deinem Bett. Deine ständigen Begleiter <u>sind</u> Kunststoffe von früh bis spät. Du <u>putzt</u> deine Zähne und <u>hältst</u> den Kunststoffgriff deiner Zahnbürste in der Hand, die Borsten <u>bestehen</u> aus Nylon. Du <u>drückst</u> die Zahnpasta aus der Kunststofftube. Auch die Paste selbst <u>ist</u> ein künstlicher Stoff wie die Seife und die Krem. Du <u>kämmst</u> dein Haar mit einem Kunststoffkamm.

L 28 Erich und ich **sind** zwei Stunden gerodelt. Er und sie **fahren** mit dem Auto nach Graz. Walter und Susanne **kommen** heute zu mir. Du und Hans **waren** bei der Schneeballschlacht dabei. Ihr **verbringt** den Urlaub in Osttirol, wir auch.

L 29 Österreich <u>ist</u> ein Industriestaat. Erdöl, Eisenerz und Holz <u>sind</u> wichtige heimische Rohstoffe. Andere Rohstoffe und einige Lebensmittel <u>müssen eingeführt werden</u>. Österreich <u>verkauft</u> Industrieerzeugnisse in alle Welt. Der Erlös daraus und die Einkünfte aus dem Fremdenverkehr <u>ermöglichen</u> die nötigen Einfuhren. Gäste aus allen Ländern <u>besuchen</u> österreichische Kunststätten, Theater und Konzerte. Tausende Ausländer <u>studieren</u> an Österreichs Hochschulen. So <u>leistet</u> unser kleines Land seinen Beitrag zur Völkerverständigung.

L 30 **Der Kraftfahrzeugmechaniker**

Der moderne Verkehr <u>nimmt</u> ständig <u>zu</u>. Jedes Jahr <u>werden</u> neue Kraftfahrzeuge <u>zugelassen</u>. Die Sicherheit des Autofahrers <u>hängt</u> wesentlich von der gewissenhaften Wartung seines Wagens <u>ab</u>. Aber nur wenige <u>wissen</u> über das Innenleben ihres Autos <u>Bescheid</u>. Man <u>verlässt sich</u> ganz auf die Tüchtigkeit und das Verantwortungsbewusstsein des Kraftfahrzeugmechanikers. Nicht umsonst <u>muss</u> dieser eine dreieinhalbjährige Ausbildungzeit <u>in Kauf nehmen</u>. Unter der Leitung von erfahrenen Monteuren <u>lernt</u> der Lehrling den Aufbau und die Funktion der Bestandteile eines Autos <u>kennen</u>. Bald <u>darf</u> er selbstständig einfache Wartungsarbeiten <u>ausführen</u>. Neben dieser praktischen Ausbildung <u>muss</u> der Lehrling die Fachklasse seiner Berufsschule <u>besuchen</u>.

L 31

1. Hans will heute seinen neuen Anzug, den er zu Weihnachten bekommen hat, umtauschen.
2. Das Formular, das mir der Beamte gegeben hat, werde ich heute ausfüllen.
3. Am Ende meiner Lehrzeit werde ich die Gesellenprüfung ablegen und (werde) dann in eine große Möbelfabrik eintreten.
4. Im nächsten Jahr werde ich das Geschäft meines Vaters übernehmen.
5. Mit fünfzehn Jahren habe ich den Polytechnischen Lehrgang verlassen.
6. In diesem Kleid siehst du sehr gut aus.
7. Wenn der Abteilungsleiter kommt, stellen Sie mich ihm bitte vor.
8. Wisst ihr schon, wann ihr wieder zurückkommen werdet?
9. Ich habe mich mit meinen Freunden sehr anregend über Politik unterhalten.
10. Mit sechs Jahren bin ich in die Schule gekommen.

L 36

Ich gehe | ihm | entgegen. (1)
Der Mann klopfte | mir | mit seiner Hand | auf die Schulter. (3)
Sie hinderte | mich | am Weitergehen. (2)
Mein Freund berichtete | meiner Mutter | über meine Prüfung. (2)
Es fehlt | mir | an Geld. (2)
Ich einigte mich | mit ihm | über die Höhe des Schadenersatzes. (2)
Er stimmt | mit mir | in dieser Frage | überein. (2)
Der Stein fiel | ihm | auf den Kopf. (2)
Ich streichle | ihr | das Haar. (2)
Er wirft | ihm | den Ball | ins Gesicht. (3)
Er schnallt | dem Kind | die Schultasche | auf den Rücken. (3)

L 37

Erich hat sich | beim Schifahren | das rechte Bein | gebrochen.
Das Bein muss röntgenisiert. werden.
Die Röntgenschwester macht | den Apparat | zur Aufnahme | fertig.
Sie stellt | den Röntgenapparat | über der verletzten Stelle | ein.
Unter dem gebrochenen Bein | liegt | in einer Metallkassette | ein Film.
Auf ihm | wird | das Röntgenbild | festgehalten.

L 38

Mein Vater ist Bauer. Er besitzt | eine kleine Landwirtschaft | im Stubaital in Tirol. Meine Mutter und meine älteren Geschwister helfen | im Betrieb | mit. Da | gibt es | viel | zu tun. Wir haben | 12 Rinder, 5 Schweine und über 20 Hühner. Alle Tiere müssen | mehrmals

<u>täglich</u> | gefüttert werden. Die Wiesen müssen | <u>einige Male im Jahr</u> | gemäht und gedüngt werden. <u>Im Sommer</u> | haben wir | <u>außerdem</u> | <u>Feriengäste</u>. Sie bewohnen | <u>zwei Zimmer unseres Hauses</u>.

L 39   Mein Nachbar heißt <u>Franz Schmidhofer</u>. Sein Lehrherr ist <u>der Frisör Gruber</u>. Die Frau scheint <u>ihre Tante</u> zu sein. Der ältere Bruder wird <u>Beamter</u>. Persil bleibt <u>Persil</u>. Gerhard erweist sich <u>als unser bester Tormann</u>. Fritz war <u>der Schnellste</u>. Dieses Dreieck ist <u>ein stumpfwinkeliges</u>. Bist du <u>es</u>? Wir sind <u>vier</u>. Sein Ziel ist, <u>Baumeister zu werden</u>. Frisch gewagt <u>ist halb gewonnen</u>. Ich war einst, <u>was du jetzt bist</u>.

L 42   Seine Anschauung nenne ich <u>eine romantische</u>. Das nenne ich <u>arbeiten</u>. Das heiße ich <u>„Wasser in die Donau schütten"</u>. Das bezeichne ich <u>als sehr gut gearbeitet</u>. Sie schmäht ihn <u>einen Verräter</u>. Ich bezeichne ihn auch heute als das, <u>als was ich ihn schon immer bezeichnet habe</u>, nämlich <u>als einen Gauner</u>.

L 45   Hans hat die Urlaubsfotos schon gestern seiner Freundin gegeben. Erich wird morgen seinen Eltern die Geschenke bringen. Ihr habt gestern den Kindern einen roten Ball geschenkt. Karl wird seinem Freund das geliehene Geld erst nächste Woche zurückbringen. Onkel Josef hat bereits am Sonntag auf den Brief geantwortet. Der Verdächtige ist von einigen Passanten gestern Abend beobachtet worden. Die Flugzeuge konnten gestern wegen des starken Nebels in Graz nicht landen. Herr Berger hat neulich seiner Nachbarin Blumen geschenkt.

L 46   1. Die Firma wird den Rechnungsbetrag überweisen.
2. Die Post stellt den Abonnenten die Zeitung zu.
3. Ulrich schickt seiner Schwester ein Päckchen.
4. Die Sekretärin wird den Gast in das Chefzimmer führen.
5. Ich brachte dir Blumen mit.
6. Ich soll Sie an die Abfahrt des Zuges erinnern.
7. Der Film hat uns von unseren Sorgen abgelenkt.
8. Ich mache Sie auf einen Fehler aufmerksam.
9. Unser Nachbar ist an dem Kauf des Grundstückes interessiert.
10. Unsere Kunden legen Wert auf zuvorkommende Bedienung.

L 47

Was? Einen langen Brief.
Wen? Hans (ihn, mich).

L 48

Gerda beobachtete die Flugzeuge. – Peter betrachtete das Foto. – Der Lehrer begrüßt die Schüler. – Dieses Auto hat der Mechaniker repariert. – Für Ilse kaufte die Mutter ein neues Kleid. – Fritz sah seinen Freund auf dem Fußballplatz.

L 49

Der Direktor lobte die Schüler.
Angelika kaufte den teuren Pelzmantel.
Ich werde meinen Bruder fragen.
Ich sehe zwei.
Er beschloss zu gehen und nicht länger zu warten.

L 53

Er steckt den Zündschlüssel in das Zündschloss, stellt den Gang auf Leerlauf, dreht den Zündschlüssel nach rechts und lässt damit den Motor an. Dann gibt er leicht Gas, tritt die Kupplung durch, legt den ersten Gang ein, löst die Handbremse und lässt die Kupplung langsam kommen. Gleichzeitig gibt er etwas Gas, lenkt das Fahrzeug aus der Parklücke und fährt.

L 56

Erika winkt ihrem Bruder zu. – Das Bild gefällt mir. – Die Vorsprache wird ihm kaum nützen. – Du solltest keinem Fremden trauen. – Das Buch gehört meinem Bruder. – Die Suppe schmeckt ihm besonders gut. – Sie antwortete ihm sofort. – Wir gratulieren dem Sportler zu diesem Erfolg. – Man muss ihm lange zureden. – Du wirst seinen Ausführungen bestimmt beipflichten. – Der Bub gleicht seinem Vater. – Dieser Hund gehört dem Trafikanten.

L 58

Die Schier gehören meinem Bruder.
Erika hat ihrer Mutter beim Abwaschen geholfen.
Franz ist seinem Freund begegnet.
Der Briefträger übergab dem Hausbesorger einen Einschreibbrief.
Zum Abschied reichte er ihm die Hand.
Der Vater öffnete den Besuchern die Tür.

L 59

    E 3   E 4   E 3
Liefern Sie ihm die Ware noch diese Woche? – Man stahl ihm sein
  E 4   E 3   E 4
Fahrrad. Du wirst deinem Freund die Bitte nicht abschlagen. – Leihe

        E 3   E 4
deinem Kameraden den Kassettenrecorder! – Sie schenkte ihrer
    E 3   E 4   E 3   E 4
Tante ein Bild. – Wann schickst du ihm den Vertrag? – Der Lehrer
             E 3   E 4   E 3   E 4
erklärt dem Schüler die Aufgabe. – Man bot dem Gast einen Stuhl

an.

L 60 Der Rundfunksprecher | bedient sich | **einer gepflegten Sprache.**
Manche Hörer | enthalten sich | **jeder Stellungnahme.**
Er | bedurfte | **des Rates seiner Freunde** | nicht.
Sie | werden sich | bald | **eines Besseren** | besinnen müssen.
Er | entledigte sich | **seines Auftrages** | mit viel Geschick.
Der Redner | bediente sich | **eines Vergleiches.**

L 62 Diese Äußerung bedarf einer Erklärung. – Er entledigte sich seines Auftrages. – Susanne nahm sich der alten Frau an. – Peter gedachte seines verstorbenen Großvaters. – Er befleißigte sich einer ausgesuchten Höflichkeit. – Kurt enthielt sich eines Urteils. – Das spottet jeder Beschreibung. – Diese Behauptung entbehrt jeder Grundlage. – Er besann sich eines Besseren. – Der Kranke bedarf eines Arztes.

L 63 *(Lösungsvorschläge)*
Rudi rühmt sich seines Erfolges. Der Dieb bemächtigte sich des Geldes. Der Sohn gedachte der Mutter. Der Einbrecher bemächtigte sich der Kassette. Hans rühmte sich seiner guten Leistungen, dieser Tat u. dgl. m.

L 65 Alte Leute erinnern sich ihrer Jugendzeit, ihrer Schulzeit, ihrer Hochzeit, ihres ersten Ballbesuches, der Wanderungen im Gebirge, vieler schöner Reisen.

L 67 *(Lösungsvorschläge)*
Der Schüler ehrt seine alte Lehrerin. Der Lehrling antwortet seinem Meister. Der Bruder ärgert seine Schwester. Der Verkäufer dient seinem Chef zu dessen Zufriedenheit. Der Feriengast kennt die Sehenswürdigkeiten noch nicht. Die Großmutter vergibt ihrer Enkelin den ungehörigen Ton. Der Kunde wünscht den Chef zu

sprechen. Der Neffe schreibt <u>seinem Onkel</u> <u>einen langen Brief</u>. Der Lehrherr zeigt <u>dem Lehrling</u> <u>die Bedienung der Maschine</u>. Die Tochter schreibt <u>ihrer Mutter</u> <u>eine Ansichtskarte</u>.

L 69

1. Mit wem? – 2. Von wem? – 3. Über wen? – 4. Bei wem? – 5. Worum? – 6. Womit? – 7. Auf wen? – 8. Um wen? (um Inge); worum? (um die Arbeit).

L 70

Hans ärgerte sich <u>über die unpassende Frage</u>. – Worüber?
Er bedankte sich <u>bei seiner Mutter</u>. – Bei wem?
Die Polizei fahndet <u>nach dem Täter</u>. – Nach wem?
Er sieht <u>von einer Anzeige</u> ab. – Wovon?
Wir vertrauten <u>auf ihn</u>. – Auf wen?
Es geht <u>um das Schicksal seines Bruders</u>. – Worum?
Er braucht das Werkzeug <u>zu seiner Arbeit</u>. – Wozu?

L 71

Woraus ist das gemacht? – Wobei kennst du dich nicht aus? – Worum geht es? – Womit willst du das machen? – Wodurch ist er krank geworden? – Worum kämpft er? – Worum kümmert er sich? – Wogegen wehrt er sich? – Wofür tritt er ein?

L 74

(Lösungsvorschläge)
Ich warne ihn vor einer Gefahr. (Wovor?) Sie kümmert sich um das Wohl der anderen. (Worum?) Er sorgt sich um seine Mutter. (Um wen?) Sie wartet auf eine Antwort. (Worauf?) Er hört von seinem Freund nur Gutes. (Von wem?) Sie arbeiten mit der Schaufel. (Womit?) Sie erinnern sich nicht mehr an den Vorfall. (Woran?)

L 75

Lang hat sich Kurt <u>auf seinen Geburtstag</u> gefreut. Rechtzeitig hat er <u>an seine Freunde</u> geschrieben und sie eingeladen. <u>Von seinen Eltern</u> hat er schöne Geschenke erhalten. Am meisten freut er sich <u>über den neuen Anzug</u>. Aber auch <u>an den kleinen Geschenken</u> findet er Gefallen. Seine Freunde feiern <u>mit ihm</u>. Die Mutter deckt den Kaffeetisch <u>für die Gäste</u>.

L 77

1. Der Arzt riet meinem Vater zu einer Kur.
2. Wir können ihr mit etwas Geld aushelfen.
3. Der Professor will seinen Zuhörern von seiner Expeditionsreise berichten.
4. Wir gratulierten unserem Chef zum Firmenjubiläum.

5. Die Impfaktion schützt die Kinder vor der Kinderlähmung.

6. Du brachtest mich auf eine gute Idee.

L 78 *(Lösungsvorschlag)*

Eine Stunde lang spielten die Kinder mit Bällen vergnügt im Hof.

Der Autofahrer bremste rechtzeitig wegen der Ampel vor der Kreuzung.

Ilse sprach gestern auf der Wachstube sehr lange mit dem Polizeibeamten über den Vorfall.

L 79 Am Nachmittag war ich zu Hause. Nachmittags bin ich daheim. Peter benimmt sich schlecht. Peter benimmt sich wie ein Flegel. Peter benimmt sich ausgelassen. Erich legt das Buch auf den Tisch. Erich legt das Buch darauf. Erich legt das Buch dorthin.

L 80 1. Wegen des Regens zog sie den Regenmantel an. 2. Unter dieser Bedingung spiele ich nicht mit. 3. Trotz des schlechten Wetters fand das Spiel im Freien statt. 4. Das Holz der Fichte wird vielfach zu Bauzwecken verwendet. 5. Die Kinder jauchzten vor Freude. 6. Ungeachtet des starken Verkehrs überquerte er die Straße. 7. Er schlug den Nagel mit einem Stein in das Brett. 8. Sie kam zu einer Besprechung zu ihrem Rechtsanwalt. 9. Die Arbeit ist sehr anstrengend. 10. Elsa sieht schon wie eine Dame aus. 11. Er ist guter Dinge. 12. Sie fühlt sich großartig. 13. Es ist so. 14. Seine Anstrengungen waren vergeblich. 15. Das Kleid kostet 60 Euro. 16. Das Wartezimmer ist voller Patienten. 17. Seit gestern ist Erika wieder in der Schule. 18. Sie war drei Wochen krank. 19. Übermorgen wird sie 12 Jahre. 20. Bisher war sie die beste Schülerin. 21. Wird das immer so sein? 22. Das alte Pferd lebte noch drei Jahre. 23. Im Jänner war sie 11 Jahre. 24. Die Saison läuft im Mai an. 25. Das Fest dauerte bis in die frühen Morgenstunden. 26. Der österreichische Dichter Franz Grillparzer lebte im 19. Jahrhundert. 27. Der Vater füttert die Kühe im Stall. 28. Er holt Heu aus der Scheune. 29. Sie ist 10 Meter vom Stall entfernt. 30. Er schüttet Hafer in die Futterkrippe.

L 81 **In den Bergen**

Wir holen den Rucksack und die Wanderschuhe aus dem Koffer, denn heute steigen wir auf den Zirbitzkogel. Zuerst wandern wir durch ein breites Tal. Dann kommen wir in einen herrlichen Laubwald. Jetzt biegt der Weg links ab. Er führt uns durch einen schattigen Fichtenwald. Endlich gelangen wir auf eine Alm. Wir kehren in die Schutzhütte ein. Fein, hier gibt es ein Glas Milch und ein Stück Butterbrot. Nun geht es weiter nach oben. Gebückt klettern wir von Felsblock zu Felsblock. Ein Büschel Enzian lockt uns an einen Felsvorsprung. Nach vier Stunden kommen wir endlich auf dem Gipfel an.

(Nach Martin Ibler)

In der russischen Steppe

L 85

                               OE
Sie erstreckt sich <u>von den Karpaten bis zum Fuß des Altaigebirges</u>;
    OE
<u>im Süden</u> wird sie durch das Krimgebirge und den Kaukasus
        ZE
begrenzt. <u>Längst nicht mehr</u> ist sie das unendliche Grasmeer. <u>Nur in</u>
      OE
<u>einigen geschützten Gebieten</u> ist sie noch unberührte Naturland-
       OE
schaft, <u>in weiten Teilen jedoch</u> Acker- und Wiesenland. Die geringen
                       OE
Niederschläge des Winters schaffen <u>in der mittleren Ukraine</u> eine

dünne Schneedecke. Sie reicht zum Schutz der Wintersaat aus.
  ZE   AE
<u>Im Frühjahr</u> setzt <u>plötzlich</u> die Schneeschmelze ein. Reißende Bäche
    ZE
füllen <u>dann</u> die steilwandigen Trockentäler aus. Die Ströme treten
     OE   OE
<u>über ihre flachen Wiesenufer</u>. <u>Auf unbefestigten Wegen</u> versinken
        OE
die Fahrzeuge <u>in Schlamm und Morast</u>. Die angenehmste Jahreszeit
                 ZE
ist der warme Frühsommer <u>vor Beginn der großen Hitze und Dürre</u>.
       BE
<u>Bei ausreichenden Niederschlägen</u> reift die Frucht <u>auf unüberseh-
 OE   ZE
baren Weizenfeldern</u>. <u>In trockenen Hochsommern jedoch</u> zerstören

Steppenwinde dieses Werk und machen die Hoffnung auf eine gute

Ernte zunichte.

(Nach R. Alschner)

L 86 Mit falschem Geld zahlt man nicht. Glocken ohne Schwengel läuten nicht. Faule Birnen kauft man nicht. Stumpfe Messer schneiden nicht. Alte Schuhe halten nicht. Wurmige Pilze sammelt man nicht.

L 87 **Innsbruck**

Innsbruck ist die Hauptstadt des Bundeslandes Tirol.

Hier blicken schneebedeckte Gipfel auf die Dächer und Straßen der Stadt. Die Stadt liegt inmitten einer großartigen Bergwelt. Schon in alter Zeit führte hier eine Brücke über den Inn, daher der Name der Stadt.

Wer durch die Gassen der Altstadt spaziert, der spürt, dass sie schon sehr alt ist. Viele herrliche Bauten erinnern an die große Vergangenheit Tirols: das Goldene Dachl, die Hofkirche mit dem Grabdenkmal Kaiser Maximilians I., die alte Hofburg und viele andere.

Von Innsbruck aus führt die neue Autobahn nach Süden über den Brennerpass. Es ist kein Wunder, dass diese Stadt ein wichtiger Handelsplatz geworden ist.

L 88 **Das Grüßen**

„Mit dem Hute in der Hand kommt man durch das ganze Land!" Vergiss das Sprichwort auf dem Lande nicht, wo es noch Sitte ist, alle zu grüßen! Überhaupt ist es besser, zu viel als zu wenig zu grüßen, denn der Gruß ist ein Zeichen der Hochachtung, und die Menschen sollten einander immer Hochachtung entgegenbringen. Der Jüngere grüßt den Älteren, der Herr die Dame, der Junge das Mädchen zuerst. Wenn du einen Bekannten siehst, schau nicht schüchtern weg, um dem Gruß auszuweichen! Höher gestellte Persönlichkeiten grüßt man auf der Straße meist stumm; man nimmt den Hut ab und neigt den Kopf. Nur der höher Stehende (die Dame) hat das Recht, die Hand zum Gruß zu reichen. Man darf die Hand des andern nicht zu stark pressen, aber die Hand auch nicht zu schlaff geben, denn es soll doch ein Hände-„Druck" sein. Der Herr muss beim Betreten einer Wohnung oder eines Lokales seine Kopfbedeckung abnehmen.

L 89 **Besuch einer Sennhütte**

<pre>
     OE   P   S   E 4   OE   P   S
In Stübing bei Graz | gibt | es | ein Freilichtmuseum. Dort | kann | man
     E 4   P
die Hausformen der bäuerlichen Welt von einst | besichtigen.
</pre>

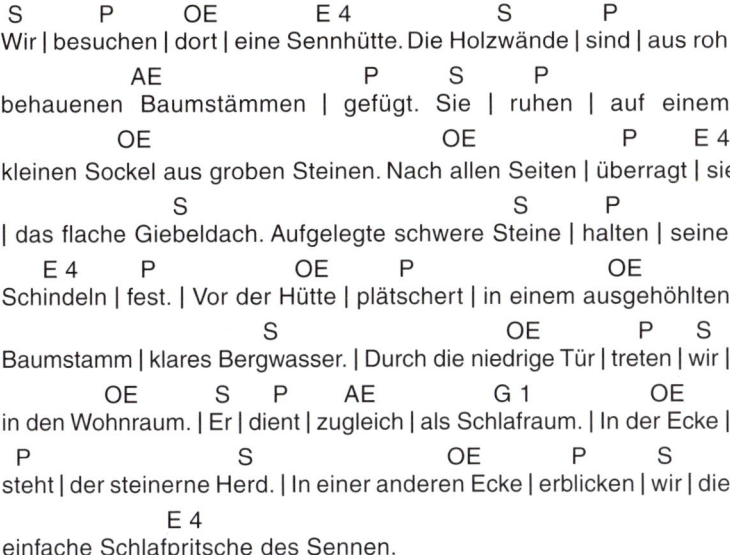

```
S       P       OE        E 4           S       P
```
Wir | besuchen | dort | eine Sennhütte. Die Holzwände | sind | aus roh
```
        AE                      P     S       P
```
behauenen Baumstämmen | gefügt. Sie | ruhen | auf einem
```
        OE                      OE            P       E 4
```
kleinen Sockel aus groben Steinen. Nach allen Seiten | überragt | sie
```
                S                       S       P
```
| das flache Giebeldach. Aufgelegte schwere Steine | halten | seine
```
  E 4     P           OE        P               OE
```
Schindeln | fest. | Vor der Hütte | plätschert | in einem ausgehöhlten
```
                S                   OE        P     S
```
Baumstamm | klares Bergwasser. | Durch die niedrige Tür | treten | wir |
```
        OE      S     P     AE            G 1           OE
```
in den Wohnraum. | Er | dient | zugleich | als Schlafraum. | In der Ecke |
```
  P               S                   OE        P       S
```
steht | der steinerne Herd. | In einer anderen Ecke | erblicken | wir | die
```
        E 4
```
einfache Schlafpritsche des Sennen.

Ein neuer Lebensraum?   **L 90**

```
        S       P           ZE                VE 3
```
Wissenschafter | suchen | seit einiger Zeit | nach einem neuen
```
                S     P       AE        E 4
```
Lebensraum. Sie | erwägen | dabei | die Nutzung des Leerraumes
```
                        OE              P     S       E 4
```
3000 km über der Erde. In diesem Gebiet | will | man | Wohnmög-
```
                        P       S       P       ZE
```
lichkeiten für Menschen | schaffen. Man | denkt | zunächst | an den
```
        VE 4                    S       P           E 3
```
Bau kleinerer Wohnplaneten. Dieses Vorhaben | bereitet | den Fach-
```
        E 4                     S               P
```
leuten | große Schwierigkeiten. Die Menschen | bedürfen | zum
```
VE 3        E 2         BE            P     S
```
Leben | der Atemluft. Infolgedessen | muss | man | abgeschlossene
```
E 4                                         P
```
Räume mit erdähnlicher Atmosphäre | konstruieren. Ein weiteres
```
E 4     P               S
```
Problem | bildet | die Schwerelosigkeit. Bei vielen Produktions-

VE 3   P   S   BE   E 4   AE
vorgängen | könnte | sie | allerdings | die Arbeitsabläufe | erheblich |

    P   ZE   P   S   VE 3
erleichtern. Heute schon | haben | Ingenieure | mit den Entwürfen für

              P   S   P   VE 3
solche Stationen | begonnen. Sie | arbeiten | an Plänen für Fabriken,

Krankenhäuser, Hotels und Laboratorien. Ein regelmäßiger Pen-

   S   P   E 4   VE 3   P
delverkehr | soll | dieses Gebiet | mit der Erde | verbinden.

L 91   Zu den Planeten

          ZE   P   AE   S
Um das Jahr 2000 | werden | voraussichtlich | viele große Weltraum-

        OE   P   OE   P
stationen | im erdnahen Raum | kreisen. Auf diesen Stationen | sollen |

  S   ZE   E 4
Kosmonauten | vor ihren Flügen zu anderen Planeten | ihr Training |

  P   AE   P   S
absolvieren. Mit speziellen Lastraketen | werden | Raumfahrer,

                    OE   OE
Treibstoff und Bestandteile der Flugkörper | von der Erde | dorthin |

  P   S   P   E 3
befördert. Weltraumstationen | weisen | gegenüber den Erdstationen

    E 4   VE 4   P   S   P
| große Vorzüge | für die Nachrichtenverbindung | auf. Sie | sind | von

        VE 3   OE   P
den Funkstörungsquellen der Erde | weit | entfernt. Auch die Erd-

   S   P   E 4   AE
drehung | beeinflusst | sie | nicht.

           OE   P   S   ZE
Auf diesen Raumstationen | arbeiten | Wissenschafter | zunächst |

    E 4   P   VE 4
neue Verfahren zur Beobachtung der Erde | aus. Durch deren

         P   S   E 4
Anwendung | kann | man | Lagerstätten von Bodenschätzen |

  P   S   VE 4
entdecken. Auch die Verunreinigung der Küsten | durch Abwässer |

P   AE   P   ZE   P

wird I auf diese Weise überwacht. Für das Jahr 2000 I wird I

  AE   S   OE

außerdem I das Entstehen von Raumforschungsstationen I auf dem

         P   E 4   P   S   ZE

Mond I erwartet. Für viele Fachleute I ist I der Mond I heute schon I der

       G 1   G 1

natürliche Startplatz und das geeignete Steuerungszentrum I für

  VE 4   OE

Unternehmen I im Weltraum.

(Aus: Beregowoij, Mondlandung)

In einem Zeitungsverlag   **L 92**

Unsere Klasse besuchte gestern das Verlagshaus einer Tageszeitung. Das riesige Gebäude liegt nicht weit vom Bahnhof entfernt. Vor dem Haupteingang warteten wir gespannt auf den Redakteur, der uns führen sollte. Mit Herrn Gruber mussten wir durch die Empfangshalle zum Aufzug gehen. Die Fahrt in das oberste Stockwerk dauerte nur wenige Sekunden. Der Redaktionssaal, in dem die Journalisten arbeiten, erstreckt sich über ein ganzes Stockwerk. Ungefähr fünfzig Zeitungsleute sind hier an ihren Schreibtischen mit Druckabzügen, Fernschreibmeldungen und Fotos beschäftigt.

Die Meldungen und Aufsätze gelangen aus dem Redaktionssaal in die Schriftsetzerei. Hier herrscht ein Tempo! Bis zum frühen Nachmittag müssen nämlich die Druckplatten fix und fertig sein; dennoch darf die Zeitung keine Druckfehler enthalten. Die Drucker haben schon seit Mittag ihre haushohe und 20 Meter lange Druckmaschine betriebsbereit gemacht. Nun werden die ersten Formen für den Druck eingespannt. Wir konnten wegen des Geratters kein Wort verstehen. Die Druckmaschine faltet nach dem Druck aus vielen Einzelbogen das fertige Zeitungsexemplar.

Der alte Baum   **L 93**

Kerzengerade war er gewachsen; denn das ist für eine rechtschaffene Fichte eine Ehrensache. Sein dunkles Nadelkleid war dicht und voll, und wenn der Wind durch den Wald fuhr, dann rauschte er durch das Geäst des alten Baumes und klapperte mit den dürren Zweigen wie ein Storch mit seinem Schnabel. Die kleinen Vögel saßen auf den breiten Fächern von Nadeln, die so schön nach

Harz dufteten und sangen ihre Lieder. Der Specht hämmerte, dass ihm der Kopf brummte, und die Eichkätzchen jagten auf und nieder und spielten Verstecken in dem Dunkel des dichten Geästes. Aber eines Tages nahm das alles ein Ende. Da kamen die Holzfäller mit der Motorsäge, und viele Bäume mussten sterben. Der Förster kam und machte mit Kreide drei Kreuze an den Stamm der alten Fichte, und das war ihr Todesurteil. *(Bruno H. Bürgel)*

L 94 1. Die unbearbeiteten Bretter für die Sesselständer sind dreieckig.
2. Die Werkstücke sind nach dem Fräsen mit einer untergeklemmten Schablone vollkommen gleichmäßig.
3. Ein Schleifer macht die scharfen Kanten der Holzteile mit feinem Glaspapier glatt.
4. Ein Arbeiter an der automatischen Bohrmaschine bohrt in die Ständer die Löcher für die Dübel.
5. Die Dübellöcher zur Befestigung der Kufen befinden sich am unteren Ende der Ständer.
6. Das Loch für die Schrauben in der Rückenlehne sitzt an der Spitze der Ständer.
7. Ein Arbeiter befestigt mit zwei durchgehenden Messingschrauben die Rückenlehne auf den beiden Ständern.
8. Ein junger Mann macht die Sitzfläche mit eingeschossenen Stahlklammern auf den Vorderzargen fest.
9. Ein Sessel entsteht so aus vielen Einzelteilen: aus Ständern, Rückenlehne, Sitzfläche, Vorderzargen, Kufen und Steg.
10. Ein Arbeiter bringt den verdübelten und verleimten Sessel in eine Luftdruckpresse.
11. Danach stellt ein Lackierer den Sessel in eine ringsum abgeschirmte Spritzkabine zum Lackieren.

L 95

1. Der Vater schläft.	S P
2. Erich ist mein Bruder.	S P G1
3. Sie winkt ihm zu.	S P E3 P
4. Hans enthält sich der Stimme.	S P E2
5. Er achtet auf sein Fahrrad.	S P VE
6. Ilse lehnt an der Hauswand.	S P OE
7. Sie schläft acht Stunden.	S P ZE

8. Der Baum ist hoch.	S P AE
9. Hans lauscht aus Neugier.	S P BE
10. Ilse liest ein Buch.	S P E4
11. Sie nennt ihn einen Lügner.	S P E4 G4
12. Er schenkt seinem Freund ein Buch.	S P E3 E4
13. Seine Mutter bezichtigt ihn der Lüge.	S P E4 E2
14. Erich beschützt ihn vor seinem Feind.	S P E4 VE
15. Hans lehnt sein Fahrrad an die Hauswand.	S P E4 OE
16. Der Vater streicht die Wände gelb.	S P E4 AE
17. Ilse besuchte die Vorstellung aus Neugierde.	S P E4 BE

L 96

In diesem Falle wollen sich die Herrschaften nach Berlin begeben. – Er hat es ihr nicht geglaubt.

L 97

Die Gendarmen des Postens Gloggnitz konnten Oberleitner eine Reihe von Diebstählen nachweisen.
Eine Kobra hat am 12. Dezember Karl B., Tierwärter in Schönbrunn, gebissen. (Karl B., Tierwärter in Schönbrunn, wurde am 12. Dezember von einer Kobra gebissen.)
Erdstöße haben unter den in Sarajevo lebenden Menschen Angst und Schrecken ausgelöst.
Regenfälle haben in der Poebene große Überschwemmungen verursacht.
Ich suche einen Schlossergesellen zu baldigem Eintritt, da mein derzeitiger Geselle zum Militär einrücken muss.
Der 60-jährige Rentner B. ist auf dem Heimweg in den Werkskanal gestürzt.
Das Benützen des Aufzuges geschieht auf eigene Gefahr; die Hausverwaltung übernimmt bei Unfällen keine Verantwortung.
Tiere haben mir oft in meinem Leben Freude bereitet.
Selbstverständlich musst du dich bedanken.
Und dann hörten wir im Wald noch einmal das Röhren des Hirsches.

L 98

Er weiß nicht, ob er ihm helfen können wird.
Ilse glaubt, dass sie kommen können wird.
Urteile erst dann, wenn du das Buch gelesen haben wirst.
Das Lehrbuch hätte schon längst überarbeitet werden sollen.
Ich war den ganzen Nachmittag in der Küche, wenn ich auch nicht habe kochen dürfen.

L 99 Ein Einkaufszentrum zu besuchen(,) ist sehr interessant.
Hart zu arbeiten(,) schätzt er nicht.
Der Boxer rühmt sich(,) unbesiegbar zu sein.

L 100 Erika hat uns geholfen(,) ohne es zu wissen.
Es macht uns viel Freude(,) mit dem Flugzeug zu reisen.
Wir fahren an das Meer(,) um uns zu erholen.
Karl redet(,) statt sofort zu handeln.
Er arbeitet an diesem Bild(,) ohne jemals damit fertig zu werden.
Franz beeilt sich sehr(,) um nicht zu spät zu kommen.
Vater glaubt(,) bis Sonntag mit der Arbeit fertig zu sein.

L 101 Er ist der Meinung, dass er das Haus allein bauen kann.
Ilse ist überzeugt, dass sie ihre Freundin ins Theater begleiten darf.
Roland entschloss sich, dass er diesen Weg gehe.
Kurt glaubt, dass er mit seinem Eigensinn alles erreichen kann.
Er läuft die weite Strecke, ohne dass er im geringsten ermüdet.

L 102 Er hat uns vorgeworfen(,) seinen Antrag nicht genügend unterstützt zu haben.
Er machte die Andeutung(,) im Besitz des belastenden Materials zu sein.
Die Ankündigung der Bundesregierung(,) die Steuern am ersten Jänner herabzusetzen(,) wird allgemein begrüßt.
Er beschwor mich(,) von einer Anzeige Abstand zu nehmen.
Er empfahl mir(,) diese beleidigenden Worte nicht allzu ernst zu nehmen.
Er schlug mir vor(,) bei der nächsten Steuererklärung einen Steuerberater beizuziehen.
Sie verlangte von uns(,) ihr das Schriftstück auszuhändigen.
Er versprach(,) sich der Sache anzunehmen.

L 103 Er geht morgens aus dem Haus(,) ohne gefrühstückt zu haben. Bei schlechtem Wetter geht er aus(,) ohne sich einen Mantel anzuziehen. Er betritt eine fremde Wohnung(,) ohne anzuklopfen. Er geht einkaufen(,) ohne genügend Geld mitzunehmen. Ein andermal verlässt er das Geschäft(,) ohne gegrüßt zu haben. Er gibt Briefe auf(,) ohne eine Marke darauf geklebt zu haben.

Der Schüler saß da(,) ohne ein Wort gesprochen zu haben. Der Kranke ertrug die Schmerzen ohne zu klagen. Der Anfänger im Maschinschreiben kann noch nicht schreiben(,) ohne auf die Tasten zu sehen. Wenige Schüler können einen Aufsatz schreiben ohne Fehler zu machen. Der alte Mann war zu erschöpft(,) um weitergehen zu können. Der Fuchs ist zu listig(,) um in eine Falle zu gehen. Mein Freund ersucht mich(,) ihm Gesellschaft zu leisten. Meine Eltern haben mir erlaubt(,) dich für den kommenden Sonntag einzuladen. Ich hoffe bestimmt(,) dich am Nachmittag bei uns zu sehen.

L 104

Herr Zauner bestieg den hohen Berg, kehrte aber sofort um. Er begann zu sprechen, blieb aber nach kurzer Zeit stecken. Die Frau fuhr am Sonntag nach Wien, reiste aber am Dienstag wieder ab. Ich lieh ihm das Geld, sah es aber nie wieder. Er wurde ins Krankenhaus gebracht, starb dort aber am nächsten Tag. Die Instandsetzung des Sportplatzes wurde schon jetzt in Angriff genommen, damit er im Frühjahr benützt werden kann. Franz trug das alte Buch zum Buchbinder, damit dieser es neu einbinde. Unser Lehrer verbessert die Aufsätze, damit wir das Rechtschreiben erlernen.

L 105

a) <u>In Linz angekommen</u>(,) fuhr er sogleich zu seinem Onkel.
   <u>Undeutliche Worte murmelnd</u>(,) verließ er das Zimmer.
   <u>Laut schnaufend und keuchend</u>(,) stieg der dicke Herr in sein Auto.
   <u>Langsam die Treppe hochsteigend</u>(,) dachte er darüber nach, was er sagen sollte.
   <u>Ganz verstört von dem furchtbaren Erlebnis</u>(,) kam er in seiner Wohnung an.
   <u>Von seiner Mutter sehnsüchtig erwartet</u>(,) kam er um 11 Uhr abends endlich nach Hause.
b) Als er in Linz ankam, . . . Während er undeutliche Worte murmelte, . . . Indem er schnaufte und keuchte, . . . Während er die Treppe langsam hochstieg, . . . Als er in seiner Wohnung ankam, war er ganz verstört von dem furchtbaren Ereignis. Als er um 11 Uhr abends endlich nach Hause kam, wurde er von seiner Mutter schon sehnsüchtig erwartet.

L 106

Um 9 Uhr Vormittag in Payerbach angekommen(,) begannen wir sofort mit dem Aufstieg auf den Schneeberg. Nach dreistündiger

Wanderung im Baumgartnerhaus angelangt(,) fühlten wir uns recht müde. Kaum in die Gaststube eingetreten(,) wurden wir von Bekannten begrüßt. Auf dem Gipfel des Schneeberges angekommen(,) ruhten wir uns gründlich aus.

Kaum wieder hergestellt(,) erkrankte ich von neuem. – Von der Reise zurückgekehrt(,) nahm der Vater seine Arbeit wieder auf.

L 107 Ein Forsthaus, auf einer Waldlichtung gelegen, tauchte vor uns auf. Das frisch getünchte Haus, von blühenden Obstbäumen umgeben, machte mit seinen grünen Fensterläden einen überaus freundlichen Eindruck. Der Förster, zum Ausgehen gerüstet, stand in der Tür. Das Ganze wirkte wie ein Bild, von einem guten Landschaftsmaler gemalt.

L 108 Während sie fröhliche Lieder sangen, setzte sich der Zug mit den Kindern in Bewegung. Bald nachdem er gegessen hatte, fuhr der Bauer wieder aufs Feld. Als ich auf dem Flugplatz ankam, war die Maschine schon gestartet. Weil er sich auf den Daumen geklopft hatte, schrie er laut auf. Nachdem ich mein Fahrrad am Tage zuvor sorgfältig geputzt und geölt hatte, fuhr ich spazieren. Der Polizist brachte den grölenden Betrunkenen zur Wachstube. Als der Bub von einer schweren Diphterie genesen war, schickte der Arzt ihn in ein Erholungsheim. Er holte den wertvollen Teppich aus dem von Rauch erfüllten Zimmer. Ihre Bewerbung haben wir überprüft, wir senden Ihnen als Beilage zu diesem Schreiben die Unterlagen wieder zurück.

L 109 Der Gemeinderat beschloss, vor dem Rathaus eine Tiefgarage zu bauen. Man stimmte dem Antrag des Gemeinderates für Finanzen zu, zur Finanzierung dieses Vorhabens ein Darlehen aufzunehmen. Es ergab sich aber keine Mehrheit dafür, auch vor dem Hallenbad eine solche Garage bauen zu lassen. Gegen den Antrag des Gemeinderates für Bauwesen, eine weitere Brücke über die Salzach zu bauen, bestanden keine Bedenken. Gebilligt wurde auch der Antrag, in der neuen Siedlung im Norden des Ortes Parkplätze zu schaffen. Schließlich waren sich die Stadtväter auch darüber einig, im nächsten Jahr eine neue Hauptschule zu errichten.

L 110 Ernst hat ein neues Fahrrad bekommen. (H)
Am folgenden Sonntag will er eine Radtour machen. (H)
Sein Vater zeigt ihm, wie man einen Schlauch flickt. (H, G)

„Zuerst drehst du die Halteschrauben los, dann nimmst du das Rad ab." (H, H)

„Wenn das geschehen ist, holst du das Ventil heraus und hebst die Decke ab." (G, H)

„Nun kannst du ohne Schwierigkeiten den Schlauch herausziehen." (H)

„Nachdem du die schadhafte Stelle gefunden hast, musst du sie mit Glaspapier aufrauen." (G, H)

„Danach trage auf die aufgeraute Stelle eine Gummilösung auf, du musst sie aber verstreichen." (H, H)

„Wenn sie angetrocknet ist, kannst du den Fleck aufsetzen." (G, H)

„Drücke sie fest an den Schlauch, damit er auch hält." (H, G)

Mit dem Fahrrad auf der Landstraße

L 111

1. Radfahrer sind auf Landstraßen besonders gefährdet, sie sollen sich deshalb genau auf der rechten Fahrbahn halten. 2. Mehrere Radfahrer müssen auf der rechten Straßenseite hintereinander fahren. 3. Bei allen Radwanderungen ist das Gepäck so sicher am Fahrrad zu befestigen, dass es bei schlechter Fahrbahn nicht herabfallen oder in die Speichen geraten kann. 4. Es ist auch darauf zu achten, dass Zeltstangen oder andere Geräte nicht seitlich herausragen. 5. Bei Fahrten ins Ausland ist es unerlässlich, dass man sich vorher genau über die besonderen Verkehrsregeln und Verkehrszeichen des anderen Landes unterrichtet.

1. Hauptsatzreihe, 2. einfacher Satz, 3. Satzgefüge, 4. Satzgefüge, 5. Satzgefüge

Wie kannst du sparen?

L 112

2. Wenn sie sich diesen oder jenen vorübergehenden Genuss versagen könnten, bliebe ihnen der Betrag für Wichtigeres. (G, H)

3. Wer so denkt, handelt sparsam und wirtschaftlich richtig. (G, H)

4. Er kann sich mit der Zeit so viel ersparen, dass er sich auch Großes zu kaufen vermag. (H, G)

5. Außerdem ist er vor Not gesichert, denn er hat Geldreserven. (H, H)

6. Selbstverständlich steckt man heute seinen Spargroschen nicht in den Strumpf, man vertraut das Geld vielmehr der Sparkasse an. (H, H)

7. Dort wird das Geld sicher aufbewahrt, dort trägt es außerdem Zinsen. (H, H)

303

8. Die Sparkasse kann die ihr anvertrauten Summen weiterverborgen, auf diese Weise belebt sie die Wirtschaft. (H, H)
9. Aber auch jener handelt sparsam, der mit seinem erworbenen Gut sorgsam umgeht und seine Sachen pflegt. (H, G)
10. Leider glauben manche Leute, dass sie sich wegen des Sparens jede Annehmlichkeit versagen müssten. (H, G)
11. Das Gegenteil ist richtig, denn der Sparer kommt täglich seinem Sparziel näher. (H, H)

L 113   **Mit dem Auto durch die Wüste**

Mit dem Mietwagen hatten wir die kleine Oase verlassen. Mein Fahrer war ein tüchtiger Bursche, er kannte die Straße(,) und geschickt bediente er Lenkrad und Gangschaltung.

Manchmal jedoch heulte der Motor wild auf, dann mahlten die Räder ohne Halt im Flugsand der Piste.

Eine Piste ist keine Straße im üblichen Sinne, denn sie hat keinen Untergrund und verändert sich täglich. Manchmal ist sie nicht mehr zu erkennen, dann hat sie der Wind glattgehobelt. Oft ist sie auch völlig vom Flugsand zugeweht(,) und lediglich leere Benzintonnen dienen dann als Wegweiser. Deshalb muss der Fahrer ortskundig sein.

L 114   <u>Was ein elektrischer Funke im Kleinen ist</u>, das ist der Blitz im Großen. – Früher meinte man, <u>dass sich die Sonne um die Erde bewege.</u> – <u>Ob ich kommen kann</u>, das ist noch ungewiss. – <u>Wenn der Herbst kommt</u>, verlassen uns die Zugvögel. – <u>Während ich Klavier spielte</u>, las mein Freund in einem Buch. – <u>Als der Abend kam</u>, schloss ich die Fensterläden. – <u>Nachdem ich gelernt hatte</u>, durfte ich Fußball spielen gehen. – Es ist lange her, <u>seit wir uns zuletzt gesehen haben</u>. – Er tut so, <u>als ob er krank wäre</u>. – <u>Da es regnete</u>, kehrte ich um. – Hunde, <u>die viel bellen</u>, beißen nicht. – Er hustet, <u>ohne dass er sich die Hand vor den Mund hält</u>.

L 116
1. begründende Hauptsatzreihe
2. einfacher Satz
3. begründende Hauptsatzreihe
4. einfacher Satz
5. einfacher Satz
6. entgegensetzende Hauptsatzreihe
7. anreihende Hauptsatzreihe

8. einfacher Satz
9. einfacher Satz
10. anreihende Hauptsatzreihe
11. anreihende Hauptsatzreihe
12. entgegensetzende Hauptsatzreihe
13. einfacher Satz
14. begründende Hauptsatzreihe
15. anreihende Hauptsatzreihe

L 117

Die Kinder spielten auf dem Gehweg(,) und auf der Fahrbahn fuhren die Autos.
Ein Fahrzeug hat überholt(,) und nun ordnet es sich wieder rechts ein.
Viele fahren mit einem eigenen Kraftfahrzeug zur Arbeitsstätte, viele benützen auch die Straßenbahn.
Die Arbeiter und Angestellten eilen zu ihren Arbeitsplätzen, auch die Kinder gehen um diese Zeit zur Schule.
Manche Verkehrssünder kennen die Verkehrsregeln nicht(,) oder sie halten sich bewusst nicht an die Bestimmungen der Straßenverkehrsordnung.

L 118

Lass dir den Zahn ziehen, andernfalls wirst du starke Schmerzen bekommen. Fahre auf die rechte Seite der Fahrbahn, sonst gefährdest du die übrigen Verkehrsteilnehmer. Entweder du legst die Fahrprüfung ab(,) oder du musst auf das Lenken eines Kraftwagens verzichten.

L 119

Ein Kraftwagen will überholen, er darf aber nicht schneller als 50 km pro Stunde fahren. Das Freihändigfahren sieht harmlos aus, es ist jedoch viel gefährlicher als manche meinen. Das Befahren der Gleise ist im Allgemeinen nicht verboten, doch haben alle Fahrzeuge beim Herannahen eines Schienenfahrzeuges so rasch wie möglich die Gleise zu verlassen. Noch ist der Tag nicht angebrochen, dessen ungeachtet sind die Fahrzeuge der Molkerei schon unterwegs.

L 120

Überall auf der Straße drohen Gefahren, denn manche Fahrer können nicht rechtzeitig bremsen.
Mein älterer Bruder fährt heute mit der Straßenbahn, auf den Straßen hat sich nämlich Glatteis gebildet.
Benütze die Fußgängerübergänge, denn das Überqueren der Fahrbahn an anderen Stellen ist gefährlich.

L 130 **Lärmbelästigung**

Jeder Staatsbürger sollte einsehen, dass Verordnungen und Gesetze zur Bekämpfung des Lärms notwendig sind.

Fabriken, Flugplätze und Autobahnen sollten auf keinen Fall in der Nähe von Wohngebieten angelegt werden, damit die Bewohner nicht gestört werden.

Aber auch in den Wohnungen sollte man unnötigen Lärm vermeiden, damit die Nachbarn nicht belästigt werden.

Es gibt kaum jemanden, der das Rundfunkprogramm, die Fernsehsendungen oder die Musik vom Plattenspieler durch die Wände vom Nachbarn mit anhören will.

Auch Kinder müssen sich dort austoben, wo andere durch ihr Geschrei nicht gestört werden.

Besondere Rücksicht sollte auf jene Menschen genommen werden, die bei Nacht arbeiten und bei Tag schlafen müssen.

Es sind dies nicht nur Nachtwächter, sondern auch Schichtarbeiter und Werktätige aus vielen anderen Berufen.

L 131 **Die Jagd nach Erdöl**

Obwohl der Mensch Erdöl seit Jahrtausenden kennt, benutzt er es erst seit knapp hundert Jahren als Energiequelle. Schon in frühester Zeit stellten die Menschen Fackeln her, indem sie Schilfrohr mit Erdöl tränkten. Man hob flache Gruben aus, damit sich Öltümpel bilden konnten. Asphalt, der aus diesen klebrigen Erdwannen stammte, wurde zum Abdichten der Schiffe verwendet. Wenn man Binsenkörbe mit Pech behandelte, wurden diese wasserdicht. Rohöl, das man aus kleinen Teichen schöpfte, wurde um 1850 erstmals als Leuchtöl verwendet. In den USA gab es damals schon kleine Raffinerien, die das mühsam gewonnene „Steinöl" veredelten. Wer als erster nach Öl bohrte, war der Amerikaner Edwin Drake. Ehe er mit der Bohrung begann, errichtete er einen hölzernen Turm. Oben war ein Flaschenzug, mit dem das schwere Bohrwerkzeug herabgelassen und hochgezogen wurde. Drake verrohrte auch das Bohrloch, damit nicht Erde einbreche. Nachdem er zwei Monate lang gebohrt hatte, stieß er endlich auf Erdöl. Was Drake als erstem gelang, ahmten Ölsucher in allen Teilen der Welt nach. Wo immer man auf Öl stieß, setzte sofort eine wilde Geschäftigkeit ein. Was sich hier alles in Amerika ereignete, ist als „Ölrausch" in die Geschichte eingegangen.

Ob er am Sonntag kommt, ist ungewiss. – Wann er uns besuchen wird, ist nicht bekannt. – Wer der Dieb ist, steht noch nicht fest. – Was ein Häkchen werden will, krümmt sich beizeiten. – Wer die Ruhe stört, ist nicht erwünscht. – Ob das alle sind, ist fraglich. – Dass sich viele nicht an die Gesundheitsvorschriften halten, ist bedauerlich.

L 132

Wer erkrankt ist, muss im Bett bleiben. Wer zuverlässig ist, hat überall Freunde. Was unbrauchbar geworden ist, darf weggeworfen werden. Wer viel schwätzt, sagt oft nicht die Wahrheit. Wer klug ist, gibt nach. Was alt ist, muss nicht immer unbrauchbar sein.

L 133

Ich freue mich, dass Sie mich besuchen wollen.
Ich bezweifle, dass der Versuch gelingen wird.
Wer angibt, dem glaubt man nicht.
Wo er sich aufhält, will er nicht verraten.

L 134

Von der Sonne
Früher meinte man, dass sich die Sonne um die Erde bewege. Heute wissen wir, dass das Umgekehrte wahr ist. An den Sternen erkennt man, dass sich die Erde jährlich einmal um die Sonne dreht. Dass die Sonne still steht, kann der Mensch freilich nicht sehen. Aber wenn wir zum fahrenden Zug hinausschauen, glauben wir auch, dass der Zug still stehe und die Landschaft sich bewege. Das Kind weiß schon, dass die Sonne am Morgen im Osten auf- und am Abend im Westen untergeht. Bei genauerer Beobachtung wirst du aber feststellen, dass sie bis zum 21. Juni immer höher steigt. Dann kannst du auch verstehen, warum die Tage im Sommer länger sind als im Winter. Weißt du, wann der kürzeste Tag ist? Kannst du mir sagen, wie viele Stunden er dauert? Wer das Nordklima kennt, versteht, warum die Germanen die Wintersonnenwende festlich begingen: Waren sie doch nie sicher, ob das gütige lebenspendende Licht sich ihnen wieder zuwenden werde.

L 135

Halte immer (das), was du versprochen hast.
Wir müssen noch abwarten, bis diese Nachricht bestätigt wird.
Die Bevölkerung fürchtet, dass der Vulkan erneut ausbrechen wird.
Wir wissen nicht, welche Bedingungen vereinbart worden sind.

L 136

Die Geschichte erinnert mich daran, wie ich zuletzt mit dem Segelboot gefahren bin.

Wie willst du wieder gutmachen, was du falsch gemacht hast?

L 137   Ein spanisches Stiergefecht

<u>Wenn ein Stiergefecht stattfindet</u>, eilen Tausende in die Arena. Vor Beginn des Spieles erscheinen die Stierkämpfer, <u>um sich den Zuschauern vorzustellen</u>. <u>Während die Pauken und Trompeten ertönen</u>, stürzt ein wilder Stier auf den Kampfplatz. Die Pikenträger wehren sich, <u>indem sie mit ihren Lanzen nach dem Tiere stechen</u>. Manchmal bohrt der Stier einem Pferde die Hörner so tief in den Leib, <u>dass es tot niederfällt</u>. Von allen Seiten kommen die Fechter herbei, <u>um das wütende Tier von seinem Opfer abzulenken</u>. Man reizt den Stier mit roten Tüchern, <u>damit er in noch größere Wut gerate</u>. <u>Während das gereizte Tier auf den roten Mantel losstürzt</u>, tritt der Kämpfer einen Schritt beiseite. Er stößt ihm das Schwert so tief in die Brust, <u>dass es sofort zu Boden stürzt</u>. Die Zuschauer bezeugen ihren Beifall, <u>indem sie lebhaft rufen und klatschen</u>.

L 138

Wir treffen einander an der derselben Stelle, wo wir uns gestern getroffen haben. – Nachdem sie drei Stunden gewartet hatten, gingen sie nach Hause. – Weil es regnete, fiel die Wanderung aus. – Obwohl das Wetter schlecht war, gingen sie spazieren. – Weil es noch nicht geläutet hat, dürfen die Schüler die Klasse nicht verlassen. – Obwohl Erich erkältet war, nahm er an dem Sportfest teil. – Weil er so freundlich war, konnte ich ihm den Wunsch nicht abschlagen.

L 139   Die ersten Tage auf der Kon-Tiki

Wir bemerkten mit Erleichterung, dass sich das Boot über die ersten drohenden Wogenkämme schwang. Aber man konnte den Ruderbalken nicht festhalten, <u>wenn sich brausende Wellen über das Ruder wälzten</u>. Deshalb banden wir den Ruderbalken mit Tauen in seinem Widerlager fest, <u>sodass ihm nur mehr eine begrenzte Bewegungsfreiheit blieb</u>. Auf diese einfache Weise konnten wir auch den schwersten Wogen trotzen, <u>wenn wir uns nur selbst festzuhalten vermochten</u>. Unser Floß nahm seinen Weg dort, <u>wo der Humboldstrom am reißendsten war</u>.

Einmal in einer stürmischen Nacht klammerten wir uns fest und warteten düsteren Sinnes darauf, <u>dass die Wassermassen über uns und dem Floß zusammenschlugen</u>. Aber „Kon-Tiki" wippte ruhig ein

Ende in die Höhe und hob sich in die Luft, <u>während die Wasser am Floß vorbeirauschten</u>. Dann aber mussten wir sofort wieder an das Ruder springen, <u>bevor das Floß herumschlug</u>. <u>Kam eine Woge von links</u>, so verschwand sie zwischen den ausgespreizten Stämmen so rasch, <u>wie sie an Bord gekommen war</u>.

1. Zeitsatz
2. Ortssatz
3. Artsatz
4. Begründungssatz
5. Begründungssatz (Bedingungssatz)
6. Begründungssatz (Zwecksatz)
7. Artsatz

L 140

2. Um die Lebensgrundlage für verarmte Pächter zu verbessern, muss vor allem neues Ackerland erschlossen werden.
3. Wenn der Boden regelmäßig gedüngt wird, werden in vielen Gebieten die Ernteerträge ansteigen.
4. Weil die Art der Ernährung oft falsch und einseitig ist, ist die Säuglingssterblichkeit immer noch sehr groß.
5. Kranke können nicht fachgerecht behandelt werden, weil vor allem auf dem Lande Krankenstationen fehlen.
6. Weil viele Menschen selbst mehr auf Hygiene achten, hat sich der allgemeine Gesundheitszustand gebessert.
7. Während in Südamerika die mittlere Lebenserwartung nur etwa 35 Jahre beträgt, beträgt sie bei uns 76 Jahre.

L 141

Die Meinung, <u>dass Werbung entbehrlich ist</u>, trifft nicht zu. In Staatsformen, <u>in denen die Masseneinkommen kaum die notwendigsten Bedürfnisse decken</u>, ist Werbung überflüssig. In unserer Wirtschaft jedoch, <u>wo das Warenangebot größer ist als die Nachfrage</u>, ist Werbung nicht entbehrlich.
Der Mann, <u>der an der Ecke steht</u>, verkauft Schuhbänder. – Das Mädchen, <u>das dich gegrüßt hat</u>, ist meine Schwester. – Den Ort <u>an dem uns der Tod ereilt</u>, kennt niemand.

L 142

Das ist die Stätte, wo er geboren ist. – Der Garten, der unserem Nachbarn aus Tirol gehört, wird verkauft. – Unsere Reise, die wir durch Salzburg gemacht haben, war sehr aufschlussreich. Maßnahmen, die sehr streng sind, verfehlen oft die gewünschte

L 143

Wirkung. – Er verkaufte mir den Garten, in dem herrliche Obstbäume stehen. – Die Frage, ob er seine Hausübung gemacht habe, ließ er unbeantwortet. – Die Donau ist ein Strom, der viel befahren wird. – Hunde, die bellen, beißen selten. Das Kleid, das grün ist, gefiel ihr besonders gut.

L 144 Das von uns angezündete Feuer erlosch nur langsam. – Das ist eine nicht befriedigende Auskunft. – Das Leben der Eskimos ist hart. – Die Weingärten am Hang des Berges wurden durch den Hagel völlig verwüstet. – Der allmählich anschwellende Fluss verheerte das Land. – Der alte Retter des Buben wollte seinen Namen nicht nennen. – Der freundliche Verkäufer war sehr jung. – Wir hörten ein sehr gut besuchtes Konzert.

L 145 Der Arzt verschrieb der kranken Frau, deren Zustand sich bereits gebessert hatte, eine Medizin. Neben uns stand eine ältere Dame vor einer Auslage. Ein Mann mit einem großen Hut begegnete uns im Wald und fragte uns nach dem Weg. In der Kapelle sieht man ein Bild, auf dem Maria dargestellt ist, die den vom Kreuz abgenommenen Heiland auf dem Schoß hält. Suche tüchtigen Vertreter, der Zahnärzte besucht.

L 146 ### Das amerikanische Heim

Alle Arbeitsvorgänge im supermodernen amerikanischen Heim sind mechanisiert. <u>Wo immer man auf einen Knopf drückt,</u>[1] bewegt sich etwas. Dazu kommt die Automatisierung der Wärmequellen. In einer Ecke des Kellers befindet sich die Ölheizung. Sie muss nur einmal im Jahr nachgefüllt werden, <u>damit sei dann völlig selbsttätig das ganze Haus ein Jahr lang heizt.</u>[2] <u>Indem man auf einen Knopf drückt,</u>[3] stellt man die gewünschte Wärme ein. <u>Wenn es draußen warm ist,</u>[4] geht die Heizung von selbst aus. <u>Wenn es kalt wird,</u>[4] schaltet sie sich automatisch wieder ein.

Beim Betreten des Schlafzimmers ist es einem, <u>als wäre man in einem raffinierten Laboratorium.</u>[3] Das Bett ist mit Radio, Fernsehempfänger, Klimaanlage, elektrischem Massageapparat, Leselampe und der denkenden Elektromatratze ausgestattet. Sie kann nach Art des Heizkissens auf die individuelle Körpertemperatur eingestellt werden.

<u>Während die Hausfrau ihre Einkäufe macht,</u>[5] sind in ihrer Wohnung die Roboter unermüdlich an der Arbeit. Die Fenster werden durch

elektrische Scheibenwischer gereinigt, und in der Maschinenzentrale der Küche wirken Apparate, <u>damit das Gemüse geputzt und Tassen und Teller getrocknet werden</u>.[2] Die Hausfrau selbst hat die Funktion eines Ingenieurs übernommen, sie bedient eine Vielzahl von Knöpfen und Schaltern. Küchengerüche und Staub werden automatisch abgesogen, <u>sobald die Apparate mit ihren Tätigkeiten beginnen</u>.[5] Es gibt reine Wunderherde mit eingebautem Wecker, Guckfenster für Bratröhre, selbsttätiger Ein- und Ausschaltung und Einstellung des gewünschten Hitzegrades durch Knopfdruck. Man braucht die Speisen nur aufzusetzen, alles andere erledigt sich von selbst. Eine elektrische Kontrolle sorgt für die Abschaltung des Kochstroms, <u>sobald die Speise fertig ist</u>,[5] aber sie garantiert auch, <u>dass die Temperatur jeweils so hoch bleibt</u>,[6] <u>dass die Gerichte noch mundgerecht serviert werden können</u>.[6]

[1] Ortssatz
[2] Begründungssatz
[3] Artsatz
[4] Bedingungssatz
[5] Zeitsatz
[6] Ergänzungssatz

Wasser in Gefahr   **L 147**

1. Viele meinen, <u>dass unser Wasser in Gefahr ist</u>. (Ergänzungssatz)
2. Die Verantwortlichen überlegen, <u>was zu tun ist</u>. (Ergänzungssatz)
3. <u>Bevor die Abwässer in die Flüsse fließen</u>, müssen sie gereinigt werden. (Zeitsatz)
4. Die Reinigung des Wassers, <u>das von den Industriebetrieben benützt wird</u>, kostet viel Geld. (Beifügungssatz)
5. <u>Dass heute keine Stadt ohne Kläranlage auskommt</u>, ist allgemein bekannt. (Subjektsatz)
6. In großen Betrieben lässt man den gröbsten Schmutz zu Boden sinken, <u>damit das Wasser wieder rein wird</u>. (Begründungssatz)
7. Man presst dann mit Druck Luft durch das Wasser, <u>weil viel Sauerstoff die natürlichen Reinigungskräfte des Wassers unterstützt</u>. (Begründungssatz)
8. Auch lässt man Mikroben die eingeschwemmten Chemikalien zersetzen, <u>damit das Wasser entgiftet wird.</u> (Begründungssatz)
9. <u>Erst wenn das Wasser vom Schädlichsten befreit ist</u>, darf es ins Flussbett geleitet werden. (Bedingungssatz bzw. Begründungssatz)

10. Die Methoden der Wasseraufbereitung sind heute schon so verfeinert, <u>dass geklärtes Abwasser manchmal sogar besser ist als Brunnenwasser</u>. (Artsatz)

L 148   Überschwemmung am Amazonas

1. Wenn der Amazonas stieg, überschwemmte das Wasser weithin die Ufer, die Verwüstung wurde landwärts getragen, die Tiere flüchteten. G, H, H, H.
2. Die Wasservögel verließen die Insel und zogen davon. H.
3. Das Hochwasser wallte stürmisch. H.
4. Es kamen Uferstürze, und der Hochwald um den Fluss schwankte, das Wasser bohrte in dem Boden, legte die Wurzeln der Riesenbäume frei, untergrub sie, und die Bäume stürzten in den trüben Schwall. H, H, H, H.
5. Oft drängte sich das lebendige Wasser in einem einzigen Wutstoß in die lockere Erde, und dann trug der Fluss fahrende Inseln mit Bäumen und Kräutern und Affen und Vögeln fort, sie segelten flussabwärts. H, H, H.
6. Das stürmische, grauweiße Wasser staute die Nebenflüsse auf und nahm seine weiten Seen und Kanäle wieder in sich auf. H.

L 149

1. Hauptsatzreihe, bestehend aus drei Hauptsätzen.
2. Hauptsatz, Nebensatz: Hauptsatz.
3. Hauptsatzreihe, bestehend aus drei Hauptsätzen.
4. Hauptsatzreihe, bestehend aus drei Hauptsätzen.
5. Hauptsatzreihe, bestehend aus drei Hauptsätzen.
6. Hauptsatzreihe, bestehend aus zwei Hauptsätzen.

L 150

1. Einfacher Satz.
2. Hauptsatz, Nebensatz 1. Grades, Nebensatz 1. Grades.
3. 1. Hauptsatz, 2. Hauptsatz (1. Teil), Nebensatz 1. Grades (Bedingungssatz), 2. Hauptsatz (2. Teil), Nebensatz 2. Grades (Beifügesatz), Nebensatz 2. Grades (Beifügesatz).
4. Einfacher Satz.
5. Hauptsatz, Gliedsatz (Ergänzungssatz).

L 151

1. Einfacher Satz.
2. Nebensatz (Bedingungssatz), Hauptsatz.

3. Nebensatz 1. Grades (Bedingungssatz), Hauptsatz, Nebensatz 1. Grades (Ergänzungssatz), Nebensatz 2. Grades (Begründungssatz).

4. Nebensatz (Bedingungssatz), Nennformgruppe mit „zu", Hauptsatz, Nebensatz (Beifügesatz).

5. Einfacher Satz.

6. Einfacher Satz.

7. Einfacher Satz.

8. 1. Hauptsatz, Nebensatz (Beifügesatz), Nennformgruppe, 2. Hauptsatz.

Winter

L 152

Sieben Tage <u>schnob</u> der bitterböse Wind im Lande umher, dann <u>verlor</u> er den Atem. Über den Bergen <u>stieg</u> eine Wolkenwand, schwarzblau und schwer, <u>schob</u> sich über den hellen Himmel und <u>legte</u> sich tief auf das Land, bis sie sich an den scharfen Klippen des Berges den Bauch <u>aufschlitzte</u>. Da <u>quoll</u> es heraus, weiß und weich einen Tag und eine Nacht und noch einen Tag und noch eine Nacht, bis alles <u>zugedeckt war</u> im Lande und auf dem Berg und so sauber <u>aussah</u>, dass die Sonne vor Freude <u>lachte</u>.

(Hermann Löns)

Das Heidekraut

L 153

<u>Seht</u> nur, wie es sich <u>duckt</u>, wie dick seine Stängel <u>verholzt sind</u> und wie schmal seine Blätter in der Not <u>wurden</u>! Aber gerade in dieser bescheidenen Gestalt <u>kann</u> ihm der Wind nur wenig <u>anhaben</u>. Die <u>verholzten</u> Stängel und die kleinen Blättchen <u>verdunsten</u> kaum noch Wasser. Die Blätter <u>haben</u> auch keine Atemporen an ihrer Oberfläche, sondern nur noch an ihrer Unterseite. Und die einzelnen Pflanzen <u>sind</u> sehr dicht <u>zusammengerückt</u> und <u>verschränken</u> ihre Stängel zu einer Liliputwaldung. <u>Stecken</u> wir einmal die Hand in diesen niederen Heidekrautwald! Da <u>spüren</u> wir nichts mehr vom Wind. Außerdem <u>verzichtet</u> das Heidekraut darauf, sich in jedem Frühjahr neue Blätter <u>anzuschaffen</u>. Es <u>trägt</u> immergrüne Blätter wie die Nadelbäume. Unter den dichten Pflanzenpolstern aber <u>kann</u> sich Feuchtigkeit <u>ansammeln</u>, und dort <u>ist</u> auch der Tau vor der Sonne <u>bewahrt</u>.

(Nach H. G. Smolik)

L 154 du bläst, er bläst; du schlägst, er schlägt, du wäscht (wäschst), er wäscht; du trägst, er trägt; du stößt, er stößt; du sagst, er sagt; du klagst, er klagt; du fragst, er fragt; du hast, er hat; du bäckst, er bäckt; du bist, er ist; du lädst ein, er lädt ein; du rätst, er rät; du frisst, er frisst; du misst, er misst; du liest, er liest; du presst, er presst; du wirfst, er wirft; du lässt, er lässt; du nimmst, er nimmt; du brichst, er bricht; du triffst, er trifft; du wirbst, er wirbt; du befiehlst, er befiehlt; du gibst, er gibt; du siehst, er sieht; du wächst, er wächst; du fährst, er fährt; du schläfst, er schläft; du fängst, er fängt; du fängst an, er fängt an; du brätst (bratest), er brät (bratet).

L 155 ich streichle, du streichelst; ich kränkle, du kränkelst; ich lächle, du lächelst; ich tänzle, du tänzelst; ich strichle, du strichelst; ich hänsle, du hänselst; ich fessle, du fesselst; ich bettle, du bettelst; ich wandere, du wanderst; ich bessere mich, du besserst dich.

L 156 bitte – bat – gebeten, schwinde – schwand – geschwunden, liege – lag – gelegen, helfe – half – geholfen, gebäre – gebar – geboren, fahre – fuhr – gefahren, fange – fing – gefangen, rate – riet – geraten, gebe – gab – gegeben, kann – konnte – gekonnt, stoße – stieß – gestoßen, rufe – rief – gerufen, laufe – lief – gelaufen, heiße – hieß – geheißen, quelle – quoll – gequollen, schinde – schindete (schund) – geschunden, glimme – glomm – geglommen, fliege – flog – geflogen, gäre – gor – gegoren, schwöre – schwor – geschworen, lüge – log – gelogen, saufe – soff – gesoffen, meide – mied – gemieden, reite – ritt – geritten.

L 157 In den Straßen der Großstadt herrscht lebhafter Verkehr. Auf den Gehsteigen drängen sich geschäftig <u>dahineilende</u> Menschen. Straßenbahnwagen und Kraftfahrzeuge aller Art sausen auf der Fahrbahn geschickt aneinander vorüber. <u>Schwer beladene</u> Lastwagen transportieren Waren aller Art. Flinke Radfahrer schlängeln sich gewandt durch das Gedränge von Fahrzeugen. Ohne Lärm geht ein solcher Verkehr natürlich nicht ab: Man hört <u>klingelnde</u> Straßenbahnen, <u>hupende</u> Autos, man sieht <u>winkende</u> Polizisten, die den Verkehr regeln.

L 158 Leuchtende Sterne, spielende Mücken, grünende Wiesen, rauschende Wipfel, murmelnde Bäche, reifende Früchte, schmerzstillende Arzneien, friedliebende Völker, freudestrahlende Gesichter, herzzerreißende Schreie, eine gemütbildende Geschichte, insektenfressende Vögel.

L 159

gekehrt und gespritzt, beleuchtet, gepflegt, gut gehalten, bestreut, abgesperrt

L 160

Ich habe in Englisch (im Fach Englisch) nichts gekonnt. Wir haben gestern Kegel geschoben. Die Sonne hat diese Woche nur wenig geschienen. Unsere Wohnung ist ausgemalt worden.

L 161

der erfahrenste Mann, die meistgelesenen Bücher, das verschlagenste Tier, die verborgensten und entlegensten Winkel, in verschiedensten Gestalten, ergebenste Diener, der gelehrteste Mann, einer der berühmtesten Dichter, in aufopferndster Weise, einer der bedeutendsten österreichischen Dichter

L 162

Ich war nicht mehr imstande, meine Wanderung fortzusetzen. Infolge meines Unfalles musste ich wochenlang zu Hause liegen. Er braucht nicht zu gehen. Erlauben Sie, dass ich hier Platz nehme. Es lohnt sich, den prachtvollen Vogel einmal aus der Nähe zu bewundern. Es ist mir eine angenehme Pflicht, Ihnen Dank für Ihre Mühe auszusprechen. Nehmen Sie bitte Platz! Beschwerden können beim Amtsvorstand vorgebracht werden. Darf ich hinausgehen?

L 163

Der Panamakanal

Im Jahre 1879 <u>begann</u> man mit dem Bau des Panamakanals. (Mitvergangenheit)
Von 1889 bis 1907 <u>war</u> der Bau <u>eingestellt</u>. (Mitvergangenheit)
1914 <u>war</u> das gigantische Bauwerk fertig. (Mitvergangenheit)
360 Millionen Dollar <u>hatten</u> die Arbeiten <u>verschlungen</u> (Vorvergangenheit), als sich am 15. August 1914 die Schleusen des Kanals <u>öffneten</u>. (Mitvergangenheit)
Der Kanal <u>ist</u> 81 km lang und <u>überwindet</u> in seinem Mittelstück durch drei Stufen einen Niveauunterschied von 26 m. (Gegenwart) Weitere drei Stufen <u>bringen</u> den Kanal wieder auf die Höhe des Meeresspiegels. (Gegenwart) Der Dampfer „Ancona", der als erstes Schiff durch den Panamakanal <u>gefahren war</u> (Vorvergangenheit), <u>benötigte</u> für die Fahrt 9 Stunden. (Mitvergangenheit)
Durch die Anlage des Kanals <u>hatte</u> sich der Seeweg von New York

nach San Franzisko um weit mehr als die Hälfte <u>verkürzt</u>. (Vorvergangenheit). Für die Handelsschifffahrt <u>hat</u> der Kanal dadurch eine große Bedeutung. (Gegenwart) In den ersten 40 Jahren des Bestehens <u>haben</u> über 200 000 Schiffe den Kanal <u>passiert</u>. (Vergangenheit) Heute <u>benutzen</u> jährlich 15 000 Schiffe den Kanal. (Gegenwart) Der Kanal <u>bewältigt</u> heute kaum den Andrang der vielen Schiffe. (Gegenwart) Deshalb <u>plant</u> man einen neuen Kanal. (Gegenwart) Der <u>wird</u> freilich viel Geld <u>kosten</u>. (Zukunft) Durch diesen neuen Kanal <u>werden</u> noch größere Schiffe <u>fahren können</u>. (Zukunft) Wieviel Millionen Dollar <u>wird</u> der Bau des Kanals dann wohl <u>verschlungen haben</u>? (Vorzukunft)

L 164   Gewittersturm im Bergtal

Draußen heulte, jagte, prasselte, raste es. Dichte Finsternis lag überm Tal, unheimlich, schwarz wie das Verderben. Der Sturm sauste durch den Wald und schwang seine Äste wie Millionen gespenstischer Geißeln hin, immer hin nach den Hütten der Menschen. Ein toller Wirbel abgerissenen Laubes und geknickter Äste fegte über die Straße, drehte sich in wildem Tanze just an der Kirchhofsmauer, schwang sich auf, schlug einen wüsten Trommelwirbel an die Fenster des Gotteshauses, zuckte dann empor und sauste in wilder Jagd durch die aufgeregten Lüfte. Der Orkan rüttelte an den Giebeln und Dächern der Häuser, riss hundertjährige Wurzeln aus der Erde und brauste dahin bis zur Felswand, an der er zischend zerstob, oder bis zur Bergkluft, in der er sich verfing und heulend, gurgelnd, winselnd endete wie eine Bestie, der kein Ausweg mehr bleibt. Der Regen brach mit prasselnder Gewalt hernieder; die Donnerschläge schallten polternd, langhin verrollend durch die Luft, und das Echo an der Felswand kam nicht zur Ruhe, prüfte seine Kräfte und überdröhnte den Sturm.

(Paul Keller)

L 165   Um 7 Uhr wird der Wecker läuten. Da werde ich aufstehen. Verschlafen werde ich zum Badezimmer tappen, den Hahn der Brause aufdrehen und das kalte Wasser über meinen Körper laufen lassen. Das wird mich frisch machen. Rasch werde ich mich dann abtrocknen, werde mir die Zähne putzen und mich kämmen. Danach werde ich in meine Kleider schlüpfen und mich zum Frühstück an den Tisch setzen.

Du wirst gewiss großen Durst haben. Er wird im Dunkeln kaum den rechten Weg finden. Er wird sich sicherlich verirren. Hier zieht es; es wird wohl ein Fenster offen sein.

L 166

Der Schnee schmolz im Frühling. Das Wasser quoll aus der Erde. Die Nässe des Bodens verleidete uns unseren täglichen Spaziergang. Kranke suchten die Sonne und genasen langsam. Sie genossen schon die warme Frühlingsluft.

L 167

Nachdem er sich vorgestellt hatte, brachte er sein Anliegen vor. Nachdem er sich die Hände gewaschen hatte, setzte er sich zu Tisch. Nachdem er die Karten gelöst hatte, stieg er in den Zug ein. Nachdem er gefragt hatte, ob der Platz frei sei, setzte er sich nieder. Nachdem er gebremst hatte, sprang er vom Rad.

L 168

So geschickt und kühn ich im Springen war, so geschickt war auch mein Pferd. Weder Gräben noch Zäune hielten mich jemals ab, überall den geradesten Weg zu reiten. Einst setzte ich hinter einem Hasen her, der querfeldein über die Heerstraße lief. Eine Kutsche mit zwei jungen Damen fuhr gerade diese Straße entlang, genau zwischen mir und dem Hasen. Was geschah? Mein Gaul sprang mit einem Satz mitten durch die Kutsche hindurch, deren Fenster offen standen. Dies ging so schnell, dass ich kaum Zeit hatte, meinen Hut abzuziehen und die Damen wegen dieser Freiheit untertänigst um Verzeihung zu bitten.

L 169

1. Als ich am Abend nach Hause kam, hatten meine Eltern schon gegessen. 2. . . . , war mein Auto schon repariert. 3. . . . , hatte der Regen schon aufgehört. 4. . . . , hatte der Film schon angefangen. 5. . . . , hatte das Stubenmädchen schon aufgeräumt. 5. . . . , hatte man meine Koffer schon abgeholt. 7. . . . , war der Zug schon abgefahren. 8. . . . , war er aus seiner Wohnung bereits ausgezogen. 9. . . . , war die Maschine bereits abgeflogen. 10. . . . , waren meine Eltern von ihrem Besuch bereits zurückgekehrt.

L 170

1. Dort wird wohl ein Unfall passiert sein. – 2. Es wird wieder Verletzte gegeben haben. – 3. Man wird die Polizei inzwischen schon benachrichtigt haben. – 4. Inzwischen wird deine Tochter die Matura schon bestanden haben. – 5. Unsere Freunde werden schon nach Italien abgereist sein. – 6. Bis morgen wird sich das Wetter schon

L 171

gebessert haben. – 7. Der Kranke wird inzwischen die Operation schon überstanden haben. – 8. Karl wird seine Freundin nach Hause gebracht haben. – 9. Der Radiomechaniker wird inzwischen den Fernsehapparat schon repariert haben. – 10. Die Geschäfte werden jetzt sicher schon geöffnet haben.

L 172 Der Hund säuft Wasser. – Sie hat mir nachgewinkt. – Ich vergesse ihr das nie. – Ich lehre meinen Bruder sticken. – Sie lädt mich zu sich ein. – Bitte, er stößt mich immer. – Du gräbst vergeblich. – Er litt große Schmerzen. – Fährt er nicht mit?

L 173 Er hieb auf ihn ein. – Der Schein trog. – Sie riet ihr, . . . – Er drängte mich zum Handeln. – Er drang darauf, dass etwas geschehe. – Gestern hing das Plakat im Schaufenster. – Er hängte den Mantel auf. – Als ich den Schaden bemerkte, erschrak ich. – Sein blasses Gesicht erschreckte mich. – Er schmolz das Blei. – Das Fleisch sott auf dem Herd. – Eine schadhafte Benzinleitung war die Ursache, dass der Motor versagt hatte. – Soeben erhalten wir die Nachricht, dass der Bundeskanzler angekommen ist. – Wir stehen noch alle unter dem Eindruck, den das Unglück hinterlassen hat. – Nehmen Sie es mir nicht übel, dass ich Ihre finanzielle Lage nicht richtig beurteilt habe. – Ich hatte das Geld verloren.

L 174 **Tischsitten**
Zu Tisch <u>erscheine</u> anständig gekleidet und sauber! Isst du Fleisch, <u>nimm</u> die Gabel in die linke Hand, das Messer in die rechte Hand! Mit der Gabel <u>halte</u> das Fleisch fest und <u>schneide</u> mit dem Messer immer nur so viel ab, wie du für den nächsten Bissen brauchst! Weiche Speisen <u>iss</u> bloß mit der Gabel! <u>Nimm</u> sie dann in die rechte Hand! <u>Vermeide</u> das Aufstützen der Ellenbogen und „lümmle" nicht auf dem Tisch! Beim Kauen <u>lass</u> den Mund geschlossen! <u>Iss</u> langsam, gieriges Verschlingen ist ungesund. Das Essbesteck <u>halte</u> mit drei Fingern und nicht mit der Faust!

L 175 schlag(e), fall(e), frag(e), bring(e), sammle, hilf, iss, miss, brich, lies, tu(e), steh(e), nimm, wirf

L 176 Sammle die Hefte ein! Lies lauter! Wirf das Papier weg! Gib ihm das Buch zurück! Erschrick nicht! Seien Sie so freundlich und führen Sie mich bitte über die Straße! Stich dich nicht! Miss die Länge nach! So hilf ihm doch! Verbirg nichts vor ihm!

L 177

Gib mir doch ein Staubtuch! Nimm doch den Zug zum 12 Uhr! Unterbrich doch die Reise in Innsbruck! Lies doch die Zeitung! Nimm doch dieses Zimmer! Hilf bitte deiner Kollegin! Sprich bitte etwas lauter! Erschrick nicht! Iss nicht so hastig! Sieh dir doch die Bilder an!

L 178

Steigt bitte gleich ein! Fahrt bitte nicht so schnell! Bleibt nicht zu lange aus! Ruft bitte morgen Abend an! Kommt bitte morgen wieder her! Lasst bitte auch den Gast aus Deutschland ein! Holt mich bitte vom Autobus ab! Bestellt bitte herzliche Grüße von mir! Fahrt schneller!

L 179

Ein Maurer berichtet, wie ein Haus gebaut wird

Zuerst wird mit einem Bagger die Baugrube ausgehoben und die Erde fortgeschafft. Dann werden aus Beton die Grundmauern gegossen. Die Wände werden mit Hohlziegeln aufgemauert, die durch Mörtel verbunden werden. Bei der Mörtelherstellung werden Sand, Wasser und gelöschter Kalk in einem bestimmten Verhältnis vermischt. Die Decken der Stockwerke werden mit Eisenträgern gebildet, zwischen die Beton gegossen wird. Dazu muss vorher vom Verschaler eine Verschalung gemacht werden. Der Dachstuhl wird von Zimmerern aus Holzbalken gefertigt, auf den Dachstuhl werden durch die Dachdecker Dachziegel gelegt. Die Außenwände des Hauses und die Wände der Räume werden wieder von Maurern verputzt. Dazu wird eine Mischung aus Zement, Kalk, Gips und Wasser verwendet. Die in der Fabrik vorgefertigten Fenster und Türen werden von Bautischlern eingesetzt und von Maurern festgemauert.

L 180

Das Fleisch wird vor dem Grillen in die Folie eingelegt. Die Postleitzahl wird links vor den Bestimmungsort geschrieben. Haupt- und Nebensätze werden durch einen Beistrich voneinander getrennt. In den letzten Jahren wird viel öfter telefoniert als früher. Seit der Ölkrise werden wieder öfter öffentliche Verkehrsmittel benutzt als früher. In letzter Zeit wird wieder mehr gespart.

L 181

1. Heute werden fast alle Geschäftsbriefe mit der Maschine geschrieben. 2. Sekt wird gewöhnlich aus spitzen Gläsern

getrunken. 3. Für die Ausfuhr bestimmte Orangen werden grün geerntet und in Seidenpapier verpackt. 4. Überschüssige Butter wird in Kühlhäusern gelagert. 5. Großvieh wird heute ausschließlich in Schlachthäusern geschlachtet. 6. Dieser Briefkasten wird dreimal täglich geleert. 7. Abonnierte Tageszeitungen werden schon am Morgen ausgetragen. 8. Eilbriefe werden sofort zugestellt. 9. Fragen des Umweltschutzes werden heute überall diskutiert. 10. Verderbliche Lebensmittel werden in Kühlwagen transportiert.

L 182 Das Gesetz ist angenommen worden. Der Plan ist gut durchdacht worden. Unser Wohnzimmer ist frisch tapeziert worden. Die Arbeiten sind vor drei Wochen abgeschlossen worden. Bei uns ist gestern die Heizung abgestellt worden. Alle Waschmittel, die wir auf den Markt bringen, sind sorgfältig erprobt worden.

L 183 **Ein altes Buch wird neu gebunden**
Das Buch wird vorsichtig auseinander genommen, Deckel und Rücken werden gelöst, die Heftfäden werden durchschnitten und entfernt, die Drahtklammern werden aufgebogen und herausgezogen, die einzelnen Lagen werden mit dem Falzbein vorsichtig voneinander getrennt. An den Faltkanten haftender alter Leim wird mit den Fingern gelöst, die getrennten und gesäuberten Lagen werden wieder der Reihe nach aufeinander geschichtet. Dann wird das Vorsatzpapier vorgerichtet. Davon werden gleich große, genau rechtwinkelige Stücke benötigt. Vor dem Aufzeichnen wird die Laufrichtung des Vorsatzpapiers geprüft. Hernach werden die beiden Rechtecke mit ihrer Breite in die Laufrichtung des Bogens gezeichnet. Dann wird das Papier ausgeschnitten und gefaltet, die rechte Kante wird 5 cm breit nach rückwärts gebogen und mit dem Falzbein scharf gefalzt.

L 184 Hans: Das ist doch klar, Erich ist schuld! (bestimmte Aussageweise) Er wollte ja unbedingt Fußball spielen. (bestimmt) Hätten wir Handball gespielt, dann wäre das nicht passiert. (unbestimmt)
Erich: Bist du blöd? (bestimmt) Schließlich hast doch du vorgeschlagen, hier Fußball zu spielen. (bestimmt) Ich wollte ja gleich auf den Sportplatz gehen. (bestimmt)
Fritz: Eigentlich ist die Gemeinde schuld. (bestimmt) Die hätte in unserem Viertel schon längst einen Sportplatz bauen sollen. (unbestimmt)

Ilse: Jawohl, wenn wir in der Nähe einen Sportplatz hätten, brauchten wir nicht neben der Straße zu spielen. (unbestimmt)

Anni: Man könnte zumindest die Laternen mit Gittern schützen. (unbestimmt) Dann gäbe es auch keine Scherben mehr. (unbestimmt)

Toni: Wenn wir wüssten, wer den Ball abgeschossen hat, wäre alles ganz einfach. (unbestimmt) Der müsste nämlich den Schaden ersetzen. (unbestimmt)

Gerhard: Ich finde, wir sollten die Kuppel gemeinsam bezahlen. (bestimmt) Schließlich haben wir alle gespielt. (bestimmt)

Peter: Das meine ich auch. (bestimmt) Das hätte schließlich jedem passieren können. (unbestimmt)

L 185 Erwin behauptet, er habe die Fensterscheibe nicht eingeschlagen. – Die Buben versicherten, sie hätten davon nichts gewusst. – Meine Freunde behaupteten, sie würden keine Fehler machen. – Irene schwört, sie sei nicht im Kino gewesen. – Der Verletzte erklärt, er könne auch ohne Hilfe aufstehen.

L 188 begänne (begönne), böte, bäte, brächte, dürfte, fände, flöge, gäbe, gelänge, käme, könnte, läge, misslänge, müsste, nähme, schlüge, sähe, stünde, trüge, verstünde, würde, wüsste, zöge, wäre, hätte, würde

L 189 Gefiele dir nicht . . . Ich sähe dich gern . . . Der Meister wäre . . . Ich hielte es auch nicht aus . . . Mir entspräche . . . Zöge dich der Beruf . . . Er verspräche freilich . . . Die Firma Obermüller nähme dich . . .

L 190 Käme ich doch bei der Bahn unter!
Bestünde ich doch die Eignungsprüfung!
Besäße ich doch ein besseres Zeugnis!
Hätte ich in Mathematik nur bessere Noten!
Bekäme ich bloß eine Zusage von der Post!

L 191 Der Meister behauptet, der Lehrling käme jeden Tag zu spät. Der Abgeordnete erklärte, seine Partei habe das Schicksal des Landes in die Hand genommen. Der Minister hat eine Erklärung abgegeben, in der es heißt, die Demonstration habe Protestvergeltung zum Ziel. Der Rundfunk berichtet über eine unbestätigte Meldung, dass sich die Terroristen ergeben hätten. Der Reporter berichtet, die Deiche seien nicht eingebrochen, auch gäbe es keinen Hinweis dafür, dass Menschen umgekommen seien. Die Polizei glaubt, dass als Täter nur ein Geistesgestörter in Frage komme.

L 192 **Aus einer Gemeinderatssitzung**

In der Gerberstraße versinke man bei nassem Wetter im Schlamm. Die Klagen der Anrainer seien daher berechtigt, die Gemeinde habe aber vorher dringendere Aufgaben zu lösen. Erst solle der neue Sportplatz angelegt werden. Auch sei es notwendig, die veralteten Straßenlaternen zu ersetzen. Bei dem Mangel an Arbeitskräften müsse auch eine Kehrmaschine angeschafft werden. Außerdem seien vier Schulen mit neuen Möbeln auszustatten. Auch der Bau eines Hallenbades sei seit einem Jahr beschlossen. Die Siedler müssten daher noch ein Jahr warten, bis der Antrag bewilligt werden könne.

L 193 . . ., die ganze Angelegenheit werde zu sehr aufgebauscht. – Erich hat uns mitgeteilt, er werde morgen kommen. – Man nehme dreimal täglich . . . Seien wir doch ehrlich! – Man lese doch einmal . . . – Eugen hat uns mitgeteilt, er müsse nicht . . . – Wenn du meinst, das werde sich von selbst geben, . . . – Der Friede sei mit euch!

L 194 1. Wir wären bestimmt gekommen, wenn wir es früher gewusst hätten. – 2. Ich würde es nicht behaupten, wenn es nicht wahr wäre. – 3. Der Lastwagen wäre bald entladen, wenn sie genügend Arbeitskräfte hätten. – 4. Ich stünde dir gerne bei, wenn ich das Geld hätte. – 5. Wenn ich im Toto gewänne, schaffte ich mir einen neuen Wagen an. – 6. Wenn das Kind doch schliefe! – 7. Wenn die Sonne schiene, käme ich mit. – 8. Ich ginge gern mit. – 9. Böge der Fahrer in diese Straße ein, würde er sich strafbar machen. – 10. Fände das Spiel am Sonntag statt, könnte man mit mehr Zuschauern rechnen. – 11. Gewänne ich das große Los, stünden mir alle Wünsche offen.

L 195 Der Abgeordnete C. hatte Freitag im Parlament erklärt, eine Untersuchung habe stattgefunden. – Wenn ihm das helfen könnte, würde ich die Stelle umgraben. – Wenn er nach Salzburg käme, würde ich mich darüber freuen. – Wenn er mich anriefe, könnte ich ihn rechtzeitig warnen. – Wenn ich Herrn Berger begegnen sollte, würde ich ihm gewiss meine Meinung sagen. – Herr Müller erklärte, falls er zum Obmann gewählt werden sollte, wäre er bereit, dem

Antrag zuzustimmen. – Er glaubt, dass wir das Auto hätten reparieren lassen können.

L 196

1. Peter sagte mir, er habe heute Morgen schon einmal angerufen.
2. Sagtest du nicht, dass Gerlinde Französisch lerne?
3. Hat dir mein Freund auch gesagt, dass die Kinder im Garten spielen könnten?
4. Ich hörte, Sie würden sich einen neuen Fernsehapparat kaufen wollen?
5. Dein Bruder sagte, er wäre gestern um den ganzen See gewandert.
6. Wie mir Lieselotte erzählt hat, hätten Sie sich während des Studiums kennengelernt.
7. Wie mir berichtet wurde, habe ihr Schofför die Gäste vom Flugplatz abgeholt.
8. Man hat mir berichtet, dass unsere Nachbarn ihr Haus verkaufen würden.
9. Seine Schwester sagte, ihr Bruder lese überhaupt keine Bücher.
10. Ich hörte, dass seine Frau morgen aus dem Urlaub zurückkomme.
11. Hast du mir nicht erzählt, dass Erich immer sehr waghalsig Motorrad fahre?
12. Ilse sagte, Hans und Peter gingen morgen ins Theater.
13. Walter hat ihm auch gesagt, dass sie über das Wochenende dort blieben.
14. Karl erzählte mir, er sammle österreichische Sondermarken.

L 197

1. Ich dachte, sie kämen aus Graz. – 2. Meine Eltern meinen, wir führen mit dem Zug, dabei fahren wir mit dem Autobus. – 3. Wir glaubten, dass die Gäste länger bleiben würden, aber sie reisten schon gestern ab. – 4. Sie meinten, sie bekämen heute frei. – 5. Ich nahm an, der Mann verstehe Tschechisch. – 6. Du sagtest, die Tür schließe von selbst. – 7. Die Eltern dachten, Ilse sehe sich einen Film an, dabei war sie bei ihrem Freund.

L 198

1. Ich an deiner Stelle hätte das Geld nicht angenommen.
2. Könntest du mir das Geld leihen?
3. Mir kam es vor, als hätte mich jemand gerufen.
4. Die Leute erzählten, du wärest aus deiner Firma hinausgeflogen.

5. Wenn ich gestern nicht verschlafen hätte, hätte ich den Zug noch erreicht.

6. Lili hat geträumt, sie hätte im Toto viel Geld gewonnen.

7. Mein Bruder behauptet, du wärest ein fauler Schüler gewesen.

L 199 1. Die Nachbarn meinen, sie wären reich. – 2. Die Leute glauben, ihr wäret verheiratet. – 3. Wären Sie bereit, uns zu helfen? – 4. Wie wäre es, wenn wir noch einige Tage hier blieben? – 5. Wenn wir jetzt nicht im Schutzhaus wären, hätten die Kinder bei diesem Gewitter Angst. – 6. Ich hätte gern ein Glas Bier. – 7. Wer hätte Lust, mit mir ins Theater zu gehen? – 8. Wenn unser Vater damals nicht so reich gewesen wäre, hätte er das Haus nicht kaufen können. – 9. Erich behauptet, er werde immer sehr schnell seekrank. – 10. Was wäre, wenn unsere Mutter plötzlich sterben würde?

L 200 Wer eine Springwurzel finde, der sehe alles Gold und Silber unter der Erde und würde ein reicher Mann. Wer sie finden wolle, müsse ein Spechtnest aufsuchen. Das müsse er mit einem Keil verschließen. Käme dann der Specht und fände sein Heim verschlossen, so würde er wegfliegen und mit einer Springwurzel im Schnabel zurückkehren. Wenn er damit den Keil berühren würde, spränge dieser sofort heraus. In diesem Augenblick müsse man in die Hände klatschen, dann ließe der Specht die Wurzel fallen. Die beste Springwurzel – so erzählt das Märchen – wäre freilich Arbeit und Sparsamkeit.

L 201 Als die Weitmoserin eines Tages durch die Klamm im Gasteiner Tal geritten sei, wäre ihr ein armes Weib mit einem kleinen Kind im Arm begegnet. Dieses hätte sie angefleht, mit ihm und seinem Kinde Erbarmen zu haben, und sie um Almosen gebeten. Die reiche, stolze Frau hätte der Armen aber eine Gabe verweigert und sie eine unverschämte Bettlerin gescholten. Die Bettlerin hätte daraufhin geseufzt und gesagt, dass kein Mensch wisse, ob er nicht auch einmal betteln müsse.

Da hätte die Weitmoserin einen kostbaren Ring vom Finger gezogen, ihn in die Ache geworfen und gerufen, dass sich eher dieser Ring wieder fände, als dass eine Weitmoserin betteln müsste. Aber – wer sollte es für möglich halten? – am nächsten Tag hätte ein Fischer der Weitmoserin einen Fisch gebracht, in dessen Bauch sich der Ring gefunden hätte.

In der Tat sei das Geschlecht der Weitmoser bald darauf in Verfall geraten. Wer heute im Gasteiner Tal wandere, der sähe zwar noch das Haus, in dem die Weitmoserin gewohnt habe, von ihrem Reichtum aber erzähle man nur noch, zu sehen sei davon nichts mehr. Das ganze Geschlecht sei schon lange ausgestorben.

L 202

Ein Reporter berichtet, gestern habe sich auf dem Martinsplatz ein schwerer Unfall ereignet. Aus der Felberstraße sei ein Auto schnell herangefahren. Ein alter Mann sei gerade über die Fahrbahn gegangen. Als er den Kraftwagen bemerkt hatte, hätte er ausweichen wollen, aber es sei schon zu spät gewesen. Der Lenker habe den Wagen nicht mehr zum Stehen bringen können und den Alten überfahren. Dieser sei auf der Stelle tot gewesen.

L 203

das Benzin, der Zettel, die Zwiebel, der Teller, der Monate, der Dotter, das Lexikon, das Brezel, das Blei, der (das) Meter, die Schnecke, der Tunnel, das Gas, der Teer, der Schrott, der Magistrat (aber: das Magistratische Bezirksamt), der Eiter, der Polster, der (das) Knäuel, die Butter, das Wachs, der Ziegel, die Zehe, der Beton, die Kartoffel, die Schokolade

L 205

der Altar, die Asche, der Bottich, der Brotlaib, der Bleistift, die Fahne, das Fräulein, der Gips, die Lokomotive, das Maß, das Messing, der Husten, der Lack, der Pfirsich, der Rahmen, der Schinken, die Schraube, die Schleppe, die Schnecke, das Wappen, das Werkzeug, der Winkel, der (das) Knödel, der Kristall, die Ananas, der Muskel, der (das) Prospekt, der Terpentin, der (das) Viadukt, das Segel.

L 206

Was kostet ein Kilo Ananas(se)?
Aus der Wunde floss (der) Eiter.
Das Lexikon gibt darüber Auskunft.
Die Schokolade schmeckt gut.
Lege deinen Kopf auf den Polster!

L 207

die Mädel, die Jungen, die Fräulein, die Onkel, zwei Seidel, die Bösewichte, die Hefte, die Kerne, die Stiefel, die Möbel, die Ziegel, die Mittel, die Hirsche

L 208

die Aale, die Säle, die Tage, die Ärzte, die Boote, die Schneebälle, die Rösser (dichterisch: Rosse), die Steine, die Beine, die Geschäfte, die

327

Füchse, die Krebse, die Hengste, die Hechte, die Hähne, die Störche, die Nüsse, die Bauern, die Nachbarn, die Papageien, die Nerven, die Pudel, die Schimmel, die Pinsel, die Säbel, die Spiegel, die Sessel, die Nägel, die Schlüssel, die Kübel, die Löffel, die Flügel, die Ziegel, die Züge, die Stiefel, die Pantoffel(n), die Mäntel, die Zettel, die Rätsel, die Schüsseln, die Fesseln, die Disteln, die Erdäpfel, die Kartoffeln, die Stacheln, die Vettern, die Kerle, die Krane (Kräne), die Mägen (Magen), die Kästen (Kasten)

L 209 die Fässer, die Gebisse, die Schlösser, die Flüsse, die Güsse, die Küsse, die Geißen, die Spieße, die Gefäße, die Maße, die Füße, die Grüße, die Zeugnisse, die Begräbnisse, die Kenntnisse, die Erzeugnisse, die Versäumnisse, die Iltisse, die Kürbisse, die Autobusse, die Zirkusse, die Lehrerinnen, die Näherinnen, die Schaffnerinnen, die Bäuerinnen, die Geschäftsleute, die Schneemänner, die Seeleute, die Edelleute, die Denkmäler, die Grabmäler, die Zinsen, die Dornen, die Worte

L 210 die Bündel, die Muskeln, die Stacheln, die Ärztinnen, die Gefängnisse, die Kaufleute, die Staatsmänner, die Kleinodien, die Erlässe, die Schachte (Schächte), die Anwälte, die Krägen (Kragen), die Wägen (Wagen), die Fensterläden, die Brückenbogen (-bögen), die Papierbogen, die Fasane, die Pfaue, die Beamtengehälter, die Merkmale

L 211 die Blumensträuße – afrikanische Strauße, Gesichte (Erscheinungen) haben – lachende Gesichter, Ritterschilde – Geschäftsschilder – Dichterworte – Fremdwörter, Schimpfworte – Hauptwörter, Gartenbänke – Spielbanken, Großmächte – Vollmachten, Großmütter – Schraubenmuttern, Fettsäue – Wildsauen (weibliche Wildschweine)

L 212 zwei Glas Wasser – zerbrochene Gläser; fünf Fass Wein – leere Fässer, zwei Paar Stiefel – alle Brautpaare, zwei Stück Seife – alle Theaterstücke, fünf Schritt lang – kurze Schritte, fünf Dutzend Knöpfe – Dutzende Enten

L 213 die Offiziere, die Kassiere, die Ingenieure, die Notare, die Majore, die Generäle (Generale), die Mineralien (Minerale), die Seminare, die Telefone, die Sakramente, die Medikamente, die Kioske, die Balkone (die Balkons), die Schale (Schals), die Streiks, die Parks, die Kardinäle, die Kanäle, die Spitäler, die Schier, die Doktoren, die Motoren, die Dramen, die Themen, die Alben, die Daten, die Gymnasien, die Studien, die Epen, die Rhythmen, die Firmen, die Villen, die Konten, die Atlanten, die Moscheen, die Chancen, die Hotels, die Restaurants, die Autos, die Kinos, die Babys, die Sandwiches, die Tempos (Tempi), die Portos (Porti), die Ananas(se)

L 214

Er machte große Worte. Ist das Lexikon eine Sammlung von Wörtern? . . . viele Blumensträuße . . . Bänder . . . Tuche . . . 300 Euro . . . drei Liter Milch . . . Bücher . . . die Fensterläden . . . Tabake . . . Muskeln . . . Äpfel . . . Nachbarn . . . vier Säcke Kartoffeln . . . alle Jungen und Mädel . . . die Wagen . . . das Rattern der Motoren . . . die Autos . . . die Direktoren . . . die Büros . . . meine Onkel . . . ihre Dollars . . . in mehreren Banken . . . die Bauern . . . Rösser . . . Mark . . . zwei Meter . . . diese Bengel . . . viele Villen.

L 217

. . . den Einsamen . . . den Schüler . . . den Bildungshunger . . . unser Wissen . . . den Zeitungsartikel . . . den Sportsmann . . . die Sängerin . . . den Suchenden . . . dem Zuschauer . . . dem Nachdenklichen . . . dem Künstler . . . dem Vortrag

L 218

Die Farbe des Raben, die Länge ihrer Haare, der Geschmack des Brotes, die Öffnungszeiten des Geschäftes, das Einkommen des Bauern (Bauers), der Beruf des Nachbarn (Nachbars), die Mähne des Löwen, die Lebensdauer des Menschen, die Uniform des Soldaten, das Erscheinen des Arztes, die Größe des Kreises.

L 219

. . . eines Tages . . . in seine Gedanken . . . einen Topf . . . ein frisches Ei . . . ihres Dienstgebers . . . das übliche Frühstück des Gelehrten . . . in seiner Arbeit . . . empfahl ihrem Herrn . . . in dem kochenden Wasser . . . um den Tisch abzuräumen . . . ihren Herrn vor dem Ofen stehen, den starren Blick auf das Ei gerichtet, . . . in dem Topf kochte.

L 220

Der Hut meines Vaters, das Fell des Löwen, der Obmann des Gesangvereins, Spinat mit Eiern, der Verkauf von Kartoffeln, den Empfang Ihres Schreibens bestätigen, ich habe ihn gesehen, das Buch liegt auf dem Tisch, gegen den Wind gehen, er lässt ihn grüßen.

L 221 **Werkstoff Ton**

Die Verarbeitung des Tones gehört zu den ältesten Kulturtätigkeiten des Menschen. Man hat Bruchstücke von Töpfen gefunden, von denen unsere Forscher behaupten, dass sie der Eiszeit angehören. Eigentümlich ist, dass alle Funde, auch die aus neuerer Zeit, eine auffallende Ähnlichkeit in Form und Herstellungsverfahren aufweisen, ganz gleich, aus welchen Teilen der Erde oder von welchen Völkern sie stammen. Das Verformen geschah in vorgeschichtlicher Zeit ausschließlich mit der Hand. Erst später wurde die Töpferscheibe erfunden, wahrscheinlich in den alten Kulturländern Kleinasiens.

L 223 Eine Filiale des Wiener Bankvereins; auf Empfehlung eines guten Bekannten, des Herrn Berger; trotz seines guten Geschmacks; die Felder des Bauern; der Umfang des Fasses; die Länge des Mantels; das Fell des Löwen; gegenüber dem Eingang; binnen einer Stunde; entgegen der Anordnung; mit dem Erfolg; nach dem Theaterbesuch; samt seinen Eltern; seit diesem Tag; von dem Buch; sich an den Wagen lehnen; in dem großen Zimmer warten; aus ganzem Herzen Glück wünschen; mit scharfen Blicken mustern; mit großen Augen anstarren; seit vielen Jahren; von manchem Nachbarn gehört haben; Hände zu Fäusten ballen; Gänse mit langen Hälsen; zwischen den hohen Bäumen stehen.

L 224 Am Rande des ewigen Eises in dem nördlichsten Land Amerikas hat der Schneehase in Felsspalten und zwischen Steinen seinen Unterschlupf. Der genaue Name dieses Tieres ist Polarhase. Es hausen meist viele dicht beieinander. Der erwachsene Polarhase ist so groß wie unser Feldhase. Sein Fell ist das ganze Jahr über schneeweiß, nur die Ohrenspitzen sind schwarz. Im Felsversteck bringt die Häsin jährlich etwa sieben Junge zur Welt. Das Fell der Kleinen ist in der ersten Zeit grau. Nahe Verwandte des Polarhasen leben auch in den Alpen: der Alpenschneehase. Dieser ist jedoch nur im Winter weiß. Zu Beginn des Sommers färbt sich sein Fell braun.

L 225 Die Rente des Invaliden; die Wohnung des Arztes, die Worte meines Vorredners; das Geweih des Hirsches; das Alter des Knaben; das Fell des Hasen; die Spiele der Jungen; die Meinung meines Mannes; mangels Beweisen; die Freundin meiner Schwester; der Kollege meines Bruders; wegen Urlaubs geschlossen; Waren aus allen Ländern.

L 226

1. Meine Schwester ist mit einem Studenten verlobt. – 2. Ich gehe zum Fotografen, um mir Passbilder machen zu lassen. – 3. An seiner Stelle würde ich einen Experten fragen. – 4. Ich werde den Patienten für Donnerstag bestellen. – 5. An der Form der Ohren kann man erkennen, ob es sich um einen indischen oder um einen afrikanischen Elefanten handelt. – 6. Die Berufung des Professors erfolgte durch den Wissenschaftsminister. – 7. Die Ärmel dieses Hemdes sind zu lang. – 8. Die Entwicklung einer neuen Autotype nimmt viel Zeit in Anspruch. – 9. Die Adresse des Arztes war ihm nicht bekannt.

L 227

Die Kompositionen Mozarts; die Regierungszeit Maria Theresias; die Hauptstadt Oberösterreichs; die Villa Minister Pfaffstättners; der Lieferant Bäckermeister Mendels; die Erfindung Peter Mitterhofers; die Verdienste Napoleons; die Bilder des Malers Moritz Schwind; die Einwohnerzahl Wiens; die Quelle des Rheins; die Länge der Donau; die Ordination Doktor Steins; der Hut Hofrat Hausers; das Zitat aus dem Drama „Die Räuber"; die Rede Regierungsrat Sieberts; die Ansprache Professor Doktor Mayers.

L 228

1. Heinrich von Kleists Dramen ... – 2. Ich schätze Johann Wolfgang Goethes Gedichte. – 3. Alle lachten über Onkel Egons Witze. – 4. Die Rede des Oberstudienrates Professor Berger fand viel Beifall. – 5. Wo findet Doktor Neumanns Sprechstunde statt? – 6. Kennst du Herrn Lehmann noch nicht? – 7. Herrn Professor Doktor Kluges neuestes Buch ... – 8. Die Sprache des „Götz" ist sehr volkstümlich. – 9. Ich habe das Bild aus der „Bunten Illustrierten" ausgeschnitten. – 10. Wer kennt schon alle Nebenflüsse des Kongo?

L 229

1. Hermann war mit der Frau und der Tochter seines Bruders in Kärnten. – 2. Bei dem Festakt waren der Unterrichtsminister und der Finanzminister anwesend. – 3. Den Besuchern ist das Rauchen und das Mitnehmen von Hunden verboten. – 4. Das Fischen sowie das Baden von Hunden ist hier verboten. – 5. Ein junges Mädchen oder eine junge Frau wird als Verkäuferin gesucht. – 6. Für die Verkaufsausstellung herrscht großes Interesse. – 7. Sie sammelten Kleider, um den Armen Freude zu bereiten. – 8. Ich wünsche Ihnen eine unfallfreie und angenehme Reise. – 9. Hier können Pelzmäntel zu einem Paletot oder zu einer Jacke umgearbeitet werden.

L 230 Konrad sucht eine Lehrstelle. Aus einem Zeitungsinserat ersieht er, dass die Druckerei Berger einen Lehrling einstellt. Da er die Absicht hat(,) Buchdrucker zu werden, bewirbt er sich schriftlich um die Lehrstelle. Nach einigen Tagen bekommt er eine Aufforderung(,) sich vorzustellen. Man empfängt ihn sehr freundlich und lädt ihn ein(,) bestimmte Fragen zu beantworten.

L 231 ### Die Sonne soll heiraten

Eines Tages hielten die Tiere eine Versammlung ab. Der Hahn sagte: „Brüder, hört <u>mich</u> an, <u>uns</u> allen geht <u>es</u> gut, weil <u>uns</u> die Sonne bescheint und wärmt und weil <u>sie</u> die Nahrung für alle Tiere hat sprießen und gedeihen lassen. Denkt daher darüber nach, wie <u>wir</u> der Sonne danken können!"

Die Tiere hatten dem Hahn aufmerksam zugehört. Und als <u>er</u> endete, versagte <u>ihm</u> keiner <u>seine</u> Zustimmung. Sofort dachten alle nach, lange und gründlich. Schließlich erhob <u>sich</u> der kleine Igel und sagte: „Etwas haben <u>wir</u> nie bedacht. <u>Wir</u> alle heiraten und bekommen Kinder. Die arme Sonne ist aber immer allein. <u>Wir</u> wollen <u>sie</u> verheiraten, Brüder, damit <u>sie</u> endlich erfährt, wie schön <u>es</u> ist, Kinderchen an der Hand zu führen und aufzuziehen!"

Beifällig nickten die Tiere zu den Worten des Igels; <u>sein</u> Vorschlag gefiel <u>ihnen</u>. Nur der König der Tiere, der Löwe, schüttelte verneinend <u>seine</u> Mähne, <u>er</u> rief: „<u>Ich</u> kann verstehen, Brüder, dass <u>euch</u> die Worte des Igels gefallen, aber <u>mich</u> überzeugen sie nicht. <u>Mir</u> scheint <u>dieser</u> Vorschlag des Igels gefährlich. Denn habt <u>ihr</u> bedacht, dass die Sonne viele Sonnenkinder bekommen wird? Kleine Sonnen, die nach und nach so groß werden wie <u>ihre</u> Mutter? Dann entsteht eine <u>solche</u> Hitze, dass <u>wir</u> alle bei lebendigem Leibe gebraten werden. Können <u>wir</u> es doch jetzt schon in vollem Sonnenlicht nicht aushalten!"

Bei <u>diesen</u> Worten des Löwen erschraken alle Tiere(,) und <u>sie</u> riefen einstimmig: „Ja, <u>du</u> hast Recht, Bruder Löwe! <u>Wir</u> sind für <u>deine</u> Warnung dankbar. Denn mehr als eine Sonne könnten <u>wir</u> in der Tat nicht ertragen. Das wäre <u>unser</u> Untergang. <u>Wir</u> dürfen also die Sonne nicht verheiraten – leider, leider!"

L 232 ### Eulenspiegel hat Durst

. . . Er hatte keinen Kreuzer in der Tasche, . . . Es gelang ihm zwar . . . Er füllte die eine Flasche mit Wasser, versteckte sie unter seinem Rock, . . . Er reichte dem Schankwirt die leere Flasche . . . den du

hast! . . . Der Schankwirt schenkt ihm ein . . . schrie ihn der Wirt an . . .
Ich werde ein andermal zahlen, heute habe ich kein Geld . . . Das
kenne ich schon, du willst mich betrügen. Ich gebe dir den Wein auf
Borg, und dann sehe ich dich nie wieder . . . beruhigte ihn
Eulenspiegel . . . Ich will dir morgen . . . Du zahlst auf der Stelle, oder
du gibst . . . Wenn du es nicht anders haben willst, . . . Der Schankwirt
nahm sie und . . .

L 233

1. Der Freund, nach dessen Aufenthalt . . . – 2. Der Baum, in dessen
Schatten . . . – 3. Der Vater, seit dessen Tod . . . – 4. . . . ein Tag,
dessen ich stets . . . – 5. . . . Fragen, deren Beantwortung . . . – 6. . . .
der Zeuge, auf dessen Aussage . . . 7. . . . die Ärztin, auf deren Rat
ich . . .

L 234

Warst du bei ihm? Wo hast du ihn gesehen? Sie fragt ihn, . . .
Unterbrich ihn nicht immer! Wir wollen ihn bitten, . . . Was fehlt ihm
denn? Hast du ihn auf die Fehler aufmerksam gemacht? Was fällt ihm
denn ein?

L 235

Das ist das Geschäft meiner Mutter. Hast du die Schuhe meiner
Schwester gesehen? Dem Radfahrer ist die Pumpe seines
Fahrrades gestohlen worden. Das Kind der Nachbarin schreit sehr
laut.

L 236

Wogegen ist dieses Mittel? Woraus wird Porzellan erzeugt? Wozu
hast du das Geld gebraucht? Worauf hättest du Appetit? Weswegen
ist er beleidigt? Worüber habt ihr gesprochen?

L 237

Hat jemand geklopft? War jemand von euch schon in Italien? Ist
jemand in deiner Familie krank? Spricht hier jemand Französisch?
Will jemand dieses Fahrrad kaufen? Alle Häuser wurden gestrichen.
Alle meine Freunde sind verreist.

L 238

Menschen, mit denen du umgehst, üben einen gewissen Einfluss auf
dich aus. – Das meiste Eisen, das in Österreich verarbeitet wird,
stammt vom Erzberg. – Die Arbeit, die du heute verrichten kannst,
sollst du nicht aufschieben. – Menschen, denen nicht zu raten ist,
ist auch nicht zu helfen. – Die Mutter, deren Kind schwer krank
ist, macht sich Sorgen. – In Gewässern, deren Gefahr man nicht
kennt, sollte man nicht baden.

L 239 Wann hast du ihn das letzte Mal gesehen? Geht es ihm gut? Lass ihn doch in Ruhe! Gib ihm das Buch zurück! Woran hast du ihn wiedererkannt? Frage ihn nach dem Weg! Man kann ihm einfach nicht böse sein. Willst du ihm bei der Arbeit helfen? Wer hat ihn gerufen? Du sollst ihm nicht nachlaufen. Sie ist ihm heute auf der Straße begegnet. Man spricht viel über ihn. Sie wird noch lange an ihn denken. So hilf ihm doch! Du hast ihm also das Rad verkauft? Verrate ihn nicht! Sage es ihm doch selbst!

L 240 Es liegt noch vieles vor, was erledigt werden muss. – Ich habe das Verkehrsschild übersehen, was üble Folgen haben kann. – Es gab in der Ausstellung so manches zu sehen, was ich gerne kaufen würde. – Es gibt so gut wie nichts, was ihn zu erschüttern vermag. – Es war nur das Geld, das ihn nach Amerika gelockt hat. – Sagen Sie alles, was Sie von dem Einbruch wissen! – Wollen Sie wissen, was vorgefallen ist? – Das Fahrzeug, das den Verkehrsunfall verursacht hat, wurde am wenigsten beschädigt. – Es ist nicht alles Gold, was glänzt.

L 243 Wild ist nicht jedermanns Geschmack. – Manchem fällt das Glück in den Schoß. – Wer vieles bringt, wird manchem etwas bringen. – Jedem das Seine! – Wessen Kind ist das? – Wir wollen niemandem etwas zuleide tun. – Welchen Edelstein magst du am liebsten? – Das kann jemanden den Kragen kosten.

L 244 **Zwei Clowns**

Der große Clown ist weiß gekleidet. Glänzend weiß sind die seidene Kniehose und die glitzernde Bluse mit den Puffärmeln, weiß und schwarz getupft ist die steife Halskrause, schneeweiß sind Strümpfe und Schuhe und der hohe, spitze Hut. In seinem ovalen, weiß geschminkten Gesicht brennen die roten Lippen und die schwarzen Augen. Er ist der vornehme, der überlegene Clown.

Sein kleiner Gegenspieler steckt in einem ausgefransten, rot-weiß gestreiften Leibchen, in schlottrigen Hosen und in viel zu großen Schuhen mit riesigen, runden Kappen. Der verbeulte Zylinder sitzt schief auf seinem großen Kopf. Aus einem grell bemalten Gesicht leuchtet eine rote Knollennase. Er ist der unbeholfene, dumme Clown.

Das ungleiche Paar tritt in jeder Zirkusvorstellung auf.

L 245 Schüler mit schmutzigen Fingern, Aufsätze mit unzähligen Fehlern, eine Bibliothek mit zerrissenen Büchern, Strümpfe mit riesigen Löchern, eine Schachtel mit zerschlagenen Eiern, eine Maschine mit rostigen Zahnrädern, eine Mähmaschine mit stumpfen Messern, Krüge mit abgebrochenen Henkeln, einen Kopfsalat mit welken Blättern.

L 246 Er schreibt auf gutem, holzfreiem Papier. – Das Haus wurde mit erheblichem finanziellem Aufwand erbaut. – Er raucht Zigaretten aus reinem überseeischem Tabak. – Nach langem, vergeblichem Suchen kehrte man um. – Er wurde mit lautem, schallendem Gelächter empfangen. – Der Mantel wurde aus echtem steirischem Loden angefertigt. – Bei diesem schönen Wetter solltest du den Schirm nicht mitnehmen.

L 247 Trotz größter Vorsicht . . . Trotz schärfsten Protestes . . . wegen dichten Nebels . . . aus zuverlässiger Quelle . . . Bei ausgefahrener Antenne . . . Zum größten Erstaunen . . . Bei anhaltendem Regen . . . Bei solch schönem Wetter . . . In dem baufälligen Haus . . . Bei schlechtem Erfolg . . . Bei normalem Verlauf . . .

L 248 Sie starb nach einem langen, schweren Leiden. – Aus deinem letzten Brief ersehe ich, dass du mit ihrem schlechten Verhalten nicht einverstanden bist. – Bei einem solchen schlechten Wetter willst du starten? – In finsterer Nacht zog er los. – Wir waren in höchster Eile. – Dem ärmsten Mann musste so etwas zustoßen. – Es war ein gutes und treues Tier. – Sie trug ein Kleid neuesten Schnittes. – Wegen des schweren Verlustes kam er nicht. – Die Säulen waren aus weißem salzburgischem Marmor. – Vom blauen Himmel merkte man allerdings nicht viel. – Nach langem vergeblichem Warten vermählte sie sich mit einem jungen Gastwirt. – Auf jenem hohen Berge stand eine Aussichtswarte. – Bei ernstem, rastlosem Streben wird er Erfolg haben. – Die Vorstellung findet nur bei schönem Wetter statt. – Wegen des schlechten Wetters mussten sie die Fahrt verschieben. – Wankenden Schrittes trat er den Heimweg an.

L 249

Im Stahlwerk

Ein naher Gongschlag . . . das hohle Pfeifen . . . Mit einer langen, dicken Eisenstange . . . mit wuchtigen, rhythmischen Stößen, unter lauten Kommandorufen . . . ein dünnes, goldgelbes Rinnsal . . . zu

335

einem faustdicken Bächlein ... mit feuerfestem Gestein ... in gleißendem Licht ... unter einer höllischen Glut ... mit großen Schaufeln ...

L 250 Trotz tatkräftiger Unterstützung; welch herrlicher Tag; auf einem engen, hindernisreichen Weg wandern; bei klarem Himmel; trotz eurer raschen Hilfe; einer plötzlichen Eingebung folgend; trotz des Widerstandes vieler alter Leute; mit einem heftigen Knall explodieren; wegen seiner schlechten Gesundheit; er entsann sich dreier merkwürdiger Ereignisse; sein sonderbares Benehmen; viel unnützes Drum und Dran; bei schönem Wetter wandern; trotz des hohen Preises.

L 251 In einem größeren Reisebüro ... nach eingehendem, genauem Studium des Zieles ... mit jedem verlockenden Angebot ... zu einem festen Entschluss ... den bekannten Ort ... er liegt an einem Alpensee in Salzburg und ist nach dem See benannt.

L 252 ... mit langem, blondem Haar ... Nach einstündigem Suchen ... Bei dem anhaltenden Regen ... mit einem jungen Lehrer ... mit weitgeöffneten Augen ... eine Halskette von hohem Wert ... mit einem langen Bart ...

L 253 ... Mit meinen festen, gut besohlten Schuhen hatte ich auf dem steinigen und felsigen Boden festen Halt. Dafür drückte mich auf dem steilen und gewundenen Pfad, der nach oben führte, der vollgefüllte, schwere Rucksack. Am Schweigen meiner Kameraden merkte ich, dass wir bei dem harten, anstrengenden Aufstieg eine Rast einschalten mussten.

L 254 Außer gutem Lohn noch volle Verpflegung bekommen; bei solchem Wetter lieber zu Hause bleiben; ein geliehenes Buch mit bestem Dank zurückstellen; nach langem Marschieren müde sein; seit frühester Kindheit verwaist sein; trotz starken Windes (starkem Wind) ausgehen; von schwerem Arbeiten früh altern; eine Sache zu gutem Ende führen; sich hinter dichtem Gebüsch verstecken; neben altem Gemäuer ausruhen; unter feuchtem Laub liegen; infolge raschen Laufens atemlos sein; statt frischen Obstes faules erhalten (statt frischem Obst faules erhalten).

Aus vollem Halse lachen; aus freiem Willen handeln; jemandem auf halbem Wege entgegenkommen; bei gutem Appetit sein; in gutem Glauben handeln; im hohen Alter von 80 Jahren sterben; in hohem Maße; sich in höchstem Maße verantwortlich fühlen.

L 257

Vergleich der festen Brennstoffe

L 258

Wir kennen vier verschiedene feste Brennstoffe: Holz, Torf, Braunkohle und Steinkohle. Holz ist der jüngste, Steinkohle der älteste von ihnen. Je älter ein Brennstoff ist, desto dunkler ist seine Farbe. Mit dem Alter verändert er seine Zusammensetzung, denn sein Gehalt an schwarzem Kohlenstoff wird größer. Holz enthält weniger Kohlenstoff als Braunkohle, Braunkohle aber weniger als Steinkohle. Je mehr Kohlenstoff vorhanden ist, umso wertvoller ist der Brennstoff und umso mehr Wärme gibt er ab, wenn er verbrannt wird. Der Heizwert von trockenem Holz ist am geringsten, von Steinkohle am besten.

Je älter der Brennstoff, umso tiefer liegt er in der Erde. Holz und Torf wachsen uns auf der Erdoberfläche ständig neu zu. Tiefer unter einer Deckschicht liegt die Braunkohle. Aber sie wird noch im Tagebau gewonnen. Sie ist vor etwa 30 Millionen Jahren gebildet worden. Aus noch größerer Tiefe wird die Steinkohle gefördert, sie hat ein viel größeres Alter und den höchsten Kohlenstoffgehalt.

die zartfühlendste Frau, die wohlhabendsten Leute, die schwerst-wiegenden Einwände, die weitestreichenden Beziehungen, die höchstgelegene Ortschaft, der meistbeschäftigte Arzt

L 259

1. als, 2. wie, 3. wie, 4. als, 5. wie, 6. als, 7. als, 8. als

L 260

(Lösungsvorschläge):

L 261

die festeste Mauer, das bunteste Bild, die süßeste Speise, die leiseste Musik, die dunkelste Nacht, das eitelste Mädchen, der frömmste Mann, der gröbste Verstoß, die klügste Antwort, das bravste Kind, das magerste Tier, das schlankste Fräulein, das fröhlichste Kind

Eine dreiwöchige Kur; ein dreimonatliches Wiedersehen; der eiserne Wille; der leichtlaufende Motor; die meistgelesene Zeitschrift; der bestgemeinte Rat; der Herr (Besitzer) eines vierstöckigen Hauses; das offene Fenster; ein ständiger Leser der Zeitschrift; unsere neulich abgehaltene Versammlung; das genügend dicke Fell;

L 262

mein Sohn, der das Geschäft nicht übernommen hat; der lila Hut; das rosa Kleid.

L 263 Es waren zwei, die den Einbruch verübten. Dreien ist mehr zu glauben als zweien. Er hat alle neun getroffen. Erst durch die Einvernahme zweier Zeugen konnte der Beschuldigte der Tat überführt werden. Der Direktor ist schon ein Sechziger, während seine Frau gestern einundfünfzig Jahre alt wurde. In den achtziger Jahren (Achtzigerjahren) des neunzehnten Jahrhunderts.

L 264 Gestern Abend war er im Theater. Warum steht die Tür offen? Fritz ist anscheinend beleidigt. Bitte, hinten einzusteigen! Sie geht schon zeitig zu Bett. Die Kleine irrte im Wald umher. Wir schauten vom Turm hinab. Hans hat öfter gefehlt als Erich. Vor einem Jahr hatte er einen Malariaanfall, seither ist er jedoch fieberfrei. Es war ein außerordentlich schönes Theaterstück. Das ist natürlich wieder Fritz gewesen. Durch seine naturgemäße Lebensweise erreichte er ein hohes Alter. Kurz vor dem Weggehen meinte er beiläufig: „Heute Abend erwarte ich Theodor.‟

L 265 Er hat das Geschäft anscheinend zusperren müssen. Sie hat ihn hinausgeworfen. Er verdient ungefähr 600 Euro im Monat. Komm herunter zum mir! Heute Abend werde ich zeitig schlafen gehen. Er geht mittags öfters in das Gasthaus essen. Er hat kein Geld.

L 266 Am Sonntag war schönes Wetter, wie es selten vorkommt. Es war ein sehr schöner Urlaub. Er hat natürlich viel Geld dafür ausgegeben. Sie sind anscheinend nach Italien verreist. Sie sind Anfang Mai weggefahren. Sie kletterten auf den Berg hinauf. Ilse spazierte im Schlosspark umher. Der Schaffner forderte die Leute auf, hinten einzusteigen. Ich bin schon gestern Abend in Wien angekommen. Der Koffer war offen. Eine so schöne Reise! Ich war noch nie in der Schweiz. Während des Urlaubs gingen wir immer schon zeitig schlafen.

L 267 Beim Schwimmenlernen gewöhnt man sich zuerst <u>ans</u> Wasser, indem man <u>in</u> seichten Stellen spielt. Eines Tages erlebt man den „Auftrieb‟ und gewinnt dadurch <u>zum</u> Wasser Vertrauen. Als Vorübung stößt sich der Lernende <u>von</u> der Wand ab und legt sich flach <u>auf</u> das Wasser. Dann kann er bereits <u>mit</u> den Beinbewegungen des Brustschwimmens beginnen.

Der Föhn bricht ein

L 269

Draußen setzt ein seltsames Singen ein. Ein schwerer Wind kommt <u>über</u> den Berg, der Föhn. Er zerfasert das Gewölk <u>am</u> Himmel und wirft sich ungestüm <u>ins</u> Tal. Wütend rüttelt er hier <u>an</u> den Fenstern, deckt Hütten und Ställe ab und stürzt sich <u>in</u> die Seen, die er bis <u>in</u> die Tiefe aufwühlt. Rauschend zieht er <u>durch</u> den Wald und lockt <u>durch</u> seinen warmen Atem <u>mit</u> einemmal das hundertfältige Geläut der Schmelzwässer hervor. Bald taucht das faltige Gesicht der Erde hervor, zuerst die Maulwurfshügel, dann Stoppeln und Halme <u>auf</u> den Äckern.

Sie schaut zum Fenster hinaus. Das Bild hängt an der Wand. Die Frau

L 272

gab dem Hund zu fressen. Auf Wunsch der Eltern nimmt er Klavierunterricht. Gestern habe ich über mir einen Storch fliegen gesehen. Das Beet war mit Unkraut übersät. Ich habe vor Angst gezittert. Ich brauche ein Mittel gegen meinen Husten. Ich schreibe das Wort an die Tafel.

Fahren Sie mit den Haustieren in den Urlaub oder ohne sie? – Vom

L 273

ersten Oktober an zeigen wir Ihnen die neuen Waren. – Er geht eben weg. – Er hat eine größere Geldforderung an ihn. – Im Rathaus haben sie mir gesagt, dass . . . – Warst du bei der Hochzeit? – Wegen einer längeren Diskussion musste das Referat gekürzt werden. – Auf Grund der vorgefundenen Spuren ist anzunehmen, dass Bandenmitglieder einige Zeit in dem Versteck verbracht haben.

Während des Sommers hat es nur wenig geregnet. – Der Vogel sitzt

L 276

auf dem Ast neben dem Fenster des Hauses. – Die Henne hockt hinter dem Verschlag auf den Eiern. – Du stehst vor dem Baum, außerhalb des Gartens. – Er stellt sein Auto auf dem Parkplatz neben dem Haus ab. – Er wartet auf seinen Freund und geht dann nach Hause. – Die bedeutendsten Nebenflüsse der Donau kommen aus den Alpen und aus den Karpaten. – Während des Sommers sinkt der Wasserstand. – Unterhalb des Hafens befinden sich die Bootshäuser der Rudervereine. – Ungeachtet der starken Strömung schwamm er über den Strom. – Er dachte nicht an die Gefahr. – Über dem Steinsarg wurde ein Erdhügel aufgeschüttet.

Mein Bruder begleitete mich zum Bahnhof. – Sie gaben die

L 277

Speisereste dem Hund zu fressen. Das Feld war mit den Trümmern übersät. Trag das Geld zur Bank! Wegen des kalten Wetters ging sie nicht weg. Auf Wunsch der Eltern musste er die Klasse wiederholen.

L 279 Wegen des Glatteises geriet er ins Schleudern. Entlang dieser Straße ist das Parken verboten. Meinetwegen brauchst du nicht zu gehen. Die Gäste kamen zur Tür herein. Sie ist bei der Gemeindeverwaltung beschäftigt. Die Fremden fuhren wieder nach Hause. Wovon (worüber) hat er geschrieben? Der Bürgermeister war gekommen, um sich um das Wohl der Touristen zu kümmern. Der Händler verkaufte die Reiseandenken um viel Geld.

L 280 Sich an etwas erinnern; eine Sache als erledigt betrachten; einen Sachverhalt für wahrscheinlich halten; eine Neigung zu jemandem fassen; für einige Tage verreisen; der Raubvogel schwebt über dem Hühnerhof; das geschieht auf Beschluss der Versammlung; auf Antrag bewilligen wir Ihnen den Vorschuss; er kommt im Auftrag seines Vaters; man schicke nach einem Arzt.

L 281 Trotz meiner Warnung . . . entlang der Parkmauer . . . entlang des Baches . . . gegenüber dem Wegkreuz . . . gemäß der (den) Vorschriften . . . zufolge des Auftrages . . . Während des Lehrausganges . . . Bei weitem nicht alle . . . das Geschäft mit allem Warenvorrat . . . das Wohnhaus mit allen Nebengebäuden . . . Auf dem rechten Ufer des Flusses . . . seit kurzem . . . von weitem . . . von neuem . . . zu meinem Vater . . . gegen den Strom . . . an den Baum . . . auf dem Baum . . . vor den Direktor hintreten . . . während des Überholens . . . wegen der nassen Fahrbahn . . .

L 282 Gestern Nachmittag hätte ich nach Mödling fahren sollen, um mich im Spital durchleuchten zu lassen. Der Arzt hatte mich für vier Uhr bestellt. Mein Autobus fuhr um halb drei. Etwa zehn Minuten vor zwei Uhr machte ich mich gemütlich auf den Weg. Aber als ich zur Autobushaltestelle kam, fuhr mir der Autobus vor der Nase weg. Erst jetzt merkte ich, dass meine Uhr fünf Minuten nachging. Einen Augenblick stand ich da wie vor den Kopf gestoßen. Was sollte ich tun? Ich musste mich doch an die Abmachung halten. Ich studierte den Fahrplan und stellte fest, dass der nächste Autobus erst um vier Uhr fahren würde. Daher trat ich in eine Telefonkabine, rief im Spital an und verlangte die Röntgenabteilung. Ein Fräulein fragte mich

nach meinem Namen und stellte die Verbindung mit dem Arzt her.
Der hatte glücklicherweise Verständnis.

Der Kirschzweig
L 283

Meine Eltern waren mit uns Kindern überaus milde <u>und</u> nachsichtig;
ihren vollsten Zorn ließen sie uns <u>aber</u> fühlen, <u>wenn</u> sie uns bei
irgendeiner Unwahrheit ertappt hatten.

Nun kam ich einmal an einem Sommertag mit einem üppig mit
schwarzen Kirschen beladenen Zweig nach Hause. Ich hatte ihn im
Hintergarten des Nachbarn heimlich vom Baum gebrochen. –
Meine Mutter fragte mich sofort, <u>woher</u> ich den Kirschbaumzweig
hätte. Ich antwortete im ersten Schreck: „Von unserm Baum." Kaum
war das erste Wort heraus, <u>so</u> fiel mir ein, <u>dass</u> unser Baum keine
schwarzen Kirschen trage, <u>sondern</u> rote. Ich war auf Herbes gefasst,
<u>aber</u> meine Mutter schwieg. Sie schwieg <u>und</u> ging hinaus in die
Futterkammer.

Ich schlich ihr nach <u>und</u> fand sie bitterlich weinen. <u>Da</u> fiel ich vor
meiner Mutter auf die Knie, gestand alles <u>und</u> bat um Verzeihung.
„Steh auf!", sagte sie, „trage den Kirschbaumzweig zum Nachbarn <u>und</u>
sag ihm, was du getan hast!"

Ich tat's. Der Nachbar lachte <u>und</u> meinte: „Wegen einer Handvoll
Kirschen da! Sie sind dir wohl vergönnt. Sie werden mir von dem
Baume da unten immer gestohlen!"
(Peter Rosegger)

L 284

Weil es schon spät ist, brechen wir auf. – Die Großmutter wird
schimpfen, wenn du nach Hause kommst. – Sobald du die Aufgabe
geschrieben hast, darfst du in den Hof. – Sei so gut und lass Erika bei
Gelegenheit wissen, dass die Firma Gruber wahrscheinlich eine neue
Buchhalterin einstellen will. (Auch andere Lösungen sind möglich.) –
Während ich den Brief schreibe, klingelt das Telefon. – Er fuhr aufs
Land und wurde dort krank. – Es ist kaum zu verstehen, dass er
damals die Lage nicht für sich ausnützte. – Ich bemerkte, dass in der
hintersten Reihe ein hübsches Mädchen saß. – Obwohl es regnete,
gingen sie spazieren.

Gute Nerven
L 285

Ein voll besetztes Flugzeug flog über Indien hinweg <u>und</u> hatte eine
Stundengeschwindigkeit von 500 km erreicht. Ein Amerikaner war
auf seinem Sitzplatz eingeschlafen <u>und</u> schlief so fest, <u>dass</u> sich
unmittelbar neben ihm etwas Schreckliches ereignete, <u>ohne dass</u> er

etwas davon merkte: Der Notausstieg hatte sich auf einmal geöffnet! Im selben Augenblick <u>aber</u> erfasste den Schlafenden auch schon der gewaltige Sog <u>und</u> riss ihn vom Sitz. Dadurch erwachte er <u>und</u> schrie auf, <u>denn</u> er sah sich mit dem Kopf nach unten zwischen Himmel <u>und</u> Erde hängen. Ihn hielt nur noch der Sicherheitsgürtel, der sich um seine Beine gewickelt hatte.

Jäh durchschoss ihn der Gedanke, mit der Maschine sei etwas nicht in Ordnung. <u>Aber</u> sie stürzte nicht ab, <u>sondern</u> flog unbeirrt weiter. <u>Also</u> war mit ihm etwas nicht in Ordnung. Er versuchte zurückzuklettern, <u>doch</u> er brachte es nicht fertig. <u>Da</u> fühlte er, <u>dass</u> er an den Beinen wieder in das Flugzeug gezogen wurde: Passagiere brachten ihn in Sicherheit.

Er hatte nicht länger <u>als</u> zwei Minuten in dem rasenden Fahrtwind gehangen. „Mir schien es <u>wie</u> eine Ewigkeit, eine furchtbare Ewigkeit", sagte er später im Krankenhaus, wo er sich von der Schockwirkung erholen sollte. „<u>Aber</u> mir fehlt nichts", erklärte er weiter, „ich bin gesund <u>wie</u> ein Fisch im Wasser(,) <u>oder vielmehr wie</u> ein Vogel in der Luft."

(Herbert Kranz)

L 286 <u>Knack</u>, war die Nuss entzwei. – Da kommt, <u>plitsch platsch</u>, etwas die Treppe heraufgekrochen. – <u>Ritzeratz</u>, raspeln die Nagezähne der Erdmaus ein Loch in die Schale der Eichel. – <u>Platsch</u>! tuts einen Knall, und zu ist die Fall'. – <u>Platsch</u>! der Hecht macht einen Satz, dass der Schlamm quatscht. – Da machte eine leise Stimme: „<u>Pst! Pst!</u>" und meine Schwester bekam Angst. – <u>Zs</u>, geht es, und die Kreuzotter fährt gegen den Stachelpanzer des Igels. – <u>Klatsch</u>! schlägt er mit der Hand aufs Wasser.

Verzeichnis der Fachausdrücke
zur Grammatik (lateinisch-deutsch)

lateinische Bezeichnung	sinngleiche deutsche Bezeichnungen
Abstraktum	Begriffsname (eine Art des Namenwortes)
Adjektiv	Eigenschaftswort, Artwort
Adverb	Umstandswort
adverbiale Bestimmung (das Adverbiale)	Umstandsergänzung (Sammelbezeichnung für die sinnnotwendigen Umstandsergänzungen und die freien, nicht sinnnotwendigen Umstandsangaben); Umstandsbestimmung
Adverbialobjekt	Umstandsergänzung
Adverbialsatz	Umstandssatz (ein Gliedsatz)
adversative Bindewörter	entgegensetzende Bindewörter
adversative Satzververbindung	entgegensetzende Satzverbindung
Akkusativ	Wenfall, 4. Fall
Akkusativobjekt	Ergänzung im 4. Fall, Wenfallergänzung, Zielgröße
Aktiv	Tätigkeitsform, tätige Form, Tatform
Apostroph	Auslassungszeichen
Apposition	Beisatz (eine Art der Beifügung)
Artikel	Geschlechtswort, Begleiter des Hauptwortes
Attribut	Beifügung (ein Teil des Satzgliedes)
Attributsatz	Beifügesatz
Dativ	Wemfall, 3. Fall
Dativ, freier	freie, d. h. nicht sinnnotwendige Ergänzung des Satzes im 3. Fall
Dativobjekt	Ergänzung im 3. Fall, Wemfallergänzung, Zuwendgröße
Deklination	Beugung, Biegung
Demonstrativpronomen	hinweisendes Fürwort
disjunktive Satzverbindung	ausschließende Satzverbindung
disjunktives Bindewort	ausschließendes Bindewort
Femininum	weibliches Geschlecht

Finalergänzung	Zweckergänzung, Zweckangabe
Finalsatz	Zweck- oder Absichtssatz (Abart des Umstandssatzes des Grundes)
Futur I	1. Zukunft
Futur II	2. Zukunft, Vorzukunft, vollendete Zukunft
Genitiv	Wesfall, 2. Fall
Genitivobjekt	Wesfallergänzung, Ergänzung im 2. Fall, Anteilgröße
Genus	Geschlecht
Gleichsetzungs- akkusativ	Gleichsetzungsglied im 4. Fall
Gleichsetzungs- nominativ	Gleichsetzungsglied im 1. Fall, Gleichgröße
Gliedsatz	Nebensatz, der ein Satzglied vertritt.
Grammatik	Sprachlehre
Imperativ	Befehlsform
Imperfekt (Präteritum)	Mitvergangenheit (1.) Vergangenheit, unvollendete Vergangenheit
Indefinitpronomen	unbestimmtes Fürwort
Indikativ	Wirklichkeitsform, bestimmte Aussageweise
Infinitiv	Nennform des Zeitwortes
infinite Form des Verbs	unbestimmte Form des Zeitwortes
Infinitivsatz	satzwertige Nennformgruppe, Grundformsatz, Bestimmungsgruppe mit Infinitiv als Satzaussage
Instrumentalsatz	Begründungssatz, der das Mittel nennt, durch das der im Hauptsatz genannte Sachverhalt eintritt
Interjektion	Ausrufwort, Empfindungswort
Interpunktion	Zeichensetzung
Interrogativadverb	fragendes Umstandswort
Interrogativpronomen	fragendes Fürwort
Interrogativsatz	abhängiger Fragesatz
intransitive Verben	unbezügliche Zeitwörter, nicht-zielende Zeitwörter
Kardinalien	Grundzahlwörter
Kasus	Fall
kausale Konjunktionen	begründende Bindewörter
kausale Bestimmung	Begründungsangabe, Begründungs-ergänzung, Umstand des Grundes

Kausalsatz	Begründungssatz, Umstandssatz des Grundes
Kolon	Doppelpunkt
Komma	Beistrich
Komparation	Steigerung; führt zur Bildung der „Vergleichsformen" beim Eigenschaftswort
Komparativ	Mehrstufe, Steigerungsstufe, Höherstufe, 2. Stufe bei der Steigerung
Komparativsatz	Vergleichssatz
Kompositum	zusammengesetztes Wort
Konditional	Bedingungsform
Konditionalsatz	Bedingungssatz (eine Art des Begründungssatzes)
Konjugation	Abwandlung des Zeitwortes
konjugieren	abwandeln
Konjunktion	Bindewort
Konjunktionalsatz	durch ein Bindewort eingeleiteter Gliedsatz (Nebensatz)
Konjunktiv	Möglichkeitsform, unbestimmte Aussageweise
Konkretum	Dingname, Gegenstandsname (eine Art des Hauptwortes)
Konsekutivsatz	Folgesatz (eine Art des Begründungssatzes)
konsekutive Satzverbindung	folgernde Satzverbindung
Konzessivsatz	Einräumungssatz (eine Art des Begründungssatzes)
Kopula	Satzband
kopulative Konjunktionen	anreihende Bindewörter
kopulative Satzverbindung	anreihende Satzverbindung
lokale Bestimmung	Ortsangabe, Ortsergänzung, Umstand des Ortes, Raumangabe, Lokalergänzung
Lokalsatz	Ortssatz, Umstandssatz des Ortes
Maskulinum	männliches Geschlecht
modale Konjunktionen	Bindewörter der Art und Weise
modale Bestimmung	Artangabe, Artergänzung, Umstand der Art und Weise, Modalangabe, Modalergänzung
Modalsatz	Artsatz, Umstandssatz der Art und Weise

Modalverb	Hilfszeitwort der Aussage
modifizierendes Verb	als Hilfszeitwort verwendetes Hauptzeitwort
Modus	Aussageweise (s. Indikativ und Konjunktiv)
Neutrum	sächliches oder neutrales Geschlecht
Nomen (Substantiv)	Hauptwort, Namenwort, Nennwort
Nominativ	Werfall, 1. Fall
Numerale	Zahlwort (Zahladjektiv)
Numerus	Zahl
Objekt	Ergänzung, Fallergänzung
Objektsatz	Ergänzungssatz, Fallergänzungssatz
Ordinalien	Ordnungszahlwörter
Orthographie	Rechtschreibung, Rechtschreiblehre
Parenthesen	Redeteile außerhalb des Satzverbandes
Partikeln	Lagewörter (Sammelbezeichnung für das Umstandswort, das Vorwort und das Zahlwort)
Partizip	Mittelwort
Partizip des Präsens oder 1. Partizip	1. Mittelwort, Mittelwort der Gegenwart
Partizip des Perfekts oder 2. Partizip	2. Mittelwort, Mittelwort der Vergangenheit
Partizipialsatz (Partizipialgruppe)	Mittelwortgruppe, satzwertiges Partizip
Passiv	leidende Form, Leideform
Perfekt	(2.) Vergangenheit, vollendete Gegenwart, Vorgegenwart
Periode	mehrfach zusammengesetzter Satz
Personalform	bestimmte Form des Zeitwortes, an der man Person und Zahl erkennt
Personalpronomen	persönliches Fürwort Personenzeigwort
Plural	Mehrzahl
Plusquamperfekt	Vorvergangenheit, vollendete Vergangenheit, 3. Vergangenheit
Positiv	Grundstufe, 1. Stufe bei der Steigerung
Possessivpronomen	besitzanzeigendes Fürwort
Prädikat	Satzaussage, Geschehenskern, Aussagekern
Prädikativsatz	alte Bezeichnung für den Gleichsetzungsgliedsatz

Präfix	Vorsilbe
Präposition	Vorwort, Verhältniswort
	Beziehungswort
Präpositionalobjekt	Vorwortergänzung, Verhältnisergänzung, Beziehungsgröße
Präsens	Gegenwart, Jetztzeit
Präteritum (Imperfekt)	Mitvergangenheit, 1. Vergangenheit, Erzählform
Pronomen	Fürwort
Pronominaladverb	Umstandsfürwort
Proportionalsatz	Verhältnissatz (Abart des Artsatzes)
Reflexivpronomen	rückbezügliches Fürwort
reflexive Verben	rückbezügliche Zeitwörter
Relativadverb	bezügliches Umstandswort
Relativpronomen	bezügliches Fürwort
Relativsatz	bezüglicher Gliedsatz (wird durch ein Relativpronomen eingeleitet), Bezugswortsatz
Restriktivsatz	Einschränkungssatz
reziprokes Pronomen	wechselbezügliches Fürwort
Semikolon	Strichpunkt
Singular	Einzahl
Subjekt	Satzgegenstand, Grundgröße
Subjektsatz	Satzaussagesatz
Substantiv (Nomen)	Namenwort, Nennwort, Dingwort
Suffix	Nachsilbe
Superlativ	Höchststufe, Meiststufe, 3. Stufe bei der Steigerung (eine Vergleichsform)
Synonym	sinnverwandtes Wort
Syntax	Satzlehre
temporale Konjunktionen	zeitliche Bindewörter
temporale Bestimmung	Zeitangabe, Zeitergänzung, Umstand der Zeit, Temporalergänzung, Temporalangabe
Temporalsatz	Zeitsatz, Umstandssatz der Zeit
Tempus	Zeit
transitive Verben	bezügliche Zeitwörter
Verb	Zeitwort, Aussagewort, Tätigkeitswort, Tunwort
verbale Klammer	Zeitwortklammer
Verbzusatz	zweiter Teil eines Zeitwortes (er kehrte bald heim)
Vokal	Selbstlaut
Vollverb	Hauptzeitwort, Zeitwort

Sachregister

(Die Zahlen geben die Seiten an.)

Weitere Werke von

Karl A. Dostal

aus dem Verlag Leitner

(Alle nach der neuen Rechtschreibung verfasst!)

Der deutsche Aufsatz 1

20., erneuerte Auflage

5. bis 12. Schulstufe
365 Seiten, brosch.

ISBN: 3-85157-066-9

Dieser Band enthält Rechtschreib- und Sprach-
übungen (Wort-, Satz- und Textgrammatik),
Übungen zur Zeichensetzung,
Wortschatzübungen sowie Diktattexte.

Ein erfolgreiches Übungsbuch für den
Nachhilfeunterricht.

Der deutsche Aufsatz 2

Aufsatzbeispiele
(unterhaltende Texte sowie Gebrauchstexte),
Stilratschläge, 600 Aufsatzthemen,

24., erneuerte Auflage
381 Seiten, broschiert

ISBN: 3-85157-067-7

Ein Lehr- und Übungsbuch für Schüler
der 5. bis 12. Schulstufe,
eine Beispielsammlung für Lehrende

Übungsbuch zur neuen Rechtschreibung

Regeln – Beispiele – Übungsaufgaben
mit Lösungsangaben
Für die 5. bis 9. Schulstufe.

4. Auflage
336 Seiten, brosch.

ISBN: 3-85157-062-6

Eine erfolgreiche Lernhilfe für SchülerInnen ab der
5. Schulstufe.
Eine Sammlung von Übungsmaterial für
DeutschlehrerInnen und helfende Eltern.
Ein Buch für alle, die an der neuen Rechtschreibung
interessiert sind.

Übungsbuch
Texte schreiben

Anleitungen, Beispiele
Themen, Aufgaben, Lösungen

3., verbesserte Auflage
5. bis 9. Schulstufe
299 Seiten, broschürt

ISBN: 3-85157-075-8

---

100 Diktate

für den differenzierten Unterricht
auf der 5. bis 9. Schulstufe

14. Auflage
127 Seiten, brosch.

ISBN: 3-85157-063-4

Aufbereitete Kurzdiktate,
nach Schwierigkeitsstufen abgestimmt,
aus Dichtung und Sachunterricht.
Ein sicherer Weg zur
Erlernung der Rechtschreibung.

120 neue Übungsdiktate

für die 4. bis 9. Schulstufe

8. Auflage
144 Seiten, brosch.

ISBN: 3-85157-064-2

Aufbereitete Diktattexte aus Dichtung
und Sachunterricht, nach Schulstufen und
Schwierigkeitsgraden angeordnet.
Verzeichnis der häufigsten Zweifelsfälle.
Gliederung nach dem Inhalt der Texte.

Deutsch richtig

Wort-, Satz- und Textgrammatik
verständlich dargestellt

6., verbesserte und erweiterte Auflage
272 Seiten, brosch.

ISBN: 3-85157-065-0

Eine allgemein verständliche Grammatik
der deutschen Sprache mit Hinweisen auf den
richtigen Sprachgebrauch.
Ein Lehr- und Nachschlagewerk für jeden,
der sich um den richtigen Sprachgebrauch
bemüht.

100 Satzanalysen

und 250 Wortanalysen

Mit einer Übersicht über die deutsche Grammatik
8., verbesserte Auflage
von der 7. Schulstufe aufwärts
133 Seiten, brosch.

ISBN: 3-85157-071-5

Satzbilder, Satzbaupläne,
Bestimmung der Satzglieder und Wörter,
Aufgaben und Lösungen.

Alles über die
neue Rechtschreibung

Verständliche Regeln,
treffende Beispiele,
Verzeichnis der Neuschreibungen.

3. Auflage
101 Seiten

ISBN: 3-85157-074-X

Keine Beistrichfehler mehr

Vollständige Interpunktionslehre mit Regeln, Beispielen, Übungsaufgaben, Lösungen

3. Auflage
von der 7. Schulstufe aufwärts
120 Seiten, brosch.

ISBN: 3-85157-072-3

Wer wäre bei der Beistrichsetzung nicht schon unsicher gewesen? Wer hätte nicht schon Zweifel gehabt, ob hier ein Strichpunkt oder ein Punkt stehen müsse, ob nach dem Doppelpunkt groß oder klein weitergeschrieben werden dürfe? Solche und ähnliche Zweifel können mit Hilfe dieses Buches mühelos behoben werden, denn das Buch führt nicht nur alle Regeln zur Zeichensetzung in einfacher, allgemein verständlicher Sprache an und belegt sie mit zahlreichen Beispielen, die zum Vergleich dienen können, sondern es enthält vor allem auch eine Fülle von Übungsaufgaben, mit deren Hilfe der Lernende Sicherheit in der Zeichensetzung erlangen kann.